Claudia Eisenkolb

Maßgestrickt

Der Weg zur perfekten Passform

stiebner

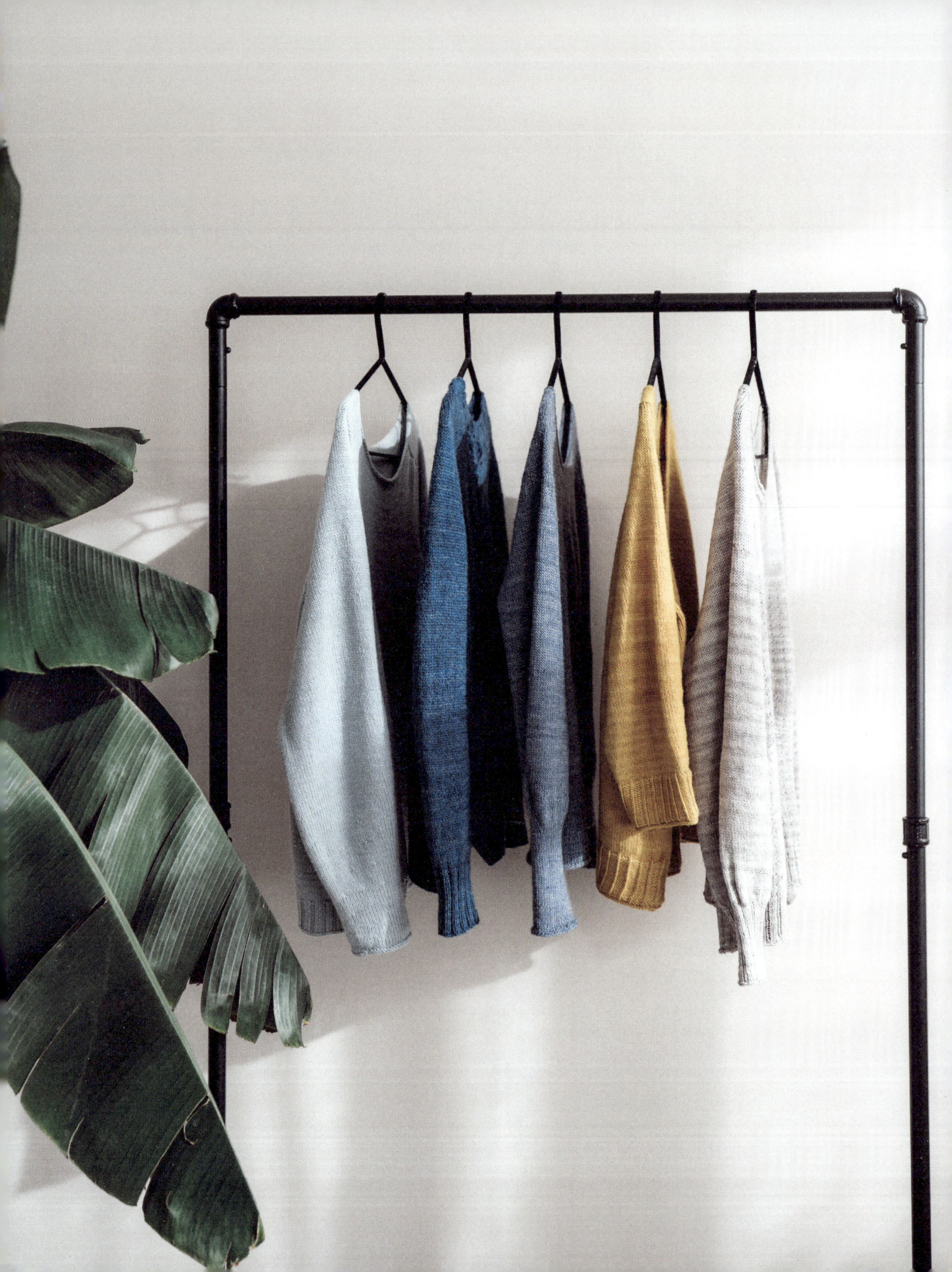

Claudia Eisenkolb

Maßgestrickt

Der Weg zur perfekten Passform

Alle Modelle in 9 Größen bis 163 cm Brustumfang

Inhaltsverzeichnis

VORWORT 7

EINFÜHRUNG 8

Warum gibt es dieses Buch? 9

Woran du erkennst, dass dein Pulli nicht (zu dir) passt 11

Wie ist ein Pullover aufgebaut? 12

- Pullover mit eingesetzten Ärmeln und Armkugel **13**
- Raglanpullover **15**
- Sattelschulter **18**
- Contiguous Pullover **19**
- Pullover mit Rundpasse **20**

Strickrichtung 22

- Bottom-up – von unten nach oben **23**
- Top-down – von oben nach unten **24**
- Seitwärts **24**
- Sonderformen **26**

In Teilen gestrickt oder nahtlos 27

- Alle Teile einzeln **27**
- Körper und Ärmel in der Runde gestrickt **28**

Lerne deinen Körper kennen 31

- Erscheinungsbild – subjektiv **31**
- Körperumrisse – objektiv **32**
- Richtig Maßnehmen **36**

Maßtabellen 42

- Maßtabellen für Strickanleitungen **42**
- Größenspektrum **42**

Welche Maße sollten Anleitungen enthalten? 43

Körperformen und Figurtypen 44

- Warum Apfel und Birne ausgedient haben 44
- Welcher Schnitt für welche Körperform? 46
- Worin fühlst du dich wohl? 47
- Wie wähle ich eine Anleitung für mich aus? 47
- Was verändert das Erscheinungsbild? 48

Was brauchst du, um deinen passenden Pullover zu stricken? 50
Wähle die richtige Größe aus 50
Maschenprobe 51

Baukasten Mix 'n' Match Sweater 59
Plane deinen Pullover 60
Die Anleitungen für den Schulterbereich 64
Zusammengesetzter Raglan 68
Sattelschulter 71
Contiguous-Schulterkonstruktion 73
Rundpasse 77
Körperteil 80
Längenanpassungen mit verkürzten Reihen 83
Die Ärmel 87
Angestrickte Ausschnittblenden 90
Fertigstellung 91

Körperformgerechte Strickanleitungen 93
Modell Mimose 95
Modell Neottia 107
Modell Hortensie 123
Modell Enzian 135
Modell Akelei 147

Wie geht es weiter? 161

ABKÜRZUNGSVERZEICHNIS 162
TECHNIKEN 164
DANKE (UND BITTE) 171
BEZUGSQUELLEN 172
STICHWORTVERZEICHNIS 173

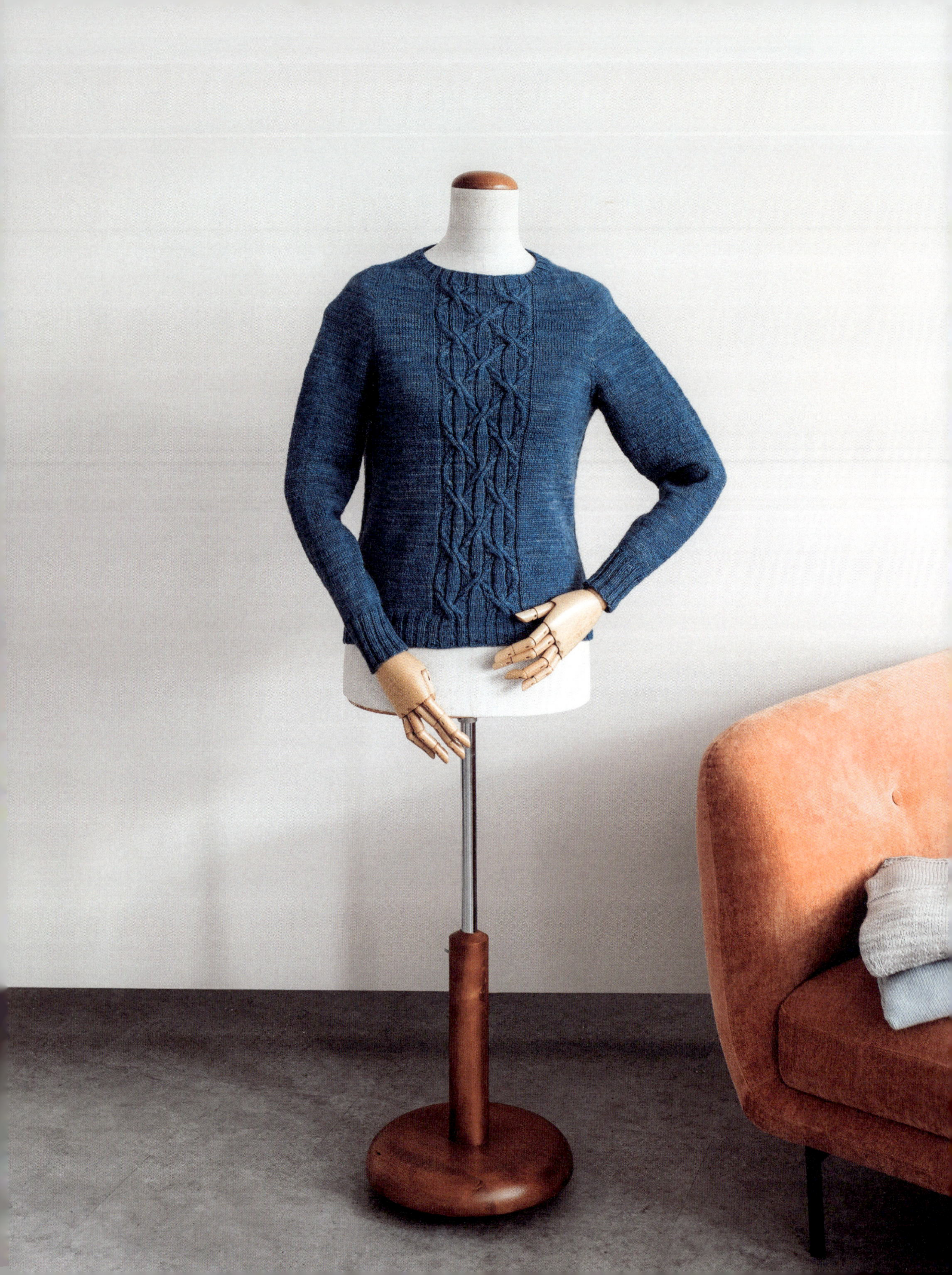

Vorwort

Wir sitzen alle im selben Boot. Wir, das sind alle, die wie ich nicht in die Standardgrößen der Modeindustrie passen. Sei es durch die Körpergröße, wenn wir kleiner oder größer als 168 cm sind und zierlicher als Größe 36 oder kräftiger als Größe 48/50 – da wird es schwierig beim Kleidungskauf. Wobei die Obergrenze bei vielen Marken schon bei Größe 44 oder sogar 42 liegt. Ganz davon abgesehen, dass die meisten von uns ganz andere Proportionen haben als die, von denen die Industrie ausgeht.
Wir denken, wir haben Glück, wenn wir unsere Kleidung selbst machen – sie nähen, stricken oder häkeln. Aber auch die Anleitungen dafür folgen denselben Standards der Industrie.
Als ich begann, Pullover und Jacken zu stricken, damals in den Achtzigerjahren, da gab es Strickanleitungen in noch weniger Größen als die der Klamotten im Laden.

In den gängigen Strickzeitschriften gab es in den Achtzigern Anleitungen überwiegend in Größe 36/38 und 40/42. Das war es. Da habe ich zuletzt mit 18 Jahren reingepasst.
Das Einzige, das mich in den folgenden Jahren rettete, als ich an Körpergewicht und damit auch Oberweite zunahm, waren die oft formlosen und einfachen Schnitte. Sie hatten zumeist Vorder- und Rückenteile, die nur rechteckig waren, und so strickte ich sie einfach länger und breiter.
Als ich die ersten englischen Anleitungen im Internet entdeckte, war ich erfreut, dass sie wenigstens schon Größen bis 44 boten und amerikanische Anleitungen teilweise sogar darüber hinausgingen. Was in Deutschland dagegen für »Übergrößen« angeboten wurde, hat mir nicht gefallen.
Ich habe damals einfach brav die Größe in der Anleitung gestrickt, in die ich mit meiner Oberweite reingepasst habe. Das ist doch nachvollziehbar, denn da muss ein Pulli schließlich passen. Aber dafür war bei mir dann öfter mal das Armloch zu tief, oder der Ärmelansatz saß nicht an der Schulter. Die Passform insgesamt war einfach schlecht für mich.
Ich dachte, das liegt an mir. Auf die Idee, dass es anderen Stricker:innen genauso gehen könnte, bin ich damals nicht gekommen.
Ich hatte so unrecht, wie sich herausstellte. Es gibt so viele Frauen, denen es genauso geht.

Bist du auch eine von ihnen?

Einführung

Dieses Buch ist ein sehr persönliches geworden, indem ich dir nicht oberlehrerhaft Theorien vermitteln möchte, sondern dir hoffentlich nachvollziehbar erkläre, was du zum Thema Passform wissen solltest und warum diese Dinge wichtig sind. Sieh mich nicht als Lehrerin, sondern als eine Freundin, die dich bei der Hand nimmt und dir Dinge zeigt, über die du dir vielleicht noch keine Gedanken gemacht hast, und die deinen Weg zur perfekten Passform mit dir geht.
Deshalb ist das Buch Schritt für Schritt aufgebaut. Jedes Kapitel beschreibt einen Schritt auf deinem Weg zu deiner perfekten Passform, in der du dich wohlfühlen wirst.
Um das Thema spannender und einprägsamer zu machen, habe ich kleine Geschichten und anschauliche Beispiele eingefügt. So bleibt dir das Gelesene besser im Gedächtnis. Die Theorie kannst du dann nachlesen, wenn du sie brauchst. Vor allem in dem Teil, in dem es um deine Körperform geht, bist du direkt gefordert und wendest alles zuvor Erklärte gleich an. Doch mit deinen Maßen bist du erst am Anfang deines Weges. Deshalb findest du in diesem Buch eine Art Baukasten, aus dem du deinen Pullover zusammenstellen und auch gleich an deine Körpermaße anpassen kannst.

Das kannst du alles schon? Dann ist vielleicht eine oder sind mehrere der fünf Strickanleitungen, die ich für meine Freundinnen Dani, Andrea, Ani, Ruth und mich entworfen habe, genau das Richtige für dich!

Ab ans Maßband und dann an die Nadeln!

Viel Spaß dabei,

Claudia

Warum gibt es dieses Buch?

Manchmal gibt ein einziges Erlebnis schon den Anstoß, seine Gedanken aufzuschreiben und in die Welt zu tragen. Bei mir hat es erheblich länger gedauert – was nicht schlecht war, denn es hat weitere Zeit und Erfahrungen gebraucht, bis ich bereit war, meine Erkenntnisse zu teilen. Eines Abends, es wird Ende der Zweitausenderjahre gewesen sein bei unserem Stricktreffen in Frankfurt, maß ich an meinem Pullover auf den Nadeln nach, ob das Armloch schon tief genug war. Meine Strickfreundin Wiebke, die ähnlich groß und breit wie ich war, meinte, es müssten 25 cm sein. Ich hatte aber schon für mich festgestellt, dass für mich ein Armloch mit 21–22 cm Armlochtiefe vollkommen ausreichend war, sonst bildete der Pulli unschöne Falten unter den Armen.

Ein anderes Erlebnis hatte ich mit meiner anderen Strickfreundin Anke, die übrigens auch tiefere Armlöcher braucht. Wir haben gegenseitig unsere Schulterweiten gemessen. Sie trägt Größe 38/40 bei Oberteilen und ich inzwischen 46/48. Zu unserer beider Überraschung maßen wir beide in den Schultern genau 39 cm. Das erklärte auch, warum bei mir bei allen Anleitungen, die ich nach dem Brustumfang ausgesucht hatte, die Ärmel viel zu tief hingen.
Und die Erklärung für die Unterschiede der Armlochtiefen war eigentlich ganz einfach nachvollziehbar: Ich habe eine runde Schulterlinie, Wiebke und Anke haben gerade Schulterlinien. Bei ihnen fängt das Armloch weiter oben an. Wenn alles nur so einfach wäre!

Langsam setzten sich mir in den folgenden Jahren diese kleinen Erkenntnisse wie Puzzleteile zu einem größeren Ganzen zusammen. Ich begann bei Pullis, die von oben nach unten gestrickt wurden, nun in Größe M, nahm je nach Anleitung am Körper bis zur Ärmelabtrennung auf Größe L oder XL zu und verfuhr bei den Ärmeln genauso. Ich fand auch heraus, welche Designerinnen und Designer ihre Größen so aufgebaut hatten, dass mir die Anpassungen an den eigenen Körper einfacher gelangen und deren Stil auch besser zu mir passte.
Schließlich wollte ich das Ganze in eigenen Anleitungen umsetzen. Ich dachte länger darüber nach, weil es mein Anspruch war, dass meine Anleitungen euch allen passen sollten. Aber das war nicht möglich, weil wir alle unterschiedlich gebaut sind. Das ist auch gut so. Wir müssen uns nicht verändern und durch Diäten und Sport versuchen, die Idealfigur zu erreichen. Die Hauptsache ist, dass wir uns in unserem eigenen Körper wohlfühlen und gesund sind. Die »Hülle« drumherum, in Form von selbst gestrickten Oberteilen, bekommen wir mit den entsprechenden Anpassungen hin.

Als ich 2017 gefragt wurde, ob ich Zeit und Lust hätte, einen Workshop in Berlin zu geben, überlegte ich, was ich gut kann, welches Thema es noch nicht gibt und wem damit geholfen wäre. Ganz einfach: das Anpassen von Strickanleitungen auf die individuelle Körperform.
Ich war gut vorbereitet, und all das Wissen, das ich in vielen Jahren Stückchen für Stückchen gesammelt hatte, brachte ich in eine nachvollziehbare Reihenfolge. Und bereitete es so auf, dass ich es an die Teilnehmer:innen weitergeben konnte.

Ich hatte dermaßen Bammel vor meinem ersten Workshop. Ich dachte: »Was ist, wenn eine Frage kommt, die ich nicht beantworten kann? Oder alle den Workshop blöd finden?« Du kannst dir nicht vorstellen, wie ich mich gefühlt habe.
Zum Glück kam alles anders, und die Teilnehmerinnen fanden es klasse. Ich bin heute immer noch glücklich, wenn ich durch meine Workshops Frauen wie dir den langen Weg, den ich gebraucht habe, ersparen und zeigen kann, wie auch du gut sitzende Oberteile strickst. Der Workshop dauert 4 Stunden, und doch ist diese Zeit zu knapp für die vielen Themen, die ich allen gerne näherbringen möchte. Ich würde viel mehr Zeit benötigen, um tiefer ins Detail zu gehen. Und ich erreiche pro Workshop auch immer nur 10–12 Stricker:innen gleichzeitig.
Mit diesem Buch kann ich wesentlich mehr Inhalte und ein tieferes Wissen vermitteln, das du in deinem eigenen Tempo durcharbeiten kannst. Und ich erreiche damit eine größere Anzahl an Stricker:innen wie dich und kann ihnen helfen. Denn das ist genau das Thema, für das ich brenne. Mich macht es glücklich, wenn du daraus das für dich mitnehmen kannst, was du an Wissen brauchst.

Woran du erkennst, dass dein Pulli nicht (zu dir) passt

Denke einfach an die verschiedenen Oberteile, die du schon gestrickt hast.
Hast du Oberteile, die du zwar öfter in die Hand nimmst, sie aber dann doch wieder in den Schrank legst und dafür ein anderes herausnimmst, das du ständig anziehst?
Hast du dich nicht schon gefragt, warum du das eine lieber als das andere anziehst? Meist ist es ein Gefühl, da hilft es auch nicht, wenn die beste Freundin dir sagt, dass das Oberteil super an dir aussieht, denn sie trägt es nicht an ihrem Körper.
Zurück zur Frage: Du hast selbst gemerkt, dass es hierauf keine standardisierte Antwort geben kann. Kein Richtig oder Falsch. Es ist ganz individuell.

Ich habe für mich herausgefunden, dass wenn ich ein Oberteil permanent zurechtziehen muss, dann kann etwas nicht stimmen. Wenn es mir von den Schultern rutscht. Oder ich die Vorderteile meiner verschlusslosen Strickjacke immer wieder über meine Brust ziehe. Oder der Pullover so eng anliegt, dass sich meine Speckröllchen abzeichnen.
Es hat mir vielleicht unheimlich viel Spaß gemacht, das Oberteil zu stricken, aber jedes Mal, wenn ich meinen Schrank öffne, greife ich doch zu einem der anderen Pullis.
Manchmal ist es wirklich nur ein diffuses Gefühl und nichts, was man im Spiegel erkennt. Aber es lohnt sich, dem auf die Spur zu gehen.

Ich helfe dir gerne dabei, herauszufinden, woran es liegen könnte, dass du dich in manchen selbst gestrickten Teilen unwohl fühlst. Wenn du es ermittelt hast, weißt du, worauf du in Zukunft bei deinen Strickprojekten achten musst. Manchmal ist es nur eine Kleinigkeit, die du leicht ändern kannst.

Wie ist ein Pullover aufgebaut?

Wenn du schon in den Achtzigerjahren Oberteile gestrickt hast, kennst du sie bestimmt: die Pullis, die aus vier, meist rechteckigen, Teilen bestanden, zwei gleiche für Vorder- und Rückenteil, die an der Seitennaht und an den Schultern zusammengenäht werden mussten. Dabei hast du an der Oberkante eine Öffnung für den Kopf gelassen. Und an den beiden Seiten für die Arme. Aus den beiden anderen Teilen wurden die Ärmel, indem du sie in der Mitte gefaltet und zusammengenäht hast. Zum Schluss musstest du die Oberkante an der Öffnung für die Arme festnähen.

Das ist, ganz vereinfacht, ein Pullover – aber mit Passform hat das nichts zu tun.

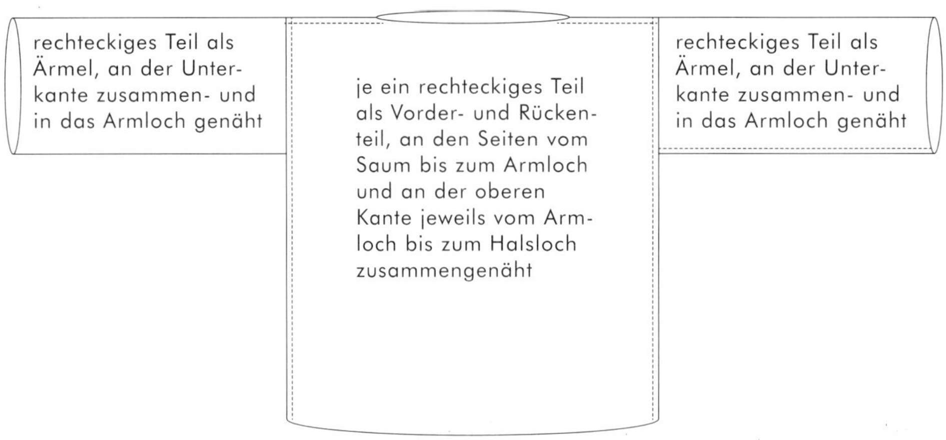

Oder, was jetzt gerade »in« ist: der klassische Raglanpullover, mehrfädig in der Runde mit mindestens einem Flauschgarn gestrickt – einfach um sich darin wohlzufühlen. Klar hat der auch seine Berechtigung, aber er hat nicht den Anspruch, eine gute Passform zu besitzen.

Leider habe ich in der letzten Zeit in meinen Vor-Ort-Workshops einige Frauen getroffen, die tolle Raglanpullover gestrickt hatten, aber mit ihnen sehr unglücklich waren. Meist kamen mehrere Gründe zusammen: zu weite und damit auch zu tiefe Ärmel, locker verstrickt und mit dem besagten Flauschgarn. Das locker verstrickte Flauschgarn hatte sich beim Tragen immer weiter in die Länge gezogen, und der Pullover wurde noch weiter und länger – und verschwand deshalb ganz hinten im Schrank. Diese Pullover kann man leider auch nicht mehr retten, weil sich das Garn nur schwer wieder aufziehen lässt und dadurch deutlich in Mitleidenschaft gezogen wird. Damit es gar nicht so weit kommt, solltest du schon beim Aussuchen der Strickmuster darauf achten, ob die Schulterkonstruktion des Wunschpullis zu dir passt.

Deshalb stelle ich dir in den folgenden Abschnitten die fünf Schulterkonstruktionen vor, für die du ab Seite 60 die Anleitungen zum Nachstricken und Anpassen findest.

Es gibt natürlich noch einige andere mehr, aber diese fünf eignen sich am besten für die Anpassung an deine Maße, und mit ihnen kannst du die perfekte Passform für dich erreichen.

Pullover mit eingesetzten Ärmeln und Armkugel

Ich kann mich noch gut daran erinnern, wie ich als Kind meine Großtante Gerda beim Besuch im Wollgeschäft begleiten durfte. Viele ältere Frauen hatten das Stricken ihrerzeit entweder in der Schule gelernt oder von ihren Müttern und Großmüttern. Die Schnitte, nach denen Tante Gerda strickte, waren individuell nach ihren Maßen erstellt worden. Die Verkäuferin in dem Wollgeschäft, in das sie regelmäßig ging, hatte bei Tante Gerda alle wichtigen Maße genommen. Anschließend übertrug die Verkäuferin die Maße und erstellte daraus die Umrisse der einzelnen Teile des Pullovers im Maßstab 1:1 als Schnittmuster auf einem großen Stück Papier. Anhand einer Maschenprobe rechnete sie die Maschen- und Reihenzahlen aus und schrieb sie an die entsprechenden Stellen der Umrisse auf das Papier. Dann rechnete sie aus, wie viele Maschen entlang der Armausschnitte Tante Gerda abnehmen sollte. Genauso ging sie bei der Armkugel vor. Tante Gerda bekam also von der Verkäuferin zu der Wolle, die sie kaufte, auch einen individuellen Schnitt.
Sie brauchte nur den Angaben auf dem Schnitt zu folgen und konnte während des Strickens die einzelnen Teile auf den Papierschnitt legen und so kontrollieren, ob das Teil die Form hat, die es haben sollte. Nach dem Zusammennähen hatte Tante Gerda einen perfekt passenden Pullover, den sie viele Jahre tragen konnte.
Das ist heutzutage viel zu aufwendig, und die verschiedenen Strickzeitschriften mit vielen Modellen, aber nur wenigen standardisierten Größen, können das natürlich nicht mehr leisten.

Tipp: Wenn du bereits einen Pullover hast, der dir super passt, kannst du ihn ausmessen und entweder einen Papierschnitt daraus erstellen oder dein angefangenes Teil direkt auf den anderen Pulli legen und prüfen, ob die Formen übereinstimmen. Der Papierschnitt ist insofern einfacher, als du Ab- und Zunahmen direkt an die Stelle auf ihn schreiben kannst, an der du sie machen musst.

Der Pullover mit Armkugel ist eine klassische Schnittform, die es auch in der Konfektion gibt. Er folgt der natürlichen Körperform von uns Menschen am genauesten. Deshalb können wir ihn am einfachsten an unseren Körper anpassen, wenn wir zuvor unsere Körpermaße ermittelt haben. Wie das funktioniert und du es selbst ausführst, erkläre ich dir ab Seite 31.

Dieser Schnitt wird oft von unten nach oben gestrickt. Am Körperteil werden Armausschnitte geformt. Sie beginnen beidseitig zunächst gerade, indem mehrere Maschen in der ersten Reihe unter der Achsel abgenommen werden. Danach folgen weitere Abnahmen entlang der Armlochkante, zunächst noch langsam flacher, dann schneller und steiler, bis die Schulterweite erreicht ist. Schließlich strickt man ohne weitere Abnahmen nach oben, bis zur Schulter. Am Ärmel werden an der rechten und linken Kante erst viele Abnahmen gearbeitet, dann nach oben hin weniger und kurz vor dem Ende wieder viele Abnahmen für die obere flache Rundung, die Armkugel.

Das Anpassen der Armkugel lässt sich an einem Papierschnitt einfacher bewerkstelligen, als die Ab- und Zunahmen theoretisch auszurechnen. Einfacher wird es, wenn Vorder- und Rückenteil zusammengenäht oder gemeinsam in der Runde gestrickt und die Schulternaht geschlossen wurde. Dann kannst du Maschen um das Armloch herum aufnehmen und die Armkugel mit verkürzten Reihen direkt anstricken. Die »Verbindungsnaht« zwischen Ärmel und Körperteil sieht sauber aus, und du kannst sicher sein, dass die Armkugel auch in das Armloch passt. Du kannst, wenn du von oben nach unten strickst, die Ärmel auch gleichzeitig mit dem Körperteil arbeiten und zwischendurch anprobieren. Damit erkennst du schnell, ob der Pullover passt, und brauchst nur die Maschen für die Oberkante der Armkugel aufzunehmen.

Diese Variante findest du im Baukasten ab Seite 64.

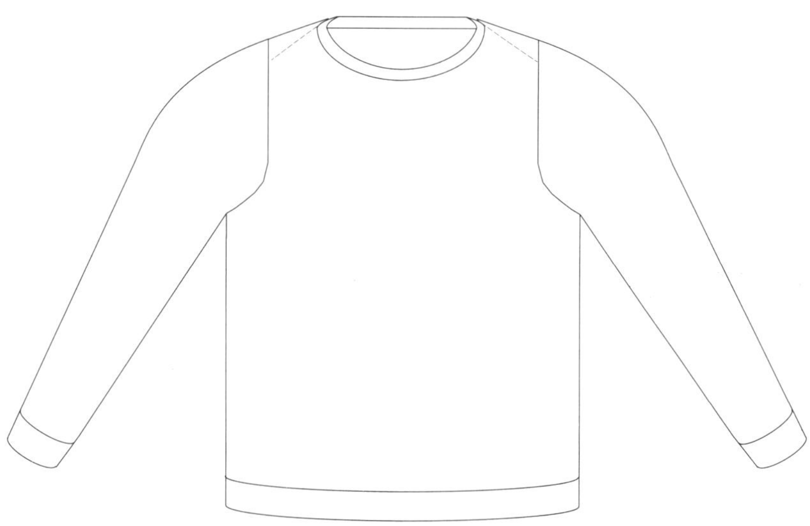

Eingesetzter Ärmel mit nach hinten verlegter Schulternaht

Raglanpullover

Warum heißt der Raglanpullover eigentlich so?
Wikipedia weiß das natürlich. Ich habe dort für dich nachgelesen. Es gab einen englischen Feldmarschall, der in der Schlacht von Waterloo einen Arm verloren hatte. Er hatte dadurch Probleme, mit nur noch einem Arm alleine seinen Mantel anzuziehen. Er kam kaum in das Armloch des eingesetzten Ärmels. Daraufhin fragte er seinen Schneider, ob der ihm denn einen Mantel nähen könne, in den er mit nur einem Arm besser hineinkäme. Der Schneider hatte ihm seinem Wunsch folgend einen Mantel genäht, bei dem der Ärmel nicht an der Schulter angesetzt wurde, sondern der die Schulter einbezog und schräg an der Kragennaht befestigt war. Lord Raglan war begeistert. Diese Schnittform hat dann später seinen Namen bekommen.

Raglanpullis sind eigentlich eine prima Sache. Dabei wird beim Pullover, wenn er in der Runde von oben nach unten gestrickt wird, nur an 4 Stellen entlang einer Linie zugenommen. Die Abkürzung RVO für »Raglan von oben« wirst du sicher schon mal gehört haben. Das hört sich doch einfach an. Mein erster Raglanpullover war allerdings noch in 4 Teilen gestrickt, und ich musste ihn an den Raglannähten zusammennähen.
Bei der klassischen Raglankonstruktion sind die Raglanzunahmen durch zwei Merkmale gekennzeichnet:
Sie haben in der gesamten Passe den selben Abstand und verlaufen am Körper und an den Ärmeln in gleichmäßigem Rhythmus.
In einer klassischen Raglananleitung heißt es etwa so: »Nimm in jeder zweiten Runde am Körper und an den Ärmeln entlang der Raglanmarkierungen zu, bis du X Körpermaschen und Y Ärmelmaschen hast.« So weit, so gut. Du nimmst also am Körperteil genauso viele Maschen zu, wie an den beiden Ärmeln. Je mehr Brustumfang du hast und je mehr Maschen du deshalb brauchst, desto weiter werden also auch die Ärmel.
Wenn du die Arme nach rechts und links ausstreckst, sieht das noch gut aus. Wenn du die Arme runternimmst, weiß das Gestrick nicht, wo es hin soll – es beult kräftig unter der Achsel. Das wird auf die Dauer ziemlich warm, ist unbequem und sieht auch nicht gut aus.

Bei einem zusammengesetzten Raglan fehlt mindestens eines dieser Merkmale.
In der Anleitung für den zusammengesetzten Raglan steht vielleicht so etwas wie: »Nimm zunächst in jeder 4. Runde an den Körperseiten der Raglanmarkierungen und in jeder zweiten Runde an den Ärmelseiten der Raglanmarkierungen zu, bis du X Maschen für den Körper und Y Maschen für die Ärmel hast. Dann wird nicht mehr an den Ärmelseiten zugenommen, sondern in jeder Runde an den Körperseiten der Raglanmarkierung, bis Z Maschen am Körper gestrickt sind.«

Im ersten Beispiel folgen die Raglanlinien einem gleichmäßigen Verlauf. Im zweiten Beispiel erscheinen die Raglanlinien unterbrochen oder gebogen und ändern ihren Verlauf während der gesamten Passe.
Die Raglanlinie beginnt zunächst in einem flachen Winkel oben am Halsloch, wird dann entlang der Schulter erst langsam und dann schneller steiler, bis sie kurz vor dem Achselhöhlenbereich wieder flacher wird und bis zu den Unterarmmaschen verläuft. Sie sieht in etwa so aus,

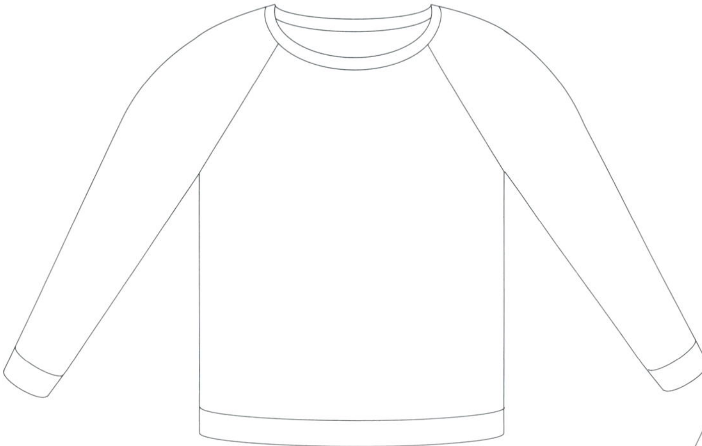

Klassischer Raglan

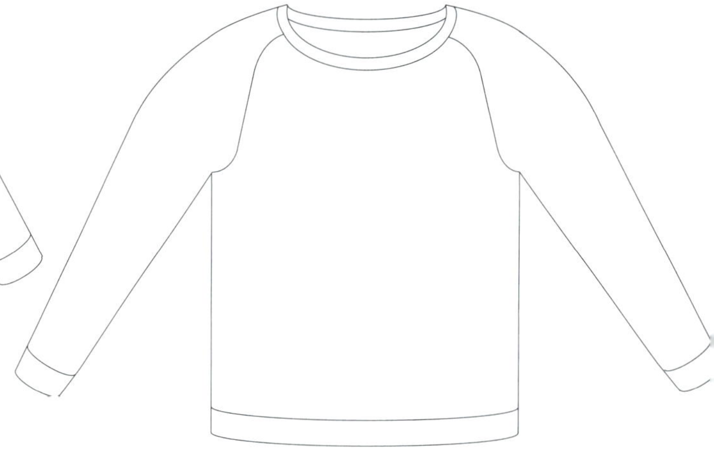

Zusammengesetzter Raglan

wie ein »S«. Das ist ein zusammengesetzter Raglan. Du hast ihn vielleicht schon an industriell gefertigten Kleidungsstücken, die als Raglan bezeichnet werden, gesehen. Diese haben fast immer eine zusammengesetzte und keine klassische Raglankonstruktion.

Was ist ihr Vorteil? Die Antwort ist ganz einfach: die Passform.
Die zusammengesetzte Raglankonstruktion (im Englischen Compound Raglan) ermöglicht eine Feinabstimmung der Passform von Körper und Ärmeln, wobei die Raglan-Ästhetik erhalten bleibt.
Ist ein zusammengesetztes Raglanoberteil »schwieriger« als ein klassischer Raglan zu konstruieren oder zu stricken? Für die Designerin auf jeden Fall. Es ist natürlich viel einfacher zu schreiben, »jede zweite Runde zunehmen, bis alle Maschenzahlen erreicht sind«, als mehrere verschiedene Zunahmen zu berechnen und diese dann mit der Höhe des Armloches zu kombinieren, und zwar für alle Größen. Ein Excel-Sheet hilft dabei ungemein, aber es bleibt natürlich noch viel Anleitungstext zu schreiben.
Wenn du eine größere Größe trägst, solltest du auf jeden Fall eine Anleitung für einen klassischen Raglan anpassen. Das kannst du tun, indem du früher mit den Zunahmen an der Ärmelseite der Raglanline stoppst und gleichzeitig schneller Maschen auf der Körperteilseite der Raglanlinie zunimmst. Zum Beispiel statt in jeder 2. Runde in jeder Runde.

Merke: Entlang einer Raglanlinie musst du nicht auf beiden Seiten gleichzeitig zunehmen, sondern kannst ganz individuell für Vorder- und Rückenteil sowie die Ärmel deine Zunahmen planen.

Ein gut sitzender Raglanpullover in einer großen Größe kann also nie eine gerade Linie zwischen Körper und Ärmel haben. Am besten passt er, wenn die Raglanlinie eine S-Form beschreibt: Sie fängt am Halsloch flach an, wird immer steiler und am Ende wieder flacher. Offen gesagt glaube ich nicht, dass es für dich schwieriger ist, die Anleitung für einen zusammengesetzten Raglan zu befolgen, als die für einen klassischen Raglan. Natürlich musst du aufpassen und die Zunahmen an den Stellen ändern, an denen es in der Anleitung steht, und nicht einfach mit der am Anfang angegebenen Anzahl von Zunahmen weitermachen. Aber das ist nicht schwer, wenn alle Schritte klar beschrieben sind.
Keine Angst, ich werde dir im Praxisteil ab Seite 31 erklären, wie du die für dich perfekte Linie ermittelst.

Aufgabe

Doch zunächst habe ich eine Aufgabe für dich. Gehe an deinen Kleiderschrank und suche dir alle Raglanpullover raus, die du hast. Sweatshirts oder Strickjacken mit diesem Schnitt gehen natürlich auch. Hole dir noch ein paar Steck- oder Sicherheitsnadeln. Nimm die Teile mit vor einen Spiegel, in dem du dich vom Kopf bis über die Brust sehen kannst. Ziehe sie der Reihe nach an und schaue dich genau an. Wo ist eine Falte, die da nicht hingehört? Mache ein Selfie. Stecke dann mit den Stecknadeln die Falte so zusammen, dass sie nicht mehr zu sehen ist. Mache noch ein Selfie. Ziehe das Teil mit den Stecknadeln aus und lege es flach hin. Messe dann mit einem Lineal oder Maßband, wie viele Zentimeter Gestrick oder Stoff zu viel sind und schreibe es auf. Ziehe dann die Stecknadeln wieder heraus, miss die Maße noch einmal und schreibe sie auch auf.

In welchem deiner Teile hast du dich am wohlsten gefühlt, ohne etwas abzustecken? Du kannst die Erkenntnisse beim nächsten Strickprojekt und auch beim Einkauf fertiger Oberteile nutzen.

Sattelschulter

Ich liebe diese Schnittform. Sie verbindet die Bequemlichkeit des Raglanpullovers mit der guten Passform eines Pullovers mit Armkugeln. In der Geschichte findest du diesen Schnitt bei Guernsey-Pullovern und -Jacken. Diese Art Pullover sind meist einfarbig und haben einfache grafische Muster mit rechten und linken Maschen. Guernseys, oder auch Ganseys, wurden in Teilen gestrickt. Die Ärmel enden nicht an der Schulter, sondern haben einen ca. 6-8 cm breiten geraden Streifen, der genauso lang ist, dass er von der Schulter bis zum Halsloch reicht. Die Körperteile werden dann kürzer, genau um die Hälfte der Breite der rechteckigen Verlängerung des Ärmels. Zum Glück kannst du auch einen Pullover mit Sattelschulter nahtlos von oben nach unten stricken. Und das ist tatsächlich die Schulterkonstruktion, die ich einer Strickanfängerin empfehle, wenn sie mich fragt, was die einfachste Form für einen gut sitzenden Pullover ist. Du kannst dabei sehr früh feststellen, ob er dir um die Schultern passt und auch die Tiefe des Armloches leicht verändern, indem du einfach Runden weglässt, wenn es zu tief für dich ist, oder aber Runden hinzufügst, wenn dir der Pullover zu eng unter der Achsel sitzt.

Diese Variante findest du im Baukasten ab Seite 64.

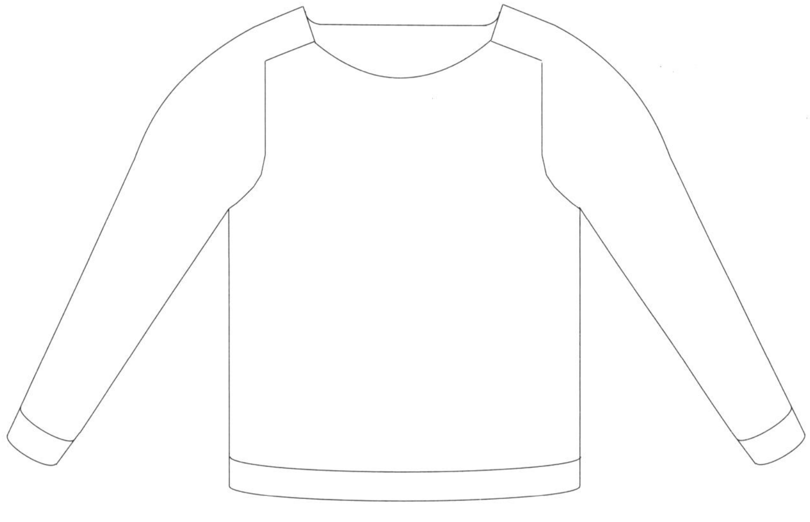

Sattelschulterkonstruktion

Contiguous-Pullover

Den Begriff »contiguous« im Zusammenhang mit einer Pulloverstrickanleitung hast du vielleicht schon gehört. Ich habe recht lange gebraucht, bis ich das Wort fehlerfrei schreiben konnte, ich habe meist noch ein i dazu gemogelt – aber das ist nur ein kleiner Fun Fact am Rande.
Noch eine kleine Geschichte dazu: Ich habe die Australierin Susie Myers, die diese Methode entwickelt hat, rein zufällig 2015 bei einem Workshop im Rahmen des Berliner Wollfestes »Berlin knits« kennengelernt. Sie hatte denselben Workshop als Teilnehmerin gebucht wie ich. Das war so ein schöner Fangirl-Moment!
Die Contiguous-Methode (contiguous: zusammenhängend) ist eine Technik, die Schulternähte und Armkugeln eines Oberteils von oben nach unten zu stricken, was wie eine eingesetzte Armkugel aussieht. Die Contiguous-Methode formt ganz von selbst eine Schulterschräge. Bei der Originalmethode besteht die Schulternaht aus zwei Maschen, die später den Beginn des Ärmels bilden. Zunächst werden Maschen wie folgt angeschlagen: eine Masche für das linke Vorderteil, zwei Schultermaschen, eine Anzahl an Rückenteilmaschen, die die Breite des Halsausschnittes bestimmen, zwei Schultermaschen und eine Masche für das rechte Vorderteil. Die Zunahmen erfolgen in jeder Reihe, jeweils rechts und links der beiden Schultermaschen. Zusätzlich nimmst du an den Außenkanten der Vorderteile zu und schlägst weitere Maschen dazwischen an, um die Arbeit schließlich zur Runde zu schließen.
Diese beschriebene Methode stellt Susie Myers für alle Stricker:innen kostenlos zur Verfügung, bittet aber, den folgenden Satz hinzuzufügen: »Dieses Kleidungsstück ist nahtlos von oben unter Verwendung der Contiguou-Sleeve-Methode gearbeitet, die von Susie Myers, SusieM auf Ravelry (http://www.ravelry.com/people/SusieM) entwickelt wurde.«

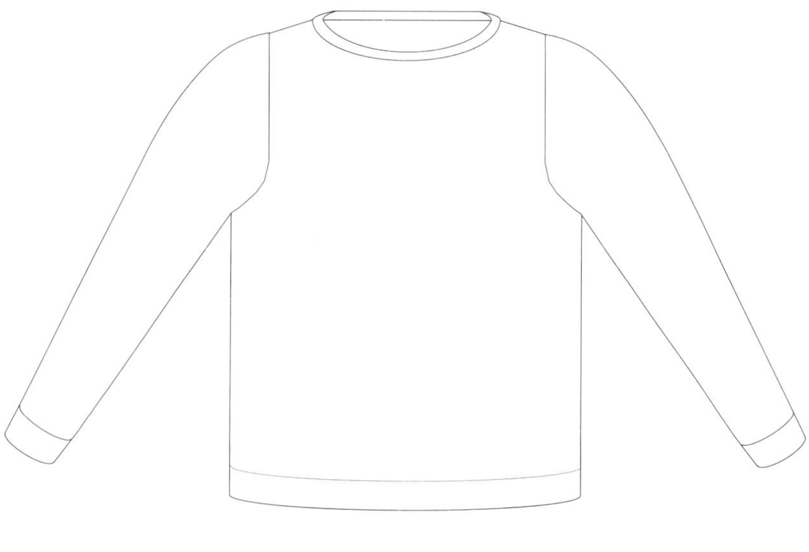

Contiguous-Pullover

Ich habe, bevor ich selbst mit dem Designen von Oberteilen begann, für einige Designerinnen neu entworfene Modelle vor deren Veröffentlichung testgestrickt. So habe ich auch diese Konstruktion öfter gestrickt, aber beim Tragen später festgestellt, dass sie mir nicht gut passt. Mir war, wenn ich die Größe nach meiner Oberweite ausgesucht habe, immer das Armloch zu tief. Als ich das bemerkt hatte, habe ich zwar einige Runden ausgelassen, aber gepasst haben die Oberteile irgendwie trotzdem nicht. Wir wurden einfach keine Freunde. Woran es wirklich lag, habe ich erst viel später herausgefunden, aber dazu später mehr.

Diese Variante findest du im Baukasten ab Seite 64.

Pullover mit Rundpasse

Pullover mit mehrfarbigen Rundpassen sind heute nicht mehr aus der Mode wegzudenken. Sie haben geradezu eine Renaissance erlebt.
Früher war diese Schnittform vor allem durch die sogenannten Norwegerpullover bekannt. Dafür wurden Vorder- und Rückenteil sowie die Ärmel entweder flach oder in Runden gestrickt. Dann wurden, wenn von unten nach oben gestrickt, alle Maschen bis auf die Unterarmmaschen an allen Teilen auf eine Rundstricknadel genommen und mit Abnahmen in der Runde bis zum Halsloch gestrickt. Nur die Maschen unter den Achseln mussten noch verbunden werden.
Von oben nach unten geht es genau umgekehrt: Der Pulli startet am Halsloch, und die Rundpasse wird auf der Rundstricknadel in Runden gestrickt, bis die Maschen an den Achseln in Körperteil und Ärmel geteilt und diese dann getrennt nach unten zum Bund gestrickt werden.
Die heutigen Rundpassenpullover haben meist einen Bereich, entweder direkt nach der Halsblende oder unterhalb des Passenmusters, in dem verkürzte Reihen gestrickt werden, um das Rückenteil zu heben. Dadurch wandert der Ausschnitt am Vorderteil nach unten und ist meist angenehmer zu tragen. Wo sie angeordnet werden, liegt meist an der Präferenz der Designerin.
Es gibt unterschiedliche Möglichkeiten, eine Rundpasse zu konstruieren. Die einfachste ist, die

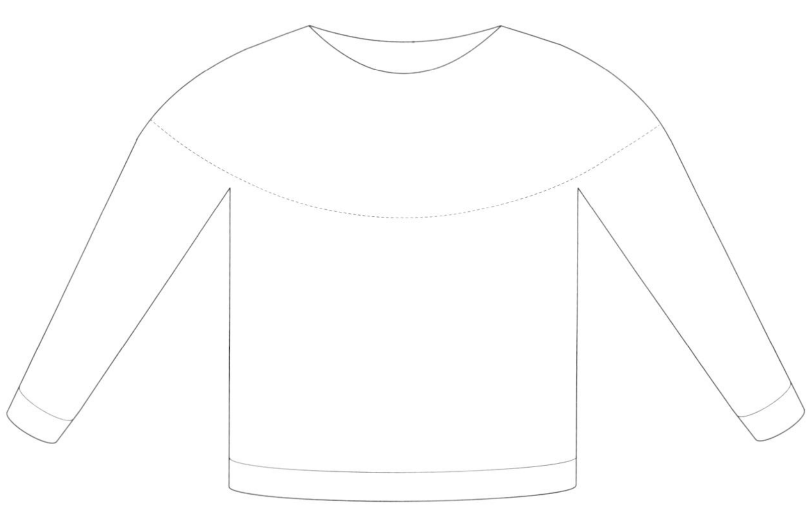

Zunahmen in nur drei oder vier Runden, verteilt über die Tiefe der Passe, gleichmäßig alle XX Maschen zuzunehmen. Die Anzahl der Zunahmen können dann einfach für die verschiedenen Größen angepasst werden. Das funktioniert allerdings nur bei einfarbigen Passen oder solchen, die kein durchgängiges Einstrickmuster haben. Bei ihnen kannst du auch leicht Anpassungen vornehmen.

Die zweite Möglichkeit ist die, die Passe in Segmente aufzuteilen, die an der Blende weniger Maschen pro Segment haben und weiter unten mehr Maschen. Die Maschen werden innerhalb der Segmente zugenommen. Wenn die Passe nicht zu tief ist, werden danach meist noch Raglanzunahmen gemacht, bis die nötige Maschenzahl für Vorder- und Rückenteil sowie die Ärmel erreicht sind. Hier kannst du gut Anpassungen für dich vornehmen.

Die dritte Möglichkeit sind wieder Segmente, die jetzt aber bis zum Abteilen der Ärmelmaschen vom Körperteil reichen. Hier kannst du nur noch bei der Anzahl der Unterarmmaschen, die aufgenommen werden, anpassen. Oder du musst komplette Segmente heraus- oder hinzunehmen, je nachdem ob du zu viel oder zu wenig Maschen hast.

Ein Aspekt spielt vor allem bei Rundpassen eine große Rolle: die Schulterform. Denn von der Schulterform kann es abhängen, ob bei dir eine Rundpasse gut passt oder ob die Passe Falten schlägt, weil sich im oberen Drittel zu viele Maschen befinden oder sich im oberen Drittel die Maschen zu sehr dehnen müssen bzw. die Passe beim Tragen zu weit nach oben rutscht.

Abhilfe kannst du am einfachsten schon bei der Wahl der Anleitung schaffen. Schau dir deine Schulterlinie an (worauf es ankommt, erkläre ich dir später ausführlich) und die der Designer:innen. Denn die Designer:innen werden nichts entwerfen, das ihnen nicht passt. Wenn eure Schulterlinien optisch übereinstimmen, kannst du kaum etwas falsch machen. Wenn du noch unsicher bist, schau dir auch Fotos von anderen Stricker:innen an, die diese Anleitung schon gestrickt haben. Wie sieht die Passe bei ihnen aus? Achte dabei darauf, dass die Arme locker herunterhängen.

Vorsicht bei allen Tragefotos, bei denen die Person ihre Hände in die Taille gestemmt hat und die Schultern nach hinten zieht! So sieht fast jedes Strickstück passend aus.

Diese Variante findest du im Baukasten ab Seite 64.

Tipp: Wenn du schon eine Rundpasse angefangen hast, kannst du einfach überprüfen, ob sie für deine Schulterform geeignet ist.

Und so geht es: Lege die Rundpasse flach ausgebreitet auf einen Tisch und streiche sie glatt. Das geht entweder mit einer oder zwei Rundnadeln oder wenn du die Maschen auf einem langen Faden stilllegst. Wenn sich die Passe flach wie ein Kreis hinlegen lässt und du eine gerade Schulterlinie hast – herzlichen Glückwunsch. Falls du aber eine runde Schulterlinie hast, wird die Passe beim Tragen Falten schlagen. Denn du hast zu viele Maschen, und der Umfang am unteren Rand der Passe ist zu groß.

Wenn sich die Passe nicht flach und rund hinlegen lässt, falte sie in der Mitte an der Schulter. Wenn du eine runde Schulterlinie hast, sollten zu einem Halbkreis jeweils rechts und links 1-3 cm fehlen. Das ist das Maß der Schulterschräge, das du im Kapitel »Lerne deinen Körper kennen« ab Seite 31 ermittelst. Falls du eine gerade Schulterlinie hast, fehlen dir Maschen am Umfang, und die vorhandenen Maschen müssen sich dehnen, damit sie um deine Schulter passen. Oder die Passe rutscht nach oben und steht dort ab.

Strickrichtung

Vielleicht kennst du mein erstes Pullover-Design: den *Berlin-Mitte-Sweater*. Er ist die Weiterentwicklung eines Accessoires. Zuerst gab es *Berlin Mitte*, ein Tuch bestehend aus einem Strang Garn in Sockengarnstärke. Es ist mit dem Ziel entstanden, aus diesem Strang ein größtmögliches Tuch zu stricken. Es startet aus der Mitte mit einem Fünfeck, bis die Hälfte des Garnes verstrickt wurde. Dann werden drei der fünf Kanten abgekettet und an die anderen beiden Kanten jeweils als länger gestrecktes Dreieck gestrickt. Die Gesamtform ergibt ebenfalls ein Dreieck.
Das Fünfeck als Ausgangsform ließ mich nicht los, und ich habe überlegt, was ich noch daraus entwickeln kann. Es sind am Ende drei verschiedene Mützen, Fäustlinge und fingerlose Handschuhe, ein großes Tuch, sowie aus den Garnresten ein paar Sterne geworden.
Ich dachte, damit ist es dann auch gut. Eine Strickerin aus einer Ravelry-Gruppe, die überwiegend Oberteile strickt, meinte, ich solle mal einen Pullover aus dem Fünfeck entwickeln.
Fast zeitgleich strickte ich einen Pullover nach einer Anleitung der finnischen Strickdesignerin Veera Välimäki. Er war von oben nach unten in einem Teil gestrickt. Die Zunahmen wurden entlang der Schulter gemacht. Diese Form hatte Ähnlichkeit mit meinem Fünfeck. Also legte ich das große Dreieckstuch auf den Boden und den Pulli obendrauf. Auf die lange Seite des Dreiecks legte ich das Bündchen des Pullovers. Zu meiner Überraschung schaute nur noch die Spitze des Dreiecks am Halsausschnitt des Pullovers heraus. Es war ganz einfach, ich brauchte nur diese Spitze gerade »abzuschneiden«, damit oben das Halsloch so groß war, dass der Kopf durchpasst. Und an den rechten und linken Seiten des Fünfecks Maschen aufnehmen und die Ärmel ansetzen.

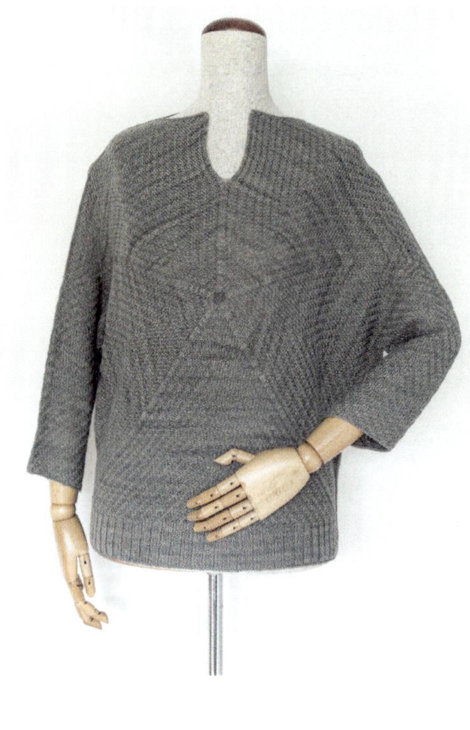

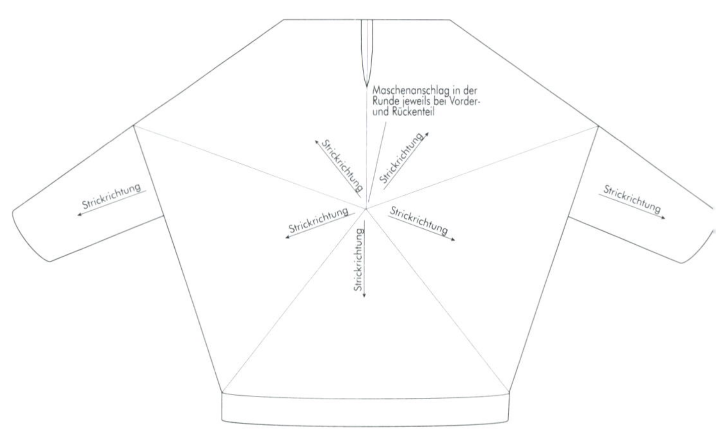

Berlin-Mitte-Sweater

So waren am Körperteil nur vier Nähte zu schließen: die beiden Schulternähte und die beiden Seitennähte vom Bündchen bis zum Armausschnitt.
Diese Form hat aber auch ihre Grenzen, nämlich die Größe des Fünfecks. Somit war die Anzahl der Größen in der Anleitung durch die Konstruktion festgelegt.
Das ist jetzt nicht die übliche Strickrichtung für ein Oberteil. Viel häufiger werden Oberteile entweder vom Halsausschnitt zum Bündchen oder umgekehrt gestrickt. Inzwischen gibt es auch mehr Anleitungen, die seitwärts gestrickt werden. Lass mich dir mal die Vor- und Nachteile der jeweiligen Strickrichtungen aufzählen, die ich im Laufe der Zeit kennengelernt habe.

Bottom-up – von unten nach oben

So habe ich als Jugendliche gelernt, Oberteile zu stricken. Die größten Probleme, die mir diese Art zu stricken bereitet hat, war die Ärmellänge. Okay, meine ersten Oberteile waren Pullunder, aber später gerieten die Ärmel meiner Pullover und Strickjacken entweder zu kurz oder zu lang. Egal, ob ich sie wegen meiner langen Arme verlängert habe oder weil sie weiter unten an der Schulter angesetzt waren, ich habe es einfach nie passend hinbekommen. Und als Perfektionistin hat mich das maßlos geärgert.
Diese Strickrichtung findest du meist in den klassischen Strickanleitungen der Garnhersteller und in Strickzeitschriften. So wurde bis zu Beginn des 21. Jahrhunderts gestrickt. Im Laufe der Zeit haben sich dann auch langsam andere Strickrichtungen entwickelt.
Bei Bottom-up-Pullis fängst du am Saum an und strickst gerade oder für eine Taillierung mit Abnahmen bis zur Taille und Zunahmen nach der Taille oder nur mit Abnahmen für eine A-Linie bis zur Höhe des Armausschnittes. Bei eingesetzten Ärmeln strickst du dann Abnahmen entlang des Armausschnittes und am Rückenteil gerade bis zur Schulter. Am Vorderteil trennst du die Arbeit wieder in zwei Teile, damit du die Abnahmen für den Halsausschnitt stricken kannst. An der Schulter kettest du ab oder strickst Rücken- und Vorderteil zusammen.
Beim Ärmel fängst du mit dem Bündchen an und strickst mit Zunahmen bis zur Armlochkante bei gerade angesetzten Ärmeln. Bei einem Raglanschnitt nimmst du die Maschen meist gleichmäßig bis zum Ende ab und kettest dann die restlichen Maschen ab.
Bei einer Armkugel nimmst du wieder Maschen ab, erst langsam, und je weiter du nach oben kommst, schneller, und die letzten Maschen kettest du ab.

Top-down – von oben nach unten

Ich war zunächst skeptisch – wie sollte das gehen? Aber da ich gerne neue Dinge ausprobiere, habe ich mich darauf eingelassen. Es war zwar zunächst ungewohnt, aber ich konnte viel besser sehen, wie lang das Armloch werden musste. Und wenn die Ärmellänge mal wieder nicht passte, konnte ich sie auch im Nachhinein viel einfacher ändern.

Mittlerweile ist diese Strickrichtung sehr verbreitet. Vor allem, weil wir Stricker:innen darin mehr Vor- als Nachteile gesehen haben. In den Köpfen mancher Garnfirmen oder Strickzeitschriftenverlage scheint das leider noch nicht angekommen zu sein.

Eine meiner Strickfreundinnen hat für eine Garnfirma mehrere Oberteilanleitungen geschrieben. Diese wurden alle Top-down in Runden gestrickt. Die Anleitungsschreiberin der Garnfirma schrieb tatsächlich die Anleitungen in Einzelteile um, die von unten nach oben gestrickt werden. Die Begründung war, das verstehen die Stricker:innen sonst nicht. Ich lasse das mal so stehen.

Wenn du von oben nach unten strickst, beginnst du mit einem Maschenanschlag an der Schulter. Wenn das Oberteil mit angesetzten Ärmeln und ohne Rückenausschnitt designt ist, strickst du einfach gerade weiter. Bei einem geraden Körperteil gerade bis runter zum Saum. Bei einer A-Linie mit Zunahmen und bei einer Taillierung mit Ab- und Zunahmen. Beim Vorderteil wird es beim Ausschnitt zunächst getrennt und anschließend mit allen Maschen wie das Rückenteil gestrickt. Die Ärmel werden vom Ansatz am Armloch bis zum Ärmelbund gestrickt.

Die Vorteile: Du kannst alle Längenmaße der Teile noch während des Strickens bestimmen. Also kürzer oder länger stricken. Das ist vor allem hilfreich, wenn deine Maschenprobe in der Höhe von der Vorgabe abweicht oder deine Garnmenge knapp bemessen ist. So kannst du das Garn bis zum letzten Meter verstricken.

Die Nachteile: Einige Strickmuster haben eine festgelegte Strickrichtung. So kannst du bei einem Lochmuster, das eine Blumenform hat, wenn du es umdrehst, die Blume nicht mehr erkennen. So ein Muster verwende ich dann nicht oder ändere deshalb die Konstruktion.

Im Prinzip kannst du mit etwas Strickerfahrung fast alle Anleitungen, die von unten nach oben geschrieben sind, umkehren und in der anderen Richtung stricken.

Und so geht's: Du fängst, einfach gesagt, mit dem Ende der Anleitung an und schaust, wie viele Maschen du oben an der Schulter hast und schlägst diese Anzahl Maschen an. Dann arbeitest du Zunahmen an den Stellen, an denen Abnahmen in der Anleitung sind. Am Halsausschnitt geht das recht einfach. Wenn du am Ende einer Reihe mehr als eine Masche zunehmen sollst, strickst du keine Zunahme aus dem Querfaden, sondern strickst bis ans Ende der Reihe und schlingst die Anzahl der Maschen auf, die du brauchst.

Bei Armausschnitten für eingesetzte Ärmel kannst du, auch wenn alle zwei Reihen je zwei Maschen zugenommen werden sollen, einfach in jeder Reihe eine Masche zunehmen. Du siehst, auch so etwas ist möglich.

Seitwärts

Wenn du einen längsgestreiften Pullover stricken willst, ist es einfacher, statt mit je einem Knäuel je Farbe und dem Verkreuzen der Fäden beim Farbwechsel den Pullover seitwärts zu stricken. So kannst du während des Strickens noch die Streifenbreite oder Streifenfarbe ändern. Hier gibt es mehrere Möglichkeiten, je nachdem an welcher Stelle du mit deinem Maschenanschlag beginnst. Du kannst beispielsweise am rechten Ärmel beginnen und den Ärmel stricken, bis er lang genug ist: Dann nimmst du rechts und links Maschen auf für Rücken- und Vorderteil und strickst weiter bis zum Halsausschnitt. Anschließend musst du die Arbeit teilen. Du strickst erst das Vorderteil und nimmst dabei für den Ausschnitt erst ab und dann wieder zu. Die Maschen des Vorderteils legst du so lange still. Du strickst als Nächstes das Rückenteil mit dem gewünschten Rückenausschnitt, und in der letzten Hinreihe strickst du weiter über die Vorderteilmaschen, die du zuvor wieder auf eine Nadel genommen hast.
Jetzt strickst du weiter bis zur Seitennaht und kettest erst die Rückenteilmaschen bis zum Ärmel ab, strickst über die Ärmelmaschen und kettest dann die Vorderteilmaschen ab. Dann strickst du nur noch den Ärmel mit Abnahmen bis zum Bündchen. Danach hast du nur zwei Seitennähte, die du noch schließen musst.
Ein Nachteil daran ist, dass du an der Stelle, an der du die Körpermaschen anschlägst, festlegen musst, wie lang dein Ärmel sein wird. Und durch die Anzahl der neu angeschlagenen Maschen, wie lang dein Pulli wird. Für die Breite musst du dich an der Stelle entscheiden, an der du die Arbeit für den Ausschnitt teilst. Falls es erforderlich ist, den Pullover etwas weiter zu machen, kannst du noch bis zu 2 cm herausholen, indem du den Ausschnitt breiter machst. Den Nachteil mit der festgelegten Ärmellänge kannst du umgehen, indem du an der linken Seitennaht beginnst und den rechten Ärmel erst dann anstrickst, wenn der linke Ärmel schon fertig ist.
Eine weitere Möglichkeit hast du, wenn du in der Mitte des Rückenteils die Maschen anschlägst. Hier legst du zwar die Länge des Pullovers fest, kannst aber später noch einen Saum anstricken. Worauf du achten solltest, ist, dass sich ein etwaiges Muster auf beiden Teilen schön fortsetzt. Oder du nimmst die Verbindung des rechten mit dem linken Teil als Designfeature und kreierst eine außen liegende Naht, vielleicht sogar in einer Kontrastfarbe.
Das Stricken aus der Mitte heraus hat den Vorteil, dass du sowohl die Breite des Pullovers als auch die Ärmellänge noch während des Strickens verändern kannst.
Bei allen seitwärts gestrickten Varianten ist zu bedenken, dass sich die Maschen anders verhalten als bei Top-down und Bottom-up. Das Gestrick wird durch die andere Richtung in der Breite gedehnt. Ich kann mich noch gut dran erinnern, als ich die erste Anleitung der Strickdesignerin Joji Locatelli auf Ravelry gesehen habe. Bei der Angabe der Maschenprobe dachte ich, das kann nicht hinhauen. Das ist bestimmt ein Fehler. Ich habe da aber nicht darauf geachtet, dass dieses Jäckchen quer gestrickt war. Ich habe mich dann einfach mal drauf eingelassen und losgestrickt.

Jede dieser drei Strickrichtungen hat ihre Vor- und Nachteile. Du kannst mit jeder ein hervorragendes Ergebnis erzielen, wenn du die beschriebenen Dinge beachtest.

Sonderformen

Neben den schon beschriebenen Strickrichtungen gibt es auch noch Sonderformen. Dazu gehört etwa mein *Berlin-Mitte-Sweater* oder auch mein Modell *Amburgo*. Da ist es ein Quadrat, das aus der Mitte heraus gestrickt wird, ausgehend davon weiter an den Seiten der Quadrate in die vier Richtungen.

Eine weitere Kombination von verschiedenen Strickrichtungen ist mein Modell *Directions*. Bei ihm habe ich zunächst eine Art Lätzchen von oben nach unten gestrickt, erst das Rückenteil und dann darauf Maschen für das Vorderteil aufgenommen, mit Zunahmen für den Ausschnitt, bis es in der Mitte geschlossen wird. Dann werden alle Maschen stillgelegt und Maschen an den senkrechten Kanten aufgenommen, um daraus seitwärts die Ärmel zu stricken. Wenn diese fertig sind, werden die stillgelegten Maschen wieder aufgenommen und zusätzliche Maschen aus der Unterkante der Ärmel und dann in der Runde bis zum Saum nach unten gearbeitet.

Du siehst, beim Stricken ist so viel möglich. Aber, jetzt kommt das große Aber: Je komplexer die Konstruktion, desto schwieriger wird es für dich, die Anleitung auf deine Maße anzupassen. Deshalb habe ich in diesem Buch auch die fünf häufigsten Schnittkonstruktionen für Anleitungen für dich zum Üben ausgewählt, damit du es einfacher hast.

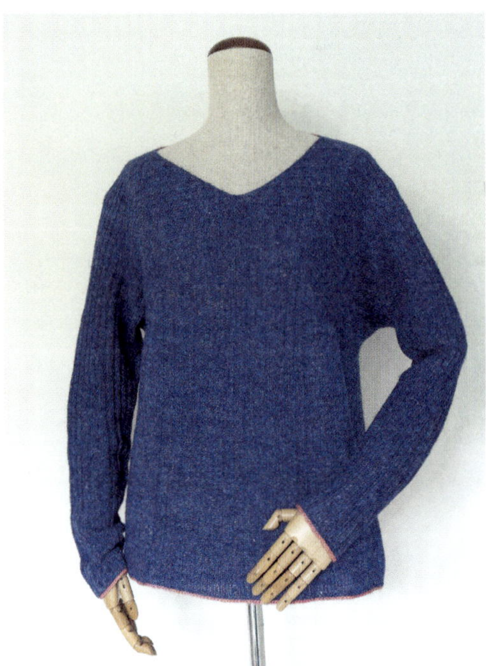

Amburgo

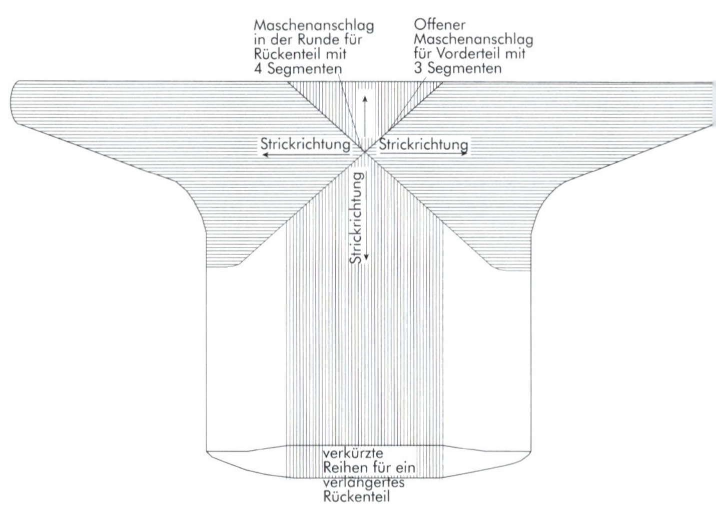

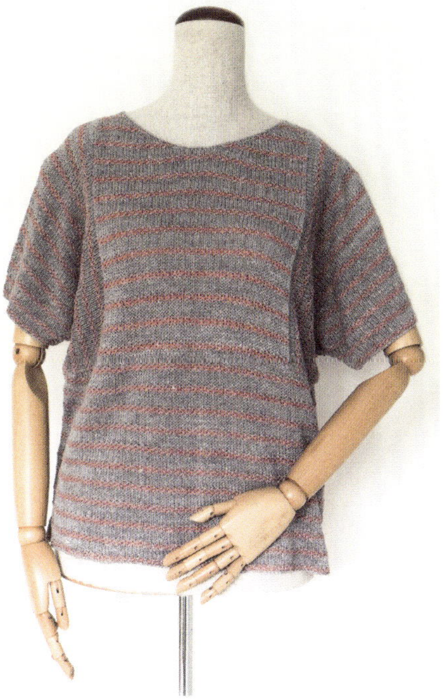

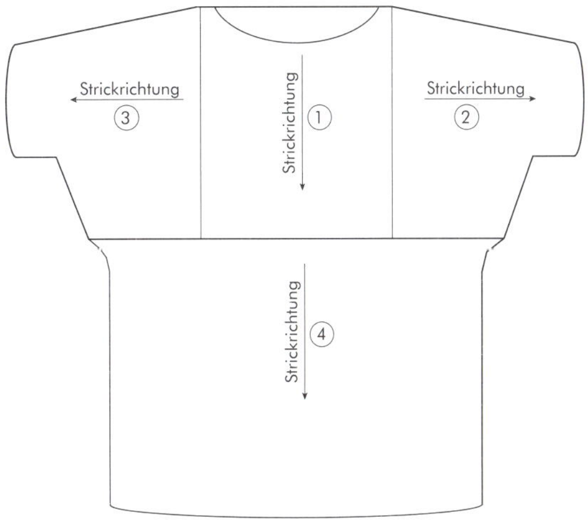

Directions

In Teilen gestrickt oder nahtlos

Alle Teile einzeln

Als ich 2005 nach längerer Pause wieder angefangen habe zu stricken, habe ich zu meiner Überraschung sehr viel dazu im Internet gefunden. Damit hätte ich wirklich nicht gerechnet. Die Seite, die ich zuerst gefunden habe, war www.knitty.com. Die meisten Stricker:innen werden von dieser amerikanischen Webseite von Amy Singer schon gehört haben oder kennen sie wie ich schon länger. Dort werden zu jeder Jahreszeit ein paar englischsprachige Anleitungen veröffentlicht, die du dir kostenlos herunterladen kannst.

Was mir sofort positiv auffiel, war, dass die Anleitungen wesentlich mehr Größen beinhalten. Endlich hatte ich schöne Strickanleitungen gefunden, bei denen es auch meine Größe gab. Okay, sie waren auf Englisch. Englisch hatte ich in der Schule in der Oberstufe, als es möglich war, abgegeben. Nicht weil ich die Sprache nicht mochte, sondern weil wir englische Literatur lesen und interpretieren mussten. Textinterpretationen waren schon im Deutschunterricht ein Graus für mich. Dafür habe ich mich in der Mathematik sehr wohlgefühlt, was auch als Strickdesignerin sehr hilfreich ist.

Lass uns festhalten: Grundkenntnisse in Englisch waren vorhanden, aber alles darüber hinaus eher wenig. Also habe ich im Internet Strick-Vokabellisten für Englisch-Deutsch gesucht und gefunden. Der Rest hat sich dann im Laufe der Zeit ergeben.

Körper und Ärmel in der Runde gestrickt

Wer zuletzt lacht, lacht am besten. Das habe ich selbst erfahren müssen. Die ersten englischsprachigen Anleitungen, die ich im Internet fand, waren in der Runde gestrickt.
Und in jeder dieser Anleitungen stand: »Be careful not to twist your stitches!« Also, nachdem ich die Maschen auf der Rundnadel angeschlagen hatte, sollte ich aufpassen, die Maschen auf der Nadel nicht zu verdrehen, wenn ich sie zur Runde schließe. Das ist doch eigentlich klar, oder?
Aber ganz dunkel erinnerte ich mich an meinen ersten Pullunder. Den hatte ich mit 14 Jahren gestrickt. Das Körperteil sollte ich bis zum Armausschnitt in der Runde stricken. Meine Eltern und ich waren bei Freunden meiner Eltern eingeladen, als ich mit dem Pullunder beginnen wollte. Ich sollte 200 Maschen anschlagen. Allein das war schon schwierig, weil ich laut gezählt hatte und Onkel Herbert immer andere Zahlen dazwischenrief, um mich ein wenig zu ärgern. Als ich endlich die richtige Maschenzahl auf der Nadel hatte und schon einige Runden gestrickt hatte, sah ich mit großem Entsetzen, dass mein Gestrick leider total verdreht war. Ich musste wieder alles aufziehen und neu beginnen. Ausgerechnet ich, die die Ungeduld in Person ist. Meine Mutter unkte schon, dass ich wohl nie einen fertigen Pullunder gestrickt bekäme. Das konnte ich nicht auf mir sitzen lassen. Ich brauchte allerdings mehrere Anläufe, bis es endlich richtig war. Nach dem Abend hatte ich dann als Ergebnis ganze 3 Runden. Klar hat mir meine Oma später bei den Blenden geholfen, so weit war ich damals noch lange nicht, das selbst hinzubekommen.

Tipp: Verdrehen der Maschen beim Schließen der Arbeit in der Runde verhindern: Stricke erst je eine Hin- und eine Rückreihe, dann kannst du viel besser erkennen, ob die Maschen alle richtig liegen. Schließe dann erst die Arbeit zur Runde. Den kleinen Versatz, den du dabei bekommst, kannst du schnell mit dem Faden und einer Nadel schließen und ihn anschließend vernähen. Vernähen musst du ihn ja ohnehin. Also ist das keine Mehrarbeit.

Erwähnte ich schon, dass ich nicht gerne nähe? Deshalb habe ich schon immer überwiegend Anleitungen ausgesucht, die in der Runde beschrieben sind. Und als ich angefangen habe, eigene Anleitungen zu designen, habe ich darauf geachtet, dass sie möglichst nahtlos sind.
Einer der Vorteile ist also, du hast am Körperteil zwei Nähte weniger, die du schließen musst. Und je Ärmel noch mal eine. Du siehst auch keine Naht.

Tipp: **Falls du gerne eine Nahtlinie zwischen Vorder- und Rückenteil oder an der Innenseite der Ärmel haben möchtest: Einfach eine zusätzliche linke Masche stricken, und wenn die Naht enden soll, einfach die Masche davor mit dieser »Nahtmasche« zusammenstricken, und schon passt die Maschenzahl wieder.**

Ein weiterer Vorteil beim Stricken in der Runde ist die Möglichkeit, noch bevor du fertig bist, dein Körperteil oder den Ärmel anzuprobieren. So kannst du früh sehen, ob der Pullover dir so passt, wie du es gerne hättest.
Bei manchen Garnen kann es allerdings passieren, dass sich durch die immer gleiche Richtung der Maschen, das Gestrick verzieht. Das habe ich schon einmal bei einem Leinengarn erlebt. Dann lieber in Hin- und Rückreihen stricken und am Schluss zusammennähen.
Rundpassen bei Pullovern sind immer in der Runde gestrickt. Sagt der Name ja auch schon.
Bei mehrfarbigen Mustern ist das Stricken in der Runde viel einfacher, weil du das Muster immer sehen kannst – die Spannfäden sind auf der Rückseite der Arbeit.

Ein kleiner Exkurs zu Strickjacken

Da Strickjacken am Vorderteil offen sind, wird ihr Körperteil meist in Hin- und Rückreihen gestrickt. Eine Ausnahme bilden die nach ihrer Herkunft benannten Fair-Isle-Strickjacken. Diese farbigen Muster werden meist mit zwei, seltener auch mit drei Farben in der Runde gestrickt. Sie werden dann zum Schluss in der Mitte des Vorderteils aufgeschnitten. Dazu musst du in der vorderen Mitte 5-7 zusätzliche Maschen stricken. Immer abwechselnd eine Masche in der einen und eine Masche in der anderen Farbe. Dieser Streifen nennt sich Steek. Damit bleibt das eigentliche Muster erhalten. Das Garn, das für solche Jacken verwendet wird, ist meist ein unbehandeltes Wollgarn, bei dem sich die feinen, nicht glatten Fasern miteinander verhaken und so verhindern, dass sie aufgehen. Die aufgeschnittene Kante wird dann entweder nach innen umgeschlagen und festgenäht, oder es wird ein hübsches gewebtes Stoffband darüber genäht. Eine andere Möglichkeit, die offene Schnittkante zu verstecken, ist, eine doppelte Blende anzustricken.

Auch mehrfarbige Schals oder Cowls kannst du gut in der Runde stricken. Die Spannfäden auf der Rückseite sind dann nicht mehr sichtbar, sondern sie verschwinden innen. Durch die zwei Lagen wird allerdings das Gestrick auch dicker, und du brauchst mehr Garn.
Je nach Strickprojekt kannst du überlegen, was mehr Sinn für dich macht. Ein Richtig oder Falsch gibt es nicht.

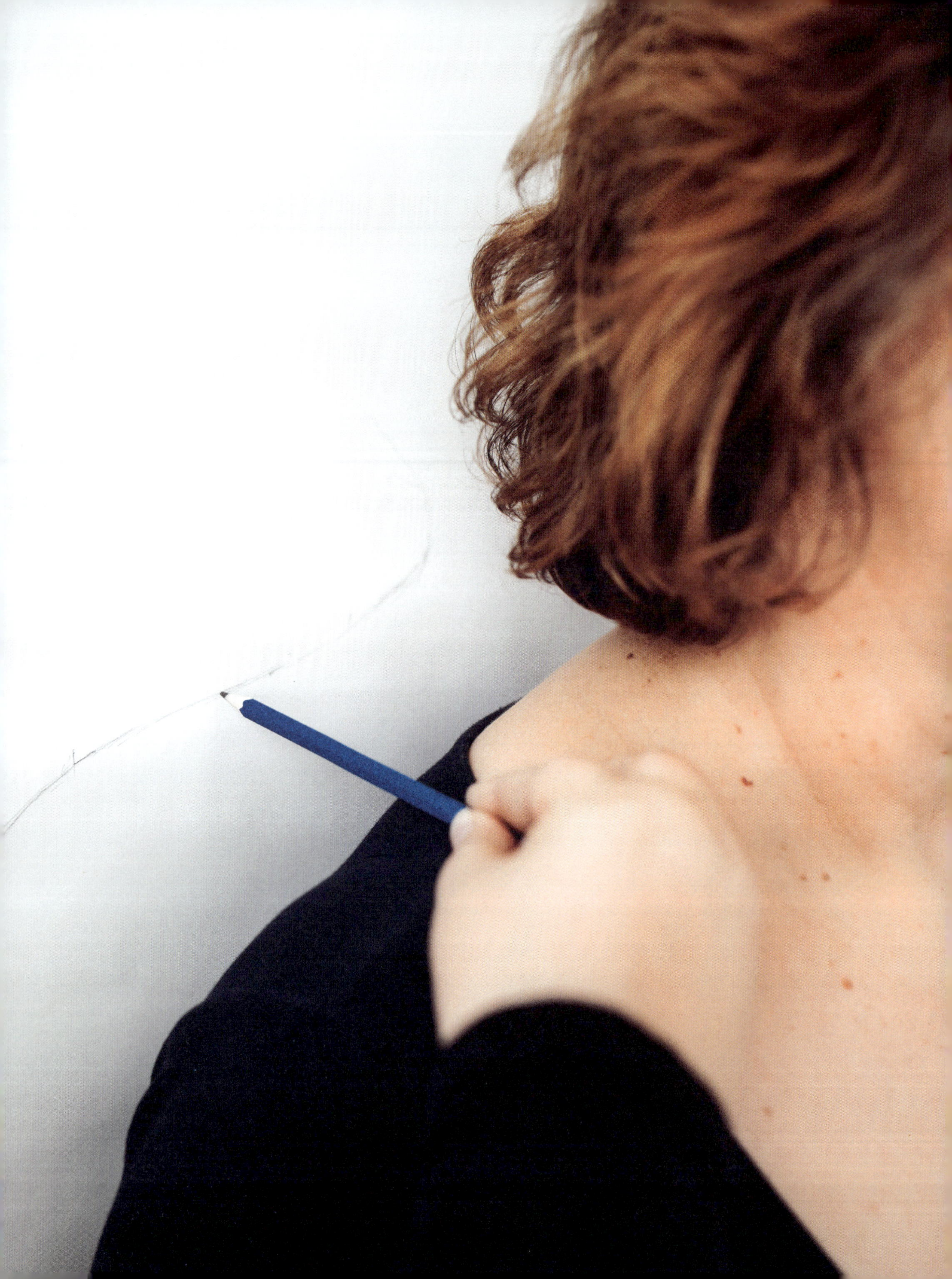

Lerne deinen Körper kennen

Stell dir vor, du ziehst in eine neue Wohnung und brauchst neue Möbel. Gehst du dann in ein Einrichtungshaus und kaufst einfach, was dir gefällt?
So hat es meine Cousine Christiane bei ihrer ersten Wohnung gemacht. Ich war an dem Tag bei ihr, als die Möbel geliefert wurden. Sie wohnte im Souterrain, und es führte eine schmale Treppe von außen nach unten und im rechten Winkel zur Eingangstür.
Die Möbelpacker sind beim Versuch, ihr Sofa in die Wohnung zu tragen, stecken geblieben – sie hatten keine Chance, das Sofa auf der Treppe so zu drehen, dass es durch die Tür gepasst hätte. Sie mussten das Sofa wieder mitnehmen.
Christiane war enttäuscht und hat sich über sich selbst geärgert. Das hätte sie vermeiden können, wenn sie vorher gemessen und bei der Auswahl des Sofas darauf geachtet hätte.
Was ich dir mit dieser Anekdote mit auf den Weg geben möchte, ist: Miss erst alle deine Körpermaße, bevor du eine Anleitung kaufst und eine Größe aussuchst.

Erscheinungsbild - subjektiv

Wenn ich morgens nach einer Feier, auf der ich mal wieder zu viel Kuchen gegessen habe, in den Spiegel sehe, erblicke ich ein anderes Ich, als wenn ich nach 2 Stunden anstrengendem Sport hineinschaue. Bei der ersten Situation nehme ich meinen Bauch deutlich dicker wahr als bei der zweiten. Ein Außenstehender sieht keinen Unterschied.
Dazu kommt noch, dass wir dazu neigen, uns mit anderen zu vergleichen – mach das nicht! Es führt zu einem verzerrten Selbstbild, und die ganzen Glaubenssätze, die wir im Laufe unseres Lebens annehmen, können dieses Selbstbild noch verstärken.
Wir müssen damit aufhören, uns an Idealen zu orientieren, die nicht unsere eigenen sind. Wir sind nicht weniger wert, nur weil wir nicht so sind, wie andere uns gerne hätten.
Ich würde dir dazu gerne noch mehr mit auf den Weg geben, aber weitere Ausführungen würden den Rahmen sprengen und vom eigentlichen Thema zu weit abschweifen. Umso wichtiger ist es, unserem Körper objektiv zu begegnen, und das machen wir im nächsten Abschnitt.

Körperumrisse - objektiv

Zu einem runden Geburtstag hatte ich mir eine Stilberatung gegönnt. Dafür hatte ich mir sogar einen Tag Urlaub genommen. Ich wollte diese Zeit für mich richtig genießen und keinen Zeitdruck haben.
Diese Stilberatung begann mit etwas, das auf mich einen so bleibenden Eindruck hinterlassen hat und Erkenntnisse gebracht hat, dass ich es euch nicht vorenthalten möchte.
Meine Stilberaterin Karin ließ mich mich bis auf die Unterwäsche ausziehen und barfuß vor eine große weiße Glaswand stellen. Dann nahm sie einen schwarzen Stift und begann, an meinem rechten Fuß entlang eine Linie meinem Körper folgend zu malen. Am Bein nach oben, dann von der Achsel an der Innenseite meines Arms entlang nach unten, um die Hand herum wieder über die Schulter, den Hals und Kopf auf der anderen Seite gegengleich nach unten. Als sie fertig war und ich von der Glaswand zurücktrat, konnte ich meine Körperform sehen – und war überrascht, dass dort eine Taille zu sehen war. Ich hatte zuvor Stein und Bein geschworen, dass ich so etwas nicht habe mit meinem runden Bauch. Sie befand sich auch nicht da, wo der Hosenbund sitzt, sondern etwas weiter oben.
Auf Basis dieses Umrisses und ein paar Längenmaßen hatte Karin schnell meine Proportionen ermittelt. Ich hatte selbst schon früher gemerkt, dass sowohl mein Oberkörper als auch meine Beine länger als der Durchschnitt waren, aber dass mein Hals etwas kurz geraten ist, hatte ich erst dort gelernt.

Kennst du das auch, dass sich manche Dinge ganz einfach erklären lassen, wenn du sie mit dem nötigen Abstand betrachtest? Für mich war das die Erklärung, warum ich noch nie Rollkragen leiden konnte. Denn was an Frauen mit einem schönen langen Hals top chic aussieht, funktioniert bei mir durch den kurzen Hals überhaupt nicht – ich sehe damit aus, als hätte ich gar keinen Hals und der Kopf säße direkt auf dem Rumpf, nicht schön. Ich habe von dieser Beratung noch ein paar andere Dinge mitgenommen, die ich gerne mit dir in einem späteren Kapitel teilen werde.

Du kannst dir sicher vorstellen, was jetzt deine Aufgabe sein wird? Genau, du sollst deinen Körperumriss erstellen. Das geht nur mithilfe einer anderen Person. Nimm ein großes Stück Papier (Packpapier, Geschenkpapier) oder mehrere kleine Blätter (Druckerpapier) und klebe sie auf die benötigte Größe zusammen. Die Fläche sollte so groß sein, dass sie mindestens 10 cm höher ist, als du groß bist, und so breit, dass deine Arme neben dir noch gut darauf passen.
Falls du nun erst einmal Packpapier kaufen gehst, nimm lieber die 100 cm breite Rolle. Schneide die benötigte Länge von der Rolle ab und klebe sie auf eine glatte Fläche, die groß genug ist. Das kann entweder eine Tür, ein großer Schrank oder eine freie Fläche an der Wand sein. Dann brauchst du eine zweite Person und einen Stift. Du stellst dich wie ich bei der Stilberaterin in Unterwäsche barfuß mit den Fersen vor die Fläche. Bitte trage dafür einen gut sitzenden BH. Dann kann es losgehen.
Die Person umfährt mit dem Stift deine Körperkonturen. Dabei muss der Stift wirklich immer im rechten Winkel auf das Papier treffen, sonst wird das Ergebnis fehlerhaft.

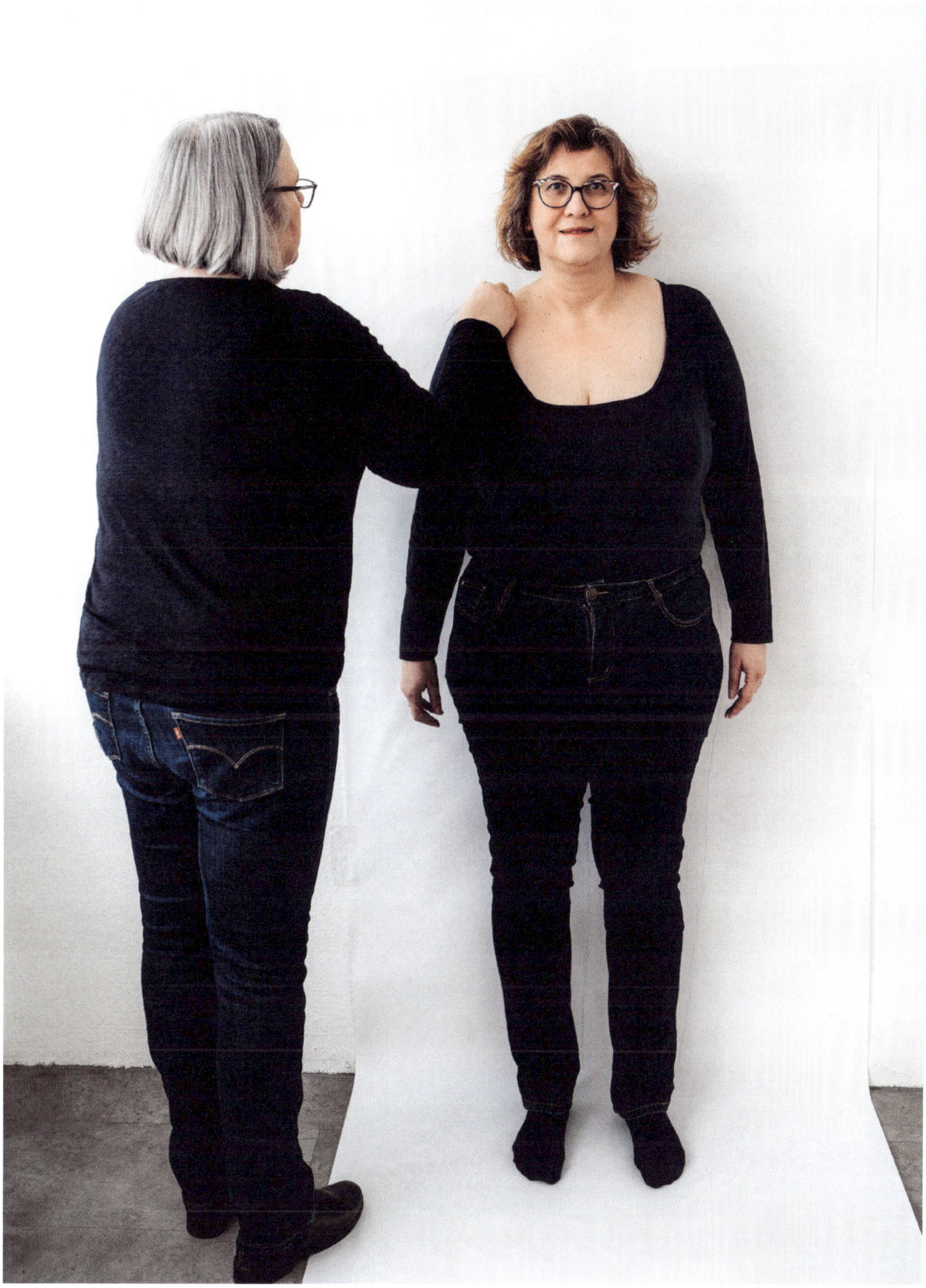

Lasse die Person drei weitere Stellen für Höhen durch einen waagerechten Strich an deinem Umriss auf dem Papier markieren:

Die Höhe deines größten Brustumfanges. Diese brauchst du, wenn du Brustabnäher stricken willst. Ihr gibst du später den Buchstaben D.

Die Höhe der schmalsten Stelle deines Körpers, wenn er frontal betrachtet wird, das ist die Taille. Wenn ihr euch nicht sicher seid, hilft es, mit den Fingern direkt am Körper entlang deiner Seite den Körper entlangzufahren und die Stelle des Oberkörpers zu suchen, an der er sich verjüngt. Diese Stelle kannst du bei deinem neuen Oberteil betonen, wenn du magst. Dieser Höhenlinie gibst du den Buchstaben E.

Zuletzt markiert ihr die Höhe der breitesten Stelle deines Körpers, diese befindet sich meist an der Hüfte oder auch an den Oberschenkeln. Wenn du sie am liebsten verstecken möchtest, achte darauf, dass dein Oberteil entweder schon darüber (mindestens 5 cm) endet oder erst mindestens 8 cm darunter. Sie bekommt den Buchstaben F.

Wenn diese drei Stellen auf dem Papier zusätzlich markiert sind, kannst du wieder von der Wand wegtreten. Lass bitte das Papier mit deinem Umriss noch hängen, weil du anschließend daran einige wichtige Maße ermitteln sollst.

Das ist immer die erste Übung, die ich meine Teilnehmerinnen in meinen Vor-Ort-Workshops machen lasse. Es ist immer wieder toll, die Reaktionen zu sehen, wenn sie ihren Körperumriss zum ersten Mal betrachten. Lass deinen Körperumriss erst einmal auf dich wirken. Du wirst vielleicht überrascht sein, dass er sich von deinem Selbstbild unterscheidet.

Der Bereich von der Schulter bis zur Achsel ist der wichtigste bei einem Oberteil. Du fügst jetzt deinem Umriss weitere Punkte und Linien hinzu, um daraus die ersten Maße zu nehmen.

Du bestimmst zunächst ein waagerechtes Maß: Deine Schulterweite. Dafür ziehst du auf dem Papier mit deinem Körperumriss eine Hilfslinie (in der Skizze gestrichelt dargestellt) senkrecht von der Achsel nach oben, bis sie deine Schulterlinie schneidet. Diesen Punkt markierst du mit dem Buchstaben A. Das Gleiche machst du an der anderen Achsel. Die beiden Punkte A–A verbindest du mit einer Linie, in der Skizze blau dargestellt, mit der Nummer 1.

Dann markierst du an deinem Körperumriss die Stelle, an der der Nacken in die Schulter übergeht. Du kannst die Stelle fühlen, dort endet der Halsmuskel. Diese Stelle bekommt den Buchstaben B wie auf der Skizze. Von dort ziehst du eine parallele Hilfslinie, bis sie sich mit der Hilfslinie oberhalb des rechten Punktes A schneidet. Diesem Punkt gibst du den Buchstaben C. Die Strecke von A–C bekommt die Nummer 2, das ist die Höhe der Schulterschräge oder auch Schulterhöhe genannt.

Nun kommen noch drei vertikale Maße hinzu: Sie beginnen alle an der Hilfslinie zwischen B–C und enden in der jeweiligen Höhe der Punkte D, E und F, die du ja schon markierst hast.

Sie sind in der Skizze rot dargestellt und haben die Nummern 3, 4 und 5. Trage sie auf dem Papier mit deinem Körperumriss ein. Und messe anschließend die fünf Strecken aus und notiere sie dir.

Hier eine alternative Methode, mit der du deine Schulterweite selbst bestimmen kannst, falls du niemanden findest, der deine Körperumrisse zeichnen kann:

Du misst sie stattdessen an einem deiner Kleidungsstücke.

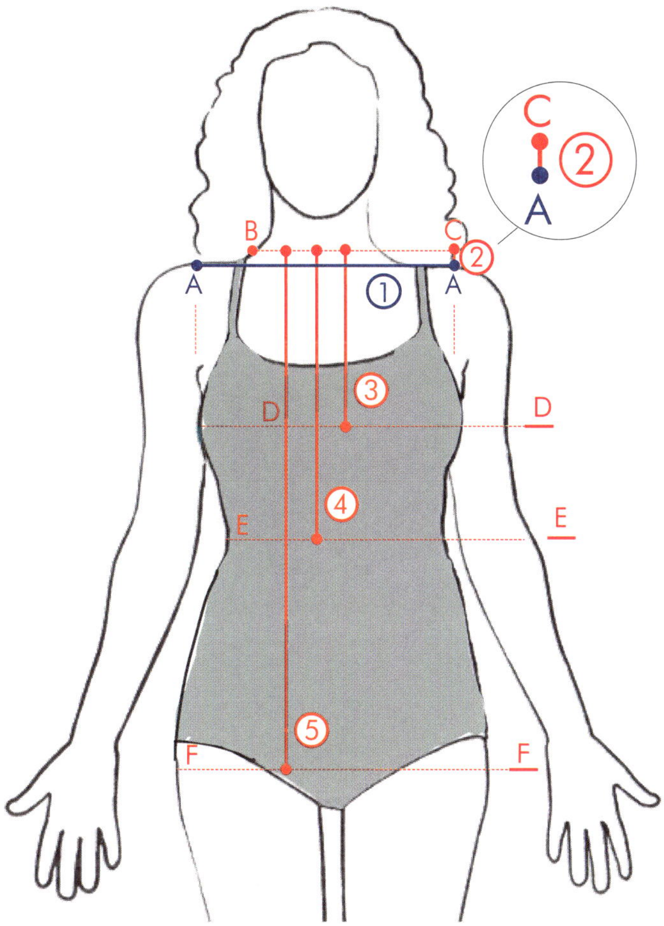

Am besten funktioniert das bei einer Bluse aus einem gewebten Baumwollstoff. Der Stoff darf sich nicht verziehen. Neben dem Maßband brauchst du hier zusätzlich ein Lineal, zwei Stecknadeln und einen Spiegel, in dem du deinen Oberkörper sehen kannst.

Ziehe die Bluse an und stelle dich vor den Spiegel. Dann nimm das Lineal und eine Stecknadel. Verlängere mit dem Lineal die Falte, die sich zwischen deinem Oberkörper und deinem Oberarm in Höhe der Achsel ergibt, senkrecht nach oben Richtung Schulter. Stecke die Stecknadel an dieser Linie an den Punkt, an dem die Armkugel beginnt. Wiederhole das Gleiche auf der anderen Seite. Achte darauf, dass du auf der gleichen Höhe bist wie auf der anderen Seite.

Ziehe die Bluse aus und stecke die Stecknadeln durch den Stoff, sodass sie am Rückenteil wieder rauskommen. Drehe die Bluse auf die Rückseite, lege sie glatt auf den Tisch und miss den Abstand zwischen den beiden Nadeln.

Die anderen Höhen kannst du allein bestimmen: Suche dir einen Türstock (der innere Teil des Türrahmens) und klebe dort in Höhe der Mitte der Oberschenkel beginnend Papier bis etwa zur Höhe deines Ohres. Dann nimm einen Stift und markiere die Höhen B / C, D, E und F. Fühle am einfachsten mit der rechten Hand, wenn du Rechtshänderin bist, sonst mit der linken Hand, wo die beschriebenen Stellen an deinem Körper sind, nimm den Stift, den du in der anderen Hand gehalten hast, und wechsle ihn zu der Stelle, die du getastet hast, und mache

die Markierung. Danach kannst du die Strecken auf deinem Papierstreifen, wie zuvor schon beschrieben, zeichnen und ausmessen. Halt! Hast du bemerkt, dass dir bei dieser Methode noch ein weiteres Maß in diesem Bereich fehlt? Genau: die Armlochtiefe. Diese lässt sich genauer am Körper direkt messen. Stecke dir dazu einen langen Bleistift oder eine Stabstricknadel unter die Achsel und miss dann vom niedrigen Schulterpunkt A bis zur Oberkante des Stiftes / der Nadel. Dieses Maß ist ein Bogen und keine Linie. Bei der Linie auf Papier fehlt dir das Stück des Bogens bis zum Schulterpunkt. Schreibe dir auch dieses Maß auf.
Lass uns jetzt deine Schulterlinie anschauen. Wenn du diese Linie auf Papier hast, super! Falls nicht, schaue bitte einmal in den Spiegel. Die Muskulatur am Ansatz des Halses an die Schulter haben wir alle. Konzentriere dich auf die weiterführende Linie inklusive Armkugel. Verläuft die Linie eher in einer Waagrechten oder fällt sie zur Armkugel hin ab und endet in einer Kurve?

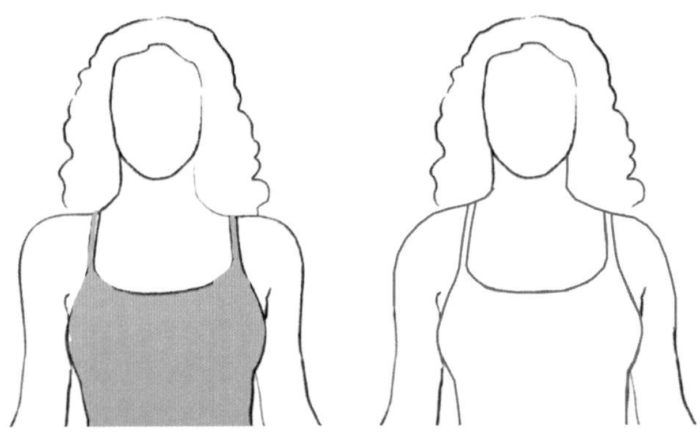

Gerade Schulterlinie   Runde Schulterlinie

Auf der Skizze kannst du die beiden Formen, die ich beschrieben habe, sehen. Da die Schulterlinie bei einer geraden Schulter an der Stelle, an der das Armloch beginnt, höher ist als bei der runden Schulter, muss hier das Armloch entsprechend tiefer sein.
Das ist auch bei der Auswahl einer Strickanleitung zu beachten! Hat der Designer oder die Designerin dieselbe Schulterform wie du, wird dir das Oberteil später besser passen, und du musst nichts umrechnen oder umplanen.

Richtig Maßnehmen

Bevor es mit den weiteren Maßen losgeht, drehe ich die Uhr mal 18 Jahre zurück. Ich hatte nach einer längeren Pause das Stricken gerade wieder für mich entdeckt. Mit einem kleinen Accessoire aus einer bekannten Frauenzeitschrift. Und ich wollte mehr. Ich hatte früher schon leidenschaftlich gerne Oberteile gestrickt. Also habe ich mir im Supermarkt eine Strickzeitschrift gekauft. Eine Strickjacke sollte es werden. Klar, meine Größe gab es mal wieder nicht in der Anleitung. Und das von mir favorisierte Modell hatte kurze Ärmel, wie sinnlos an einer Jacke! Lange Ärmel sollten es natürlich sein. Und auch das vorgeschlagene Garn war so gar nicht meins.

Da half nur eines: Erst einmal Garn kaufen gehen und dann umrechnen. Ich mochte keine Maschenproben, aber ohne geht es bei Oberteilen nun mal nicht – aber dazu später mehr.
Ich maß schnell meinen Brustumfang und legte los. Die Maschenprobe hatte 20 Maschen auf 10 cm, ich 108 cm Brustumfang, also 10,8 mit 20 malnehmen und 216 Maschen für den Körper anschlagen.
Als ich an der Höhe für die Armlöcher angekommen war, zog ich die Maschen auf einen Faden. So konnte ich mein Werk mal »anprobieren«. Ich kam mir vor wie im Hotel, wenn ich aus der Dusche steige. Das Handtuch guten Mutes um den Körper gewickelt und beim Versuch, es vorn über der Brust zusammenzuknoten, festzustellen: Mist, geht nicht, da schaut ja noch nackte Haut raus! Meine Laune sank auf den Nullpunkt. Dieser Schnellstart ging so etwas von in die Hose. Da blieb nur noch, wieder alles aufzuziehen.

Ist es dir auch schon so ergangen? Oder bist du immer ganz genau, wenn es um deine Maße geht? Oder gehörst du zu der Sorte Stricker:innen, die immer Größe M stricken, weil das ja bisher immer gepasst hat?
Ich habe auf jeden Fall daraus gelernt, das Strickprojekt lieber besser zu planen, damit ich am Ende ein Oberteil habe, das mir auch passt. Nur der Brustumfang als Orientierung reicht einfach nicht aus.
Lass uns mal schauen, welche Maße du noch brauchst und wie du sie am besten ermittelst. Was benötigst du dazu? Klar, ein Maßband.

Tipp: **Kontrolliere am besten, z. B. an einem Tisch, von dem du weißt, wie lang er ist, ob dein Maßband auch richtig misst. Gerade ältere Maßbänder können durch den Gebrauch auch mal ausleiern und messen deshalb zu kurz.**

Hilfreich ist beim Messen auch eine andere Person, die deine Maße nimmt. Sie kann besser darauf achten, ob das Maßband locker und waagerecht anliegt.
Ich habe dir dafür ein Arbeitsblatt vorbereitet, auf dem du die bereits gemessenen Maße und die, die du jetzt noch ermittelst, eintragen kannst. Das kannst du dir unter diesem QR-Code runterladen.

Doch Vorsicht, diese Maße sind jetzt nicht für immer für dich gültig. Du kannst sie nur für einen Zeitraum verwenden, in dem sich dein Körper nicht durch größere Ab- oder Zunahmen verändert. Doch dein Körper verändert sich auch über deine Lebenszeit. Ab dem 50. Lebensjahr schrumpfst du, weil sich die Zwischenräume zwischen den Wirbeln deiner Wirbelsäule verkleinern. Auch durch Sport können sich deine Kilos anders im Körper verteilen. Es lohnt sich also, die wichtigsten Maße gelegentlich zu checken und falls nötig anzupassen.

Die übrigen Maße ermittelst du nun nicht am Papier, sondern misst direkt am Körper.
Wenn du niemanden hast, der deine Maße nehmen kann, stelle dich am besten vor einen großen Spiegel, damit du während des Messens kontrollieren kannst, dass dein Maßband bei den Messungen von Umfängen am Körper parallel zum Fußboden ist.
Beginne beim Oberbrustumfang, dieser wird direkt unterhalb der Achsel gemessen (hier besteht die größte Gefahr, dass das Maßband nicht parallel sitzt). Er hat die Nummer 6 in der unten stehenden Skizze. Dann geht es mit dem Brustumfang an der weitesten Stelle der Brust weiter. Dieser kann abhängig davon sein, wie gut dein BH sitzt. Bei größeren Brustumfängen

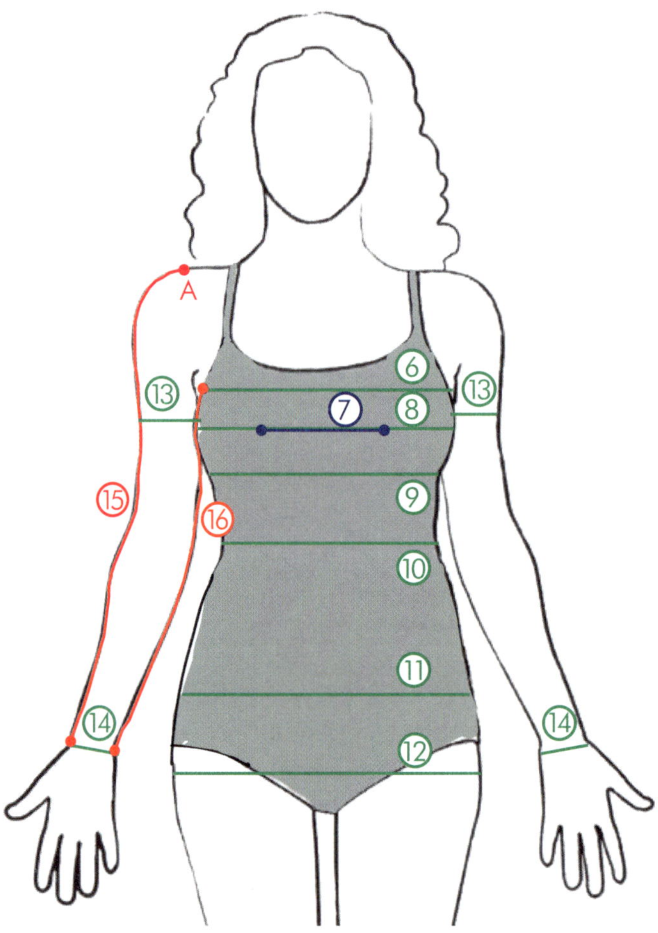

kann dieser Wert je nach getragenem BH unterschiedlich ausfallen. Trage einfach den BH, den du auch später unter deinem Pullover trägst. Dieses Maß bekommt die Nummer 8. Da fehlt doch die Nummer 7 dazwischen. Das ist der Abstand von der Mitte der einen Brust zur Mitte der anderen Brust in genau der Höhe von Nummer 8.
Jetzt fehlt noch der Unterbrustumfang mit der Nummer 9. Den kannst du entlang des Unterbrustbandes deines BHs messen. Bitte an dieser Stelle nicht schummeln und einfach die Zahl deiner BH-Größe nehmen, sondern wirklich messen. Das Unterbrustband hat meist drei verschiedene Hakenreihen und ist außerdem elastisch, die Zahlenangabe des Herstellers taugt deshalb nicht für uns.

Weiter geht es mit der Nummer 10, dem Umfang an deiner schmalsten Stelle. Je nach Körperbau kann das die natürliche Taille sein, aber auch etwas darüber liegen. Bei mir ist diese Linie relativ nah unterhalb der Unterbrust. Wenn es dir genauso geht wie mir, wirst du Tunika-Kleider lieben. Alle Kleiderschnitte, die eine »Standard«-Taillennaht haben, kann ich nicht tragen, weil sie nicht zu meiner Körperform passen.
Die obere Hüftweite (Nummer 11) misst du dort, wo du deinen Beckenknochen fühlen kannst. Die untere Hüftweite misst du an deiner breitesten Stelle, und sie hat die Nummer 12.
Jetzt geht es an die Arme. Du wunderst dich über die Mehrzahl? Ja, bitte den Oberarm- und den Handgelenksumfang (Nummern 13 und 14) an beiden Armen messen. Ich hatte zuletzt in einem Vor-Ort-Workshop eine Teilnehmerin, die 3 cm Unterschied zwischen ihrem rechten und linken Arm hatte. Das mag eine Ausnahme gewesen sein, aber 1–2 cm sind schon üblich, je nachdem, ob du eine Tätigkeit ausübst, bei der der eine Arm stärker gefordert wird, oder bei einem einhändig ausgeführten Sport wie etwa Tennis. Bitte dann den größeren Wert verwenden und aufschreiben.
Bleibt noch die Armlänge Nummer 15, nicht zu verwechseln mit der Ärmellänge Nummer 16. Die Armlänge misst du entlang der äußeren Kante deines Arms vom niedrigen Schulterpunkt A über den Ellenbogen bis zur Wurzel des Daumengelenks.
Die Ärmellänge Nummer 16 kennst du sicher aus Strickanleitungen, sie wird entlang der Innenkante deines Arms von der Achsel entlang deines Armes bis zum Handgelenk gemessen.
An dieser Stelle noch ein kleiner Praxistipp zur Ärmellänge bei langen Ärmeln. Ein Ärmel, den dein Pullover direkt nach Fertigstellung oder nach dem Waschen hat, verändert sich beim Tragen. Durch das Anbeugen des Armes schiebt sich das Gestrick in der Armbeuge zusammen, und der Ärmel wird kürzer.

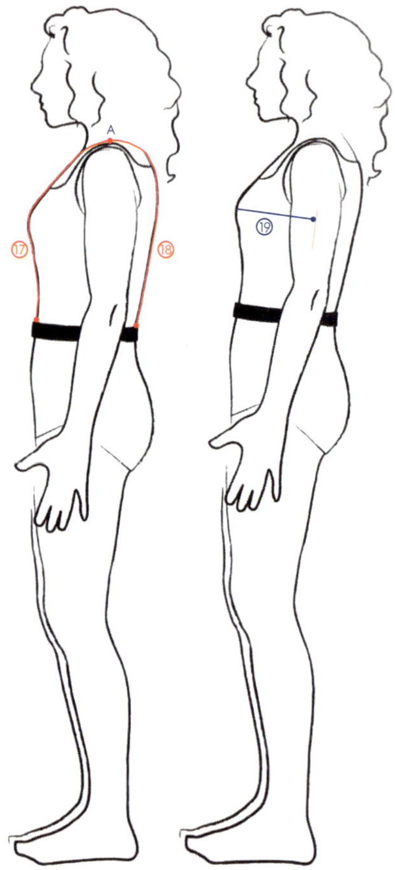

Wenn dir auch während des Tragens richtig lange Ärmel wichtig sind, stricke deinen Ärmel lieber 2 cm länger, als du es normalerweise tun würdest.

Jetzt gibt es noch drei Maße, die dir helfen festzustellen, ob das Vorderteil deines Pullovers beim Tragen kürzer wird als das Rückenteil. Dazu bindest du dir, wie auf der obenstehenden Skizze abgebildet, ein Band um deinen Körper. Auch hier ist wieder wichtig, dass es parallel zum Fußboden verläuft. Die Höhe ist zweitrangig. Dann misst du einmal vom niedrigen Schulterpunkt über die höchste Stelle deiner Brust bis zum Band (Nummer 17) und dann noch einmal vom selben Punkt über den Rücken zum Band (Nummer 18).

Dann rechnest du:

Nummer 17 – Nummer 18 = x, und du erhältst das Maß, um das dein Vorderteil beim Tragen kürzer ist als dein Rückenteil. Ist das Ergebnis deiner Rechnung 0, dann brauchst du nichts zu tun. Wenn der Wert größer als 0 ist, kannst du entscheiden, ob es dich stört und ggf. das Vorderteil durch einen Bereich mit verkürzten Reihen verlängern. Wie das geht, erkläre ich dir in einem der folgenden Kapitel.

Wenn du jetzt schon weißt, dass du gerne Brustabnäher stricken möchtest, miss nun noch die Brusttiefe (Nummer 19). Du misst waagerecht von der Seitennaht bis zum höchsten Punkt deiner Brust.

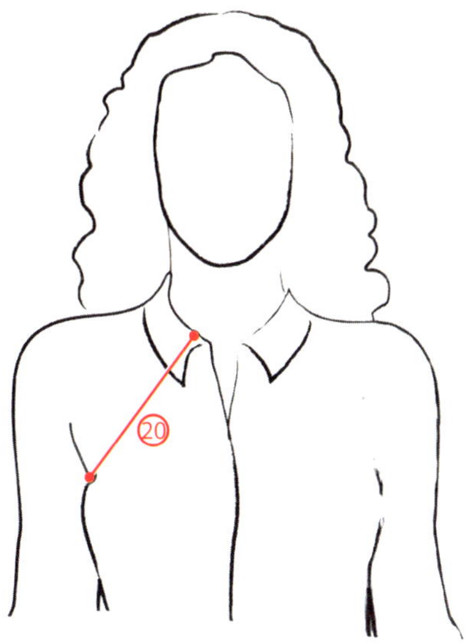

Und abschließend gibt es noch ein Maß, das nur für Raglanpullover von Interesse ist – die Raglanlänge Nummer 20. Diese misst du vom Schlüsselbein bis zur Achsel, und zwar bis zu der Stelle, an der du Unterarmmaschen anschlagen würdest.

Geschafft! Wie fühlt sich das jetzt an, alle nötigen Maße zu haben, um mit deinem perfekten Pullover zu starten?
Lass mich dir hier noch den wichtigen Hinweis geben, dass alle Maße, die wir gemessen haben, Körpermaße sind. Wenn du nach ihnen stricken würdest, hättest du eine zweite Haut.
Das willst du wahrscheinlich nicht. Deshalb ist der nächste Schritt, festzulegen, wie viel zusätzlichen Raum du zwischen dir und dem Gestrick an den jeweiligen Stellen haben möchtest. Im Englischen wird das »Positive Ease« genannt, im Deutschen einfach Mehrweite.

Maßtabellen

Maßtabellen für Kleidung kennen wir. Wir finden sie in Katalogen oder bei Onlinehändlern als Orientierung der Hersteller zur Passform. Sie sind mehr oder weniger hilfreich, meist weniger, wenn sie nur wenige Maße angeben.
Einige Hersteller verwenden genormte Industriestandards, andere kreieren ihre eigenen.
Das hilft nur bedingt, wenn Körpermaße angegeben werden.
Wenn bei den einzelnen Artikeln dann Angaben wie körpernah, loose fit, oversized, normal oder was auch immer für eine Bezeichnung steht, bleibt es meist der eigenen Fantasie überlassen, was der Hersteller dafür als Mehrweite zu den Körpermaßen hinzugefügt hat.
Die Körpermaßtabellen, die die Hersteller verwenden, sind meist einige Jahrzehnte alt und repräsentieren nicht mehr den Querschnitt der Bevölkerung.

Maßtabellen für Strickanleitungen

Es gibt einige wenige Strickdesigner:innen, z. B. Ysolda Teague, Amy Herzog, Jill Wolcott, die die Maßtabellen, die sie beim Designen und Umrechnen ihrer Designs auf andere Größen verwenden, auf ihren Websites veröffentlicht haben. Das sind meist Körpermaße, wie du sie gerade für dich ermittelt hast. In guten Strickanleitungen ist eine Schemazeichnung mit den dazugehörigen Maßen enthalten. Das sind oft die Fertigmaße der Strickstücke. Wenn aus der Anleitung nicht klar erkennbar ist, ob es sich um Körper- oder Fertigmaße handelt, schreibe einfach den/die Designer:in oder Garnhersteller an und frage nach.
Ich persönlich kann mit Fertigmaßen in Anleitungen mehr anfangen als mit Körpermaßen, die bei mir ohnehin nicht passen. Bei Fertigmaßen kann ich selbst entscheiden, welche Mehrweite ich gerne hätte, und mir danach dann die Größe aussuchen.

Größenspektrum

Die Bandbreite der angebotenen Größen in einer Anleitung ist recht unterschiedlich: Es gibt welche mit Einheitsgröße, viele haben vier bis sechs Größen und andere bis zu neun oder noch mehr Größen. Das hängt auch vom Medium ab, bei gedruckten Anleitungen in Magazinen und Büchern gibt es häufig weniger Größen als bei digitalen Anleitungen. Den Anforderungen von Stricker:innen, mehr und vor allem größere Größen anzubieten, kommen einige Designer:innen inzwischen nach, aber lange noch nicht alle.

Welche Maße sollten Anleitungen enthalten?

Leider haben vor allem die nordischen Strickanleitungen nur wenig Maßangaben, da beschränkt es sich häufig auf Oberweite und Länge. Wichtig für die Auswahl der richtigen Größe sind Schulterweite, Armlochtiefe, Oberweite, Oberarmumfang und die Länge.
Diese Maße halte ich persönlich für erforderlich. Wenn diese nicht angegeben sind, kannst du die Maschen- und Reihenzahlen an den entsprechenden Stellen in der Anleitung suchen und mittels Maschenprobe und Taschenrechner ausrechnen.
Doch: Wie ermittelst du Maße, die in der Maßtabelle nicht enthalten sind?
Da hilft leider nur, den Anleitungstext genau zu lesen und die Stellen darin zu finden, an der die Maschen- und Reihenzahlen genannt sind. Beispielhaft habe ich das für ein Oberteil, das von oben nach unten gestrickt wird, beschrieben. Auch hierfür brauchst du wieder deine Maschenprobe.

Für die Schulterbreite suche die Stelle in der Anleitung, an der du die Anzahl der Rückenteilmaschen an der Schulterlinie finden kannst.
Für die Armlochtiefe zähle die Anzahl von Wiederholungen der Zunahmen (bei Raglan entlang der Raglanlinie), beim eingesetzten Ärmel mit Armkugel die Anzahl gerade gestrickter Reihen plus der Anzahl der Zunahmereihen, bei einer Sattelschulterkonstuktion die halbe Anzahl Sattelmaschen plus, wie bei der Armkugel und bei Raglan, die halbe Anzahl Ärmelmaschen plus Anzahl der Reihen bis zur Abtrennung der Ärmelmaschen.
Die Ausschnitttiefe kannst du analog der Armlochtiefe ermitteln.
Für den Oberarmumfang suche die Stelle in der Anleitung, an der du die Anzahl der Ärmelmaschen bei der Abtrennung der Ärmelmaschen findest, und zähle die neu anzuschlagenden Unterarmmaschen dazu.
Der Brustumfang berechnet sich aus der Anzahl Vorder- und Rückenteilmaschen bei der Ärmelabtrennung plus 2-mal der Anzahl der Unterarmmaschen.

Körperformen und Figurtypen

Meine Strickfreundin Marion und ich stricken meist die gleiche Größe einer Anleitung. Wir sind beide etwa 1,75 m groß und haben auch eine ähnliche Oberweite. Ich habe lediglich etwa 6 cm längere Arme als sie. Über die unterschiedlichen Ärmellängen machten wir dann Witze, wenn wir gegenseitig unsere Pullover anprobiert hatten. Das wirklich Entscheidende sind aber unsere unterschiedlichen Problemzonen.

Meine Problemzone ist schon immer definitiv der Bauch. Meine Hüfte ist dann wieder eher schmaler. Bei Marion ist es umkehrt: Sie hat, seit ich sie kenne, eine ausgeprägte Hüfte, dafür ist ihr Bauch flacher.

Marion ist schon immer eine Schnellstrickerin und hatte oft Fotos von sich im neuen Pulli gezeigt, während ich noch am Stricken war. An ihr sah der Pulli super aus, aber an mir betonte er leider die Stelle, die ich lieber versteckt hätte. Seit mir das irgendwann endlich bewusst wurde, wartete ich bei Anleitungen, bei denen ich sofort Feuer und Flamme war, lieber ab, bis Marion sie gestrickt hatte. Wenn wir uns auf einem Strickwochenende trafen, nutzte ich die Chance und probierte ihre Pullis an. Leider bestätigte der Blick in den Spiegel, wenn ich einen ihrer Pullis anhatte, meist meine Befürchtungen, dass ich lieber die Finger von dieser Anleitung lassen sollte.

Tipp: Wenn du die Chance hast, ein Exemplar eines Pullis, den du gerne stricken möchtest, anzuprobieren, nutze sie. Du kannst dann direkt sehen, ob es sich lohnt, die Anleitung zu kaufen und an dich anzupassen. Denn wenn du zu viel daran ändern musst, wirst du die Lust verlieren. Der Pulli wird nach vielen Anpassungen auch anders aussehen, und du weißt nicht, ob er dir dann noch gefällt. Ich weiß aus eigener Erfahrung, wie schwer es ist, dir einzugestehen, dass ein Pullover, auch wenn er noch so schön ist, nicht gut an dir aussehen wird.

Warum Apfel und Birne ausgedient haben

Es gibt zahlreiche Bezeichnungen für Figurtypen. Einerseits kann es bei der Auswahl von Schnitten helfen zu wissen, was uns stehen könnte, andererseits sind wir nur wenige, die zu 100 Prozent einem dieser Typen entsprechen. Das sehe ich in meinen Workshops. Wir halten uns viel zu lange damit auf zu diskutieren, zu welchem Typ wir gehören, und sind gefrustet, wenn keine eindeutige Zuordnung möglich ist.

Ich habe mich lange als O-Form oder als Apfel betrachtet. Ich habe im Verhältnis zum Rest meines Körpers schmale Schultern, einen ausgeprägten Bauch (vorsichtig formuliert), aber dann wieder eine verhältnismäßig schmale Hüfte.

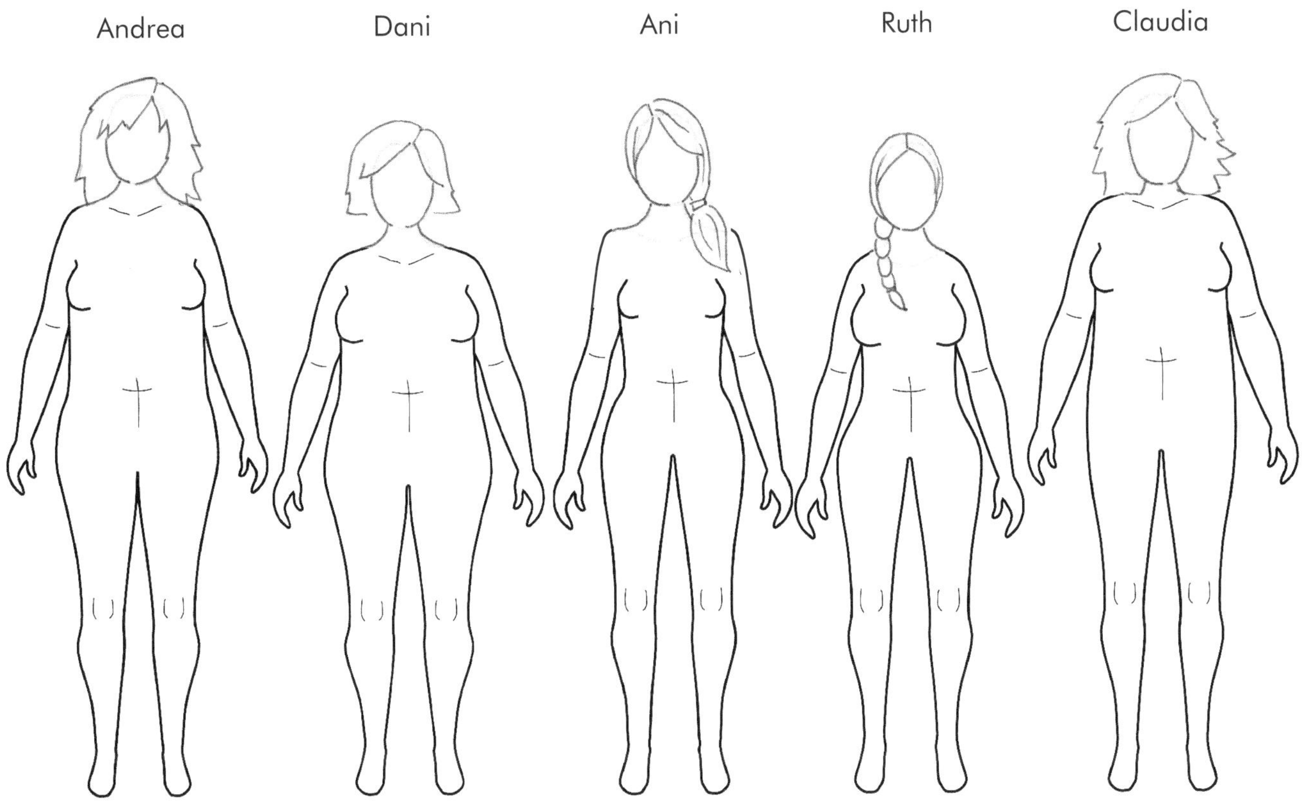

Bei der aktuellen Jeansmode brauche ich bei einem Sitz des Hosenbundes auf der Hüfte und einem gewissen Stretch-Anteil Größe 42. Du erinnerst dich, bei Oberteilen brauche ich 46/48. Das passt aber nicht zu den beiden Formen, denen ich meine Figur zuordnen würde.
Also zwänge deine Figur nicht in eine Birne, einen Apfel, eine Sanduhr, eine Eistüte oder irgendeine Buchstabenform. Wenn du diese Figurtypen in Magazinen oder Ähnlichem siehst, kannst du dich mit ihnen vergleichen und die Tipps für die Formen ausprobieren, aber letztendlich bist du einfach du und ganz individuell. Dich gibt es nur einmal.
Um dir zu zeigen, wie unterschiedlich wir alle sind, habe ich vier Strickfreundinnen gefragt, ob sie Zeit und Lust haben, mich bei meinem Buchprojekt zu unterstützen – und alle haben »Ja« gesagt. Ich habe darauf geschaut, dass sie ganz verschiedene Körperproportionen haben, denn an ihnen und an mir selbst kannst du gut sehen, wie ich für jede von uns einen gut sitzenden Pullover entworfen habe.
Wir fünf Strickerinnen haben unsere Pullover alle nach meiner jeweiligen Anleitung selbst gestrickt. Ich habe es tatsächlich geschafft, fünf unterschiedliche Schulterkonstruktionen mit fast allen Optionen für die Körperteilformen und Ärmel so zu kombinieren, dass du beinahe alles aus dem Theorieteil dieses Buches auch an einem praktischen Beispiel nachvollziehen kannst. Das ist mir sehr wichtig, denn du sollst die Pullover an deine Körperform anpassen können. Du kannst die einzelnen Bestandteile der Pullover auch neu kombinieren.

Welcher Schnitt für welche Körperform?

Unter meinen Strickfreundinnen ist nur eine dabei, die eine gerade Schulterlinie hat (siehe die Schulterformen auf Seite 36). Für sie ist die Contiguous-Konstruktion perfekt. Die Armkugel beginnt mit nur zwei Maschen als Fortführung der Schulterlinie, und bis ausreichend Maschen am Ärmel zugenommen sind, liegt sie noch auf der Höhe der Schulter und fällt erst dann relativ steil senkrecht ab.
Für eine gerade Schulterlinie eignen sich auch Rundpassen, bei denen alle Maschen, die bis zum Abteilen der Ärmelmaschen vom Körperteil erforderlich sind, bereits im ersten Drittel der Passe zugenommen werden.
Bei einem Raglanpullover gilt Ähnliches, auch hier müssen am Ärmel schon schnell ausreichend Zunahmen erfolgen. Bei eingesetzten Ärmeln kann die Höhe der Schulterschräge reduziert, oder es kann auch ganz auf sie verzichtet werden. Die Anzahl der aufgenommenen Ärmelmaschen sollte dann auch reduziert werden. Sie werden in den ersten 2–3 cm der Ärmel zugenommen, und der Ärmel erreicht dann die gleiche Breite wie bei einem Schnitt, der eine Schulterschräge hat.

Eine Sattelschulter, die mit verkürzten Reihen in der Runde begonnen wird, eignet sich nicht für eine gerade Schulterlinie. Alternativ kann ein Streifen in der Breite des Sattels gestrickt und daraus jeweils aus den Längsseiten für Vorder- und Rückenteil Maschen aufgenommen werden.

Ich habe in den Jahren, in denen ich meinen Passform-Workshop schon gebe, die Erfahrung gemacht, dass von insgesamt 10-12 Teilnehmer:innen maximal zwei Stricker:innen mit einer geraden Schulterlinie dabei waren, meistens war es nur eine oder gelegentlich auch keine.
Ich weiß, das ist nicht repräsentativ, aber ich traue mich zu sagen, dass wir Stricker:innen mit runden Schultern weit in der Mehrzahl sind. Wir haben dagegen Probleme bei der Passform von Anleitungen, die nach der Contiguous-Methode konstruiert sind. Ich habe aber auch schon gesehen, dass Anleitungen mit Sattelschulter als Contiguous-Form bezeichnet wurden, die statt zwei Schultermaschen zehn oder mehr Maschen hatten. Also nicht gleich abschrecken lassen, sondern erst genauer hinschauen, auf den Modellfotos kannst du meist mehr sehen.
Bei Rundpassen müssen wir mit runden Schultern aufpassen, dass die Zunahmen über die Länge der Passe so verteilt sind, dass sie keine Falten schlagen. Wie du das feststellen kannst, bevor du die Anleitung kaufst? Schau dir die Schulterform der Designerin an und ein paar Fotos der (Test)-Stricker:innen und vergleiche sie mit deiner Schulterlinie. Passen sie zusammen? Dann ist die Wahrscheinlichkeit groß, dass die Konstruktion dir auch passt.

Zusammenfassend kann ich sagen, wenn du auf die Dinge achtest, die ich erklärt habe, und bereit bist, Anpassungen auf deine Maße zu machen, kannst du bei den fünf Schnitten, die ich dir in diesem Buch vorstelle, eigentlich nichts falsch machen.
Doch natürlich gilt auch: Was dir in der Theorie passt, muss noch lange nicht das sein, worin du dich wohlfühlst.

Worin fühlst du dich wohl?

Bevor du dich für einen Schnitt entscheidest, schau doch mal in deinen Kleiderschrank. Welche Pullover ziehst du gerne und deshalb auch häufig an? Was ist es, das dir gut gefällt? Mal abgesehen von Farbe, Muster oder Material. Schau dir bitte mal nur den Schnitt an und blende die anderen Merkmale aus.
Kannst du Gemeinsamkeiten feststellen? Geh doch mal in deinem Kleiderschrank shoppen und probiere deine Pullover an. Auch die, die du schon länger nicht getragen hast. Was ist bei ihnen anders?
Wenn du mit einer Strickanleitung liebäugelst und du nicht sicher bist, ob dir dieser Schnitt steht, und du zu Hause nichts Ähnliches hast, das du anprobieren könntest, gehe in ein Bekleidungsgeschäft und suche dir einen ähnlichen Pullover mit diesem Schnitt und probiere ihn an. Ist doch eigentlich ganz einfach, oder?

Wie wähle ich eine Anleitung für mich aus?

Beantworte für dich die folgenden Fragen:

Welche Figur hat die Designerin oder der Designer?
Wie sieht das Modell in meiner Größe aus?
Was schreiben andere Stricker:innen über die Anleitung?
Was haben sie angepasst? Was passt nicht, wie beschrieben?

Die Antworten darauf wirst du im Internet finden. Am besten gehst du auf https://ravelry.com. Ravelry ist eine amerikanische Handarbeitscommunity, die 2007 gegründet wurde. Dort findest du Strickanleitungen, sowohl zum kostenlosen Download als auch zum Kaufen. Du kannst dich kostenlos anmelden. Zunächst landest du auf einer englischsprachigen Seite, kannst diese für die wichtigsten Bereiche aber auch auf Deutsch umstellen. Die Mitglieder können dort Projektseiten anlegen, auf denen sie Fotos hochladen und Details und Anmerkungen zu ihrem jeweiligen Projekt anlegen und es zu der entsprechenden Anleitung verlinken. Dort kannst du nach der Anleitung suchen.
Eine weitere Möglichkeit ist https://instagram.com. Auf dieser Social-Media-Plattform sind auch viele Stricker:innen unterwegs, und du kannst dort nach Hashtags (#) Strickanleitungen suchen und erhältst Fotos, die die jeweiligen Stricker:innen gekennzeichnet haben.

Was verändert das Erscheinungsbild?

Neben einem gut sitzenden Pullover sind noch weitere Punkte maßgeblich dafür, wie vorteilhaft deine Kleidung an dir wirkt. Diese Punkte sind für dich als Anregung gedacht – ob du sie beachten möchtest, entscheidest du natürlich selbst.

Länge

Wenn du deine Körperform und Kleidung als Fläche betrachtest, wie du sie im vorheringen Kapitel aufgezeichnet hattest, ergibt die Länge deines Pullovers eine Linie, auf die das Auge des Betrachters automatisch fällt. Deshalb sollte sie nicht an deiner weitesten Stelle enden, weil sie diese betont. Wähle eine Länge, die mindestens 5 cm oberhalb oder unterhalb dieser Linie endet.

Ärmellänge

Genauso verhält es sich mit der Ärmellänge. Das Auge des Betrachters addiert die Linie, an der der Ärmel endet, automatisch zum Oberkörper. Wenn du eine Ärmellänge wählst, die an einer breiten (oder auch tiefen) Stelle deines Körpers endet, wirkst du breiter, als du bist. Behalte das einfach im Hinterkopf.

Ausschnittform

Die Form des Ausschnittes trägt zur Gesamterscheinung bei. Mit ihr kannst du deine Halslänge optisch verkürzen oder verlängern. Verkürzen funktioniert super mit einem Steh- oder Rollkragen. Verlängern geht mit einem V-Ausschnitt, einem tieferen Rundhalsausschnitt, einem Tunika- oder einem U-Boot-Ausschnitt. Entscheidend ist nur die Fläche der Haut, die zu deiner Gesichtsfläche hinzukommt.

Hell/dunkel und Farbe

Überlege, welche Bereiche deines Oberkörpers du magst und gerne in Szene setzen möchtest und welche du lieber in den Hintergrund treten lassen willst. Helle und leuchtende Farben treten hervor, dunkle und gedeckte Farben nehmen sich zurück.

Muster

Bei einem Muster kommt es auf die Größe, die Platzierung und die Mehrweite an, die du wählst. Ich habe da leider auch schon schlechte Erfahrungen gemacht – auf dem Bügel toll, an mir einfach nur peinlich.

Tailliertes Körperteil

Das Anpassen der Taillierung erfordert Planung. Ein Kleidungsstück mit einer Taillierung wird von der Brust bis zur Taille schmaler und dann von der Taille bis zu den Hüften wieder weiter. Du brauchst drei Breiten- oder Umfangsmaße und zwei Längenmaße. Daraus kannst du dir dann die Maschenzahlen an der Brust, an der Taille und an den Hüften und die Reihenzahlen zwischen Brust und Taillenabnäher sowie zwischen Taille und Hüfte ausrechnen.
Du musst planen, wie dein Pullover von der Brust bis zur Taille innerhalb der Reihenzahl zwischen diesen beiden Maßen schmaler und von der Taille bis zur Hüfte innerhalb der Reihenzahl zwischen diesen beiden Maßen wieder breiter werden soll. Du kannst dazu entweder eine Taillierung entlang der Seitennaht einfügen oder sogenannte Prinzessnähte, die senkrecht am Vorderteil und Rückenteil eingearbeitet werden können. Wie das funktioniert, erkläre ich dir in der »Mix 'n' Match«-Grundanleitung ab Seite 59 und bei den Modellen *Akelei* auf Seite 147 und *Neottia* auf Seite 107.

Was brauchst du, um deinen passenden Pullover zu stricken?

Natürlich deine Maße, die hast du inzwischen, außerdem noch Garn und Nadeln und entweder einen eigenen Schnitt, den du für dich erstellt hast, oder eine Strickanleitung, die du dir ausgesucht hast. Jetzt musst du nur noch die passende Größe auswählen, und schon kannst du eigentlich loslegen.

Wähle die richtige Größe aus

Wie du mittlerweile gelernt hast, ist es nicht die Größe, die du schon immer genommen hast, es ist auch nicht deine Brustweite.
Ich empfehle immer, die Größe nach deiner Schulterweite (oder auch Rückenbreite genannt) auszuwählen. Denn daran entscheidet sich später, ob dir dein Oberteil um die Schulter gut passt. Wenn du zwischen zwei Größen liegst, nimm die kleinere.
Gestrick kann sich beim Tragen verziehen. Und an der Schulter setzt auch der Ärmel an. Dessen Gewicht zieht an der Schulter, vor allem bei Oberteilen, die in einem Stück in der Runde gestrickt werden.
Leider funktioniert dieser Tipp, nach der Schulterweite zu gehen, nicht für den Raglan und die Rundpasse, dafür gibt es die Länge der Raglanlinie bzw. die Tiefe der Rundpasse.
Bei einem Raglanpullover solltest du etwa 10–12 cm unterhalb der Schulter am Vorder- und Rückenteil das Maß deiner Schulterweite erreicht haben, damit du noch ausreichend Reihen hast bis zur Teilung von Ärmeln und Körperteil, um die restlichen Zunahmen machen zu können, die du brauchst.

Warum die Oberweite kein gutes Maß für die Größenwahl ist

Die allermeisten Oberteile, die ich nach der Oberweite ausgesucht und gestrickt habe, waren an den Schultern zu weit. Die Armkugel hing dadurch zu tief, und der Pullover passte nicht. Aber nicht nur ich habe diese Erfahrung gemacht, sondern auch die meisten meiner Workshopteilnehmerinnen bringen Oberteile mit, die um die Schultern viel zu weit geraten sind.
Wenn du dir eine Maßtabelle in einer Strickanleitung anschaust, kannst du sehen, dass die Abstände der einzelnen Maße zwischen den Größen unterschiedlich groß sind: Was bei der Oberweite zehn Zentimeter sind, sind bei der Schulterweite meist zwei Zentimeter. Das ist auch einer der Gründe, warum du, wenn deine Maschenprobe nicht passt, nicht einfach eine Größe kleiner oder größer stricken solltest – es passt in den seltensten Fällen.

Mit welcher Größe fängt man an?

Deshalb suche deine Größe nach der Schulterweite aus und passe die Maschen- und Reihenzahl nach deinen Maßen bis zur Abtrennung der Ärmel vom Körperteil an. Nur so wirst du ein gutsitzendes Oberteil stricken.

Maschenprobe

Meine Strickfreundinnen teilen sich beim Thema Maschenprobe in drei Fraktionen: Die eine liebt Maschenproben, die zweite macht sie, weil sie weiß, dass es für Oberteile erforderlich ist, und die letzte hasst sie und lässt sie ganz bleiben.
Auch ich muss gestehen, früher sahen meine Maschenproben so aus: 25 Maschen anschlagen, etwa 5 cm stricken, daran die Maschen- und Reihenzahlen messen und auf 10 cm x 10 cm hochrechnen – fertig! Dann die Nadeln herausziehen, Garn aufwickeln und sofort die errechnete Maschenzahl für den Pulli anschlagen. Ich hatte mich herausgeredet und meist lapidar gesagt, dass das erste Stück, das ich gestrickt hatte, meine große Maschenprobe sei. Meist hatte ich in dieser Zeit, als ich noch in Einzelteilen gestrickt habe, mit einem Ärmel angefangen, und wenn der nicht die benötigte Breite hatte, war das nicht so schlimm. Ich konnte es bei Vorder- und Rückenteil ja schließlich noch besser machen.
Inzwischen bin ich aus Erfahrung schlauer geworden. Ich kann diejenigen unter uns hören, die sagen: »Bei mir hat die Maschenprobe gepasst, aber der Pulli trotzdem nicht.«
Ich kann das durchaus nachvollziehen, denn eine Garantie ist die Maschenprobe, die du zu Beginn strickst, nicht. Das liegt an einigen Faktoren. Lass mich dir erzählen, welche Dinge schuld daran sein können.

In jeder Strickanleitung sollte eine Maschenprobe angegeben sein. Im besten Fall für alle verwendeten Strickmuster, aber auch für glatt rechts hilft sie schon. Wir stricken alle unterschiedlich, deshalb kann es durchaus passieren, dass du selbst mit dem Originalgarn und der Nadelstärke, die in der Anleitung angegeben sind, eine andere Maschen- und/oder Reihenzahl erhältst.

Tipp: Stricke eine Maschenprobe von mindestens 12,5 cm x 12,5 cm, weil die Anschlags- und Abkettkante oft fester als der Rest des Gestricks sind und sich die Ränder je nach Strickmuster mehr oder weniger stark einrollen können. Deshalb stricke die ersten und letzten 4–6 Reihen und auch die ersten und die letzten 2–3 Maschen der folgenden Reihen kraus rechts. Die restlichen Maschen strickst du in dem Strickmuster, für das die Maschenprobe angegeben ist. So lässt sich deine Maschenprobe flach auf den Tisch legen, und du kannst sie besser ausmessen.

Maschenprobe waschen und trocknen

Als ich die Maschenprobe etwas ernster genommen hatte, habe ich sie schließlich größer als 10 cm x 10 cm gestrickt und nicht gleich wieder aufgeribbelt, sondern brav abgekettet und danach erst ausgemessen. Vor ein paar Jahren hatte ich dann gelesen, dass andere Stricker:innen ihre Maschenprobe waschen. Und erst messen, wenn sie wieder getrocknet ist. Darauf wäre ich selbst nie gekommen. Eigentlich ist das wirklich sinnvoll, denn meinen Pulli wasche ich ja später auch. Und ich will, dass er hinterher auch noch passt. Eine Wurstpelle, einen Sack oder ein bauchfreies Oberteil möchte ich bei meiner Figur wirklich nicht haben.
Also wusch ich meine Maschenproben ab diesem Zeitpunkt auch. Aber die nächste Fehlerquelle ist das Trocknen danach. Denn in nassem Zustand ist die Maschenprobe meist elastischer als in trockenem Zustand. Ich bin dann manchmal versucht, sie auf die Maße zu ziehen oder zu spannen, die ich gerne hätte. Damit betrüge ich mich aber nur selbst, und der Pulli passt am Ende nicht. Denn den kann ich zwar genauso spannen, aber beim Tragen wird er sich meist wieder in eine entspannte Form zurückbilden.

Tipp: Miss deine Maschenprobe vor dem Waschen und danach, wenn sie wieder getrocknet ist. Streiche sie in nassem Zustand nur mit der Hand flach aus. Du kannst sie auch auf einem Teil einer Spannmatte mit Nadeln, doch ohne zu ziehen, feststecken und dort trocknen lassen.

Beurteile auch, ob dir das Maschenbild jetzt gefällt. Es gibt Garne, die beim Waschen aufblühen und dadurch das Gestrick nach dem Trocknen dichter und gleichmäßiger aussieht. Probiere auch, wie es sich anfühlt: Ist es zu fest oder zu locker, empfehle ich, die Nadelstärke entsprechend anzupassen. Und das selbst auf die Gefahr hin, dass deine Maschenprobe nicht mehr der der Anleitung entspricht.
Vielleicht merkst du jetzt auch, dass sich dein Garn nicht für dein Strickmodell eignet. Auch das kann dir die Maschenprobe schon zeigen, ohne dass du bereits viel Zeit und Arbeit hineingesteckt hast. Erst wenn dir die Maschenprobe auch für ein ganzes Oberteil gefällt, hast du das passende Garn und die Nadelstärke gefunden.
Doch Vorsicht, es kann auch noch einen weiteren Effekt geben, den du vielleicht schon an früheren Strickstücken bemerkt hast.

Wechsle nicht die Stricknadel

Du denkst dir sicher, wieso das denn? Sagen wir, du verwendest für die Maschenprobe eine 4-mm-Rundstricknadel von Hersteller A, weil die vielleicht gerade noch in deinem Strickkorb liegt. Für das Oberteil verwendest du aber deine Lieblingsstricknadel von Hersteller B.
Bei der Produktion von Stricknadeln kann sich das Maß bei der gleichen Nadelstärke um Bruchteile von Millimetern unterscheiden. Auf einer Metallnadel strickst du vielleicht lockerer als auf einer Holznadel. Ich habe sogar in den Weiten des Internets einen Blog gefunden, in dem die Bloggerin die Ergebnisse ihrer Maschenproben mit unterschiedlichen Nadeln gestrickt veröffentlicht hat.

Tipp: Verwende für deine Maschenprobe immer dieselbe Stricknadel, die du später auch für deinen Pulli nehmen möchtest.

Hin- und Rückreihen oder in der Runde

Ich habe 2010 die Anleitungen der kanadischen Strickdesignerin Heidi Kirrmeier entdeckt. Ihre geradlinigen und schlichten Designs sind genau mein Stil. Als Erstes hatte ich die Strickjacke *Nakuk* von ihr gestrickt. Sie wird von oben nach unten mit gleichmäßig verteilten Zunahmen kraus rechts gestrickt. Die Abschlusskante, die sie verwendet hatte, hat mir so gut gefallen, dass ich sie auch heute noch für einige meiner Designs verwende. Klar ist die Jacke offen in Hin- und Rückreihen gestrickt, aber in ihrer Anleitung hat sie auch die Ärmel in Hin- und Rückreihen beschrieben und am Schluss zusammengenäht. Bei kraus rechts macht das vielleicht für diejenigen Sinn, die nicht gerne linke Maschen stricken.
Aber bei der nächsten Jackenanleitung, die ich von ihr strickte, war es genauso, obwohl diese nur glatt rechts gestrickt wurde. Eher zufällig habe ich ein oder zwei Jahre später gelesen, dass sie das aus dem Grund macht, dass sie in der Runde anders strickt als in Hin- und Rückreihen. Das ist durchaus nachvollziehbar, da bei glatt rechts in der Runde nur rechte Maschen gestrickt werden.
Für diejenigen unter uns, die rechte und linke Maschen unterschiedlich fest stricken, gilt die Ausnahme für die Reihen, die lockerer gestrickt aussehen, eine andere Stricknadel zu nehmen. Entweder eine, die eine Nadelstärke dünner ist oder auch eine aus Holz. Je nachdem, was dir hilft, ein gleichmäßiges Maschenbild zu erreichen.

Maschenprobe in der Runde gestrickt

Ich stricke relativ fest. Und ich ziehe, nachdem ich eine linke Masche gestrickt habe, diese mit dem linken Zeigefinger noch mal fester. Das geschieht völlig unbewusst, und ich weiß es auch erst seit vier Jahren. Da haben wir meine Tante und meinen Onkel in unserem Auto mitgenommen. Ich saß auf dem Beifahrersitz und habe gestrickt, mein Onkel auf der Rückbank hinter meinem Mann. Er konnte mich also genau beobachten und hat sich über die Bewegungen meines Zeigefingers amüsiert.

Wenn du ein Oberteil komplett in der Runde strickst, solltest du auch die Maschenprobe in der Runde stricken. Jetzt fragst du dich sicher: »Wie soll das denn gehen? In einer kleinen Runde stricke ich doch ganz anders als in einer großen Runde.«
Das geht wie folgt: Du schlägst die Maschen auf deiner Rundstricknadel an, genauso viele wie auch bei einer Maschenprobe in Hin- und Rückreihen. Am Ende der Reihe wendest du deine Arbeit aber nicht, sondern du schiebst die Maschen zurück an den Anfang der Nadel, sodass du die nächste Hinreihe stricken kannst. Den Faden, der jetzt auf der linken Seite hängt, ziehst du jetzt so lange, dass du die nächste Hinreihe stricken kannst, er aber lang genug ist, dass er die Maschenprobe nicht zusammenzieht. Der Spannfaden auf der Rückseite ist also genauso lang oder etwas länger, als deine Maschenprobe breit ist. Das machst du so lange, bis du abkettest. Danach schneidest du die Spannfäden auf der Rückseite durch und kannst genauso weitermachen wie bei einer herkömmlichen Maschenprobe. Ja, es verbraucht mehr Garn, aber den Garnverbrauch für die Maschenprobe solltest du ohnehin immer einkalkulieren.

Kontrolle der Maschenprobe beim Stricken

Du achtest sowieso auf all diese Dinge, die ich bis hierhin schon beschrieben habe – super! Leider ist auch das noch keine Garantie, dass sich die Maschen im ganzen Strickstück ebenso verhalten wie in deiner Maschenprobe. Ein größeres Stück verhält sich alleine durch sein höheres Gewicht noch mal anders. Beim Tragen liegt es nicht flach, sondern es hängt an deinem Körper. Das ist je nach Strickrichtung meist längs, aber auch quer oder eine Mischung daraus. Prinzipiell gilt, je lockerer das Gestrick ist, desto mehr kann es wachsen. Und auch ein elastischeres Garn neigt eher zum Wachsen als ein starres Garn. Es gibt noch weitere Eigenschaften, die die Passform beeinflussen können. Ein glattes Garn wie eine Maulbeerseide oder eine Viskosefaser können wachsen. Während sich bei einem unbehandelten Wollgarn die feinen Härchen, die aus dem Faden herausstehen, sich miteinander verbinden. Dies macht man sich beim Filzen zunutze durch zusätzliche Wärme und Reibung.
Deshalb kann es eine schlechte Idee sein, einen Pulli aus einem komplett anderen Garn zu stricken, als in der Anleitung beschrieben ist.
Vernünftiger mag es sein, ein schon vorhandenes Garn zu verstricken, das wir vielleicht bereits länger zu Hause haben, als ein neues zu kaufen. Aber in solchen Fällen rate ich, lieber eine andere Anleitung zu wählen, für die sich das Garn besser eignet.

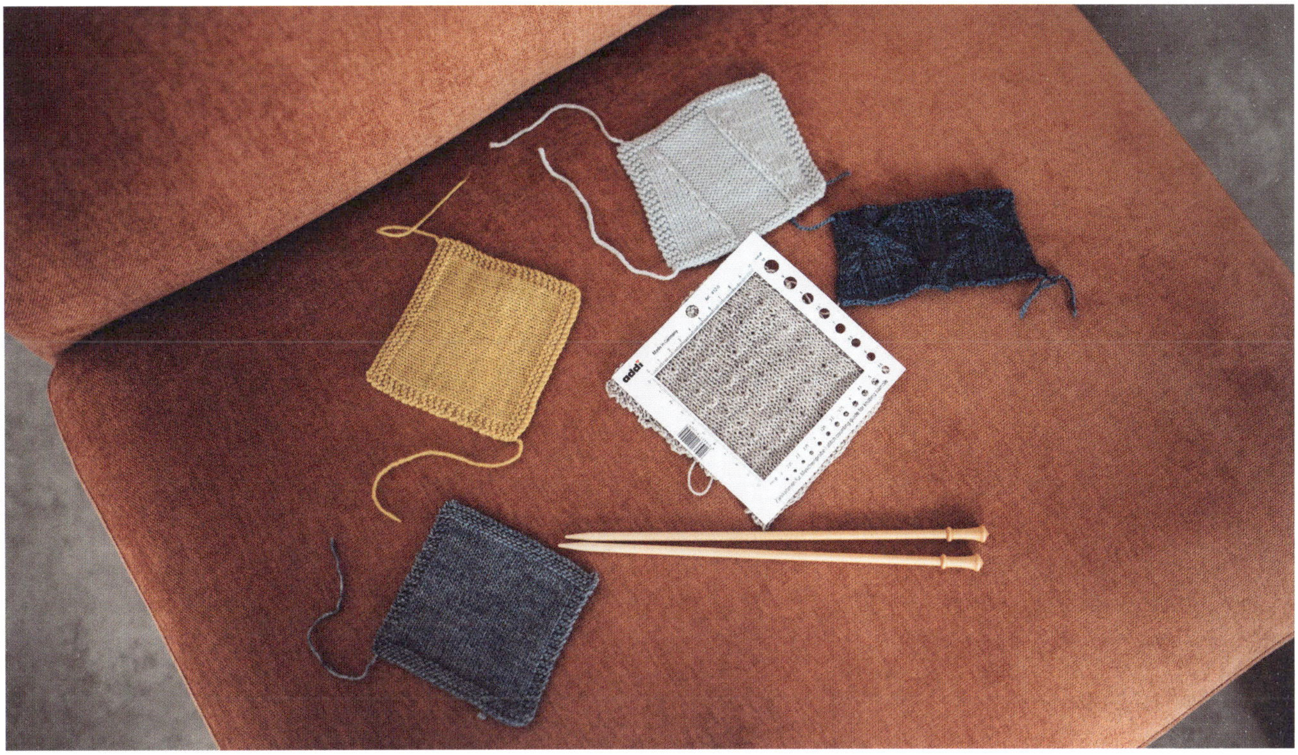

Tipp: Überprüfe die Maschenprobe, wenn du schon ein etwas größeres Stück von deinem Oberteil gestrickt hast. Das kann ein halber Ärmel sein oder, wenn du von oben nach unten strickst, die Stelle, kurz bevor du die Maschen für die Ärmel abteilst. Miss jetzt an dem Gestrick deine Maschen und Reihen und notiere sie. Nutze auch gleichzeitig die Chance, dein Oberteil auch schon zwischendrin anzuprobieren.
Dann ziehe die Maschen auf einen Kontrastfaden oder eine lange Nadel mit Stopper und lege das Strickstück in handwarmes Wasser ins Waschbecken. Lasse es 10 Minuten entspannen, drücke es vorsichtig aus, lege es auf ein großes Handtuch und rolle es darin ein. So kannst du es schonend etwas kräftiger drücken und es anschließend flach trocknen lassen. Miss jetzt noch einmal nach und notiere dir auch hier die Maschen und Reihen. Vergleiche sie mit den Maßen deiner kleinen Maschenprobe vor und nach dem Waschen.

Wenn sie übereinstimmen, prima! Falls sich etwas an den Zahlen verändert hat, hast du jetzt die Chance, dein Strickstück ein weiteres Mal anzuprobieren und gegebenenfalls deine Anleitung zu korrigieren. Du kannst meist jetzt noch Maschen ab- oder zunehmen, damit es besser passt. Oder du kannst vielleicht sogar früher deine Maschen in Ärmel und Körperteil trennen. Damit kannst du entspannter weiterstricken, ohne ständig darüber nachzudenken, ob es denn hinterher auch passen wird.

Einfluss der Strickrichtung auf die Maschenprobe

Sowohl längs als auch quer gestrickte Oberteile wachsen gerne mal in der Länge, in der die Schwerkraft wirkt, werden dafür aber auch schmaler. Wenn das nicht gewollt ist, hilft nur eines: fester stricken, ein weniger elastisches Garn nehmen oder die Anleitung anpassen.

Tipp: Überprüfe bei quer gestrickten Oberteilen die in der Anleitung angegebene Maschenprobe. In der Regel sollte sie weniger Maschen, dafür mehr Reihen auf 10 cm x 10 cm haben als eine vergleichbare, die längs gestrickt ist.

Bei Sonderformen, die sich aus unterschiedlichen Strickrichtungen zusammensetzen, sollte das in der Anleitung berücksichtigt sein und sich im Gesamtergebnis aufheben.

Was tun, wenn die Maschenprobe nicht passt?

Stimmt das Verhältnis von Maschenzahl zu Reihenzahl, kannst du eine kleinere Nadelstärke ausprobieren, wenn du weniger Maschen für 10 cm hast. Wenn du mehr Maschen für 10 cm hast, kannst du es mit einer größeren Nadelstärke versuchen.
Falls deine Reihenzahl passt, aber deine Maschenzahl nicht, verändere die Nadelstärke so, dass die Maschenzahl passt. Eine abweichende Reihenzahl ist viel einfacher beim Stricken dadurch auszugleichen, dass du einfach mehr oder weniger Reihen strickst, bis du die angegebene Länge erreichst. Du kannst etwa bei zu wenig Reihen im Projekt mehr Reihen stricken und ggf. langsamer zunehmen als angegeben. Wenn du gleichzeitig eine zu große Armlochtiefe / Raglantiefe / Ausschnitttiefe in der Anleitung hast, lässt sich diese einfach damit ausgleichen. Wenn du weniger Reihen als angegeben auf 10 cm hast, kannst du im Projekt weniger Reihen stricken und ggf. schneller zunehmen als angegeben. Es kann sich aber auch bei zu geringer Armlochtiefe / Raglantiefe / Ausschnitttiefe diese ausgleichen, sodass in diesem Bereich die angegebene Reihenzahl passt.

Denke dran, wenn du VOR dem Waschen des Projektes nachmisst, die Maschen- und Reihenzahlen zu verwenden, die du von deiner Maschenprobe vor dem Waschen genommen hast.

Der unberechenbare Grund

Wir sind selten jeden Tag gleich gut darauf. Wenn du ein Oberteil beginnst und du dich wohlfühlst, strickst du vielleicht anders, als wenn du kurz vor Ende schnell fertig werden willst. Oder wenn du dein Strickstück, aus welchen Gründen auch immer, eine Zeit liegen lässt und es später wieder aufnimmst. Oder wenn das Wetter wärmer wird und dir das Garn deshalb nicht so gut über deine Finger läuft. Oder du in Reihen anders strickst als in Runden. Der fahrlässigste Grund ist jedoch, die Stricknadel herauszuziehen, weil du sie für ein anderes Projekt brauchst, und dir nicht aufgeschrieben hast, welche Nadel oder Nadelstärke du verwendet hast.

Keine Anpassung ohne Maschenprobe

Wenn du den vorangegangenen Abschnitt komplett gelesen hast, sollte dir spätestens jetzt klar geworden sein, warum es bei Oberteilen nicht ohne Maschenprobe geht. Zu viele Dinge haben darauf Einfluss, dass ein fertiges Oberteil am Ende so passt wie gewünscht. Im Lauf der Zeit wirst du ein Gefühl dafür bekommen, worauf du speziell achten solltest und welche Dinge für dich weniger relevant sind.

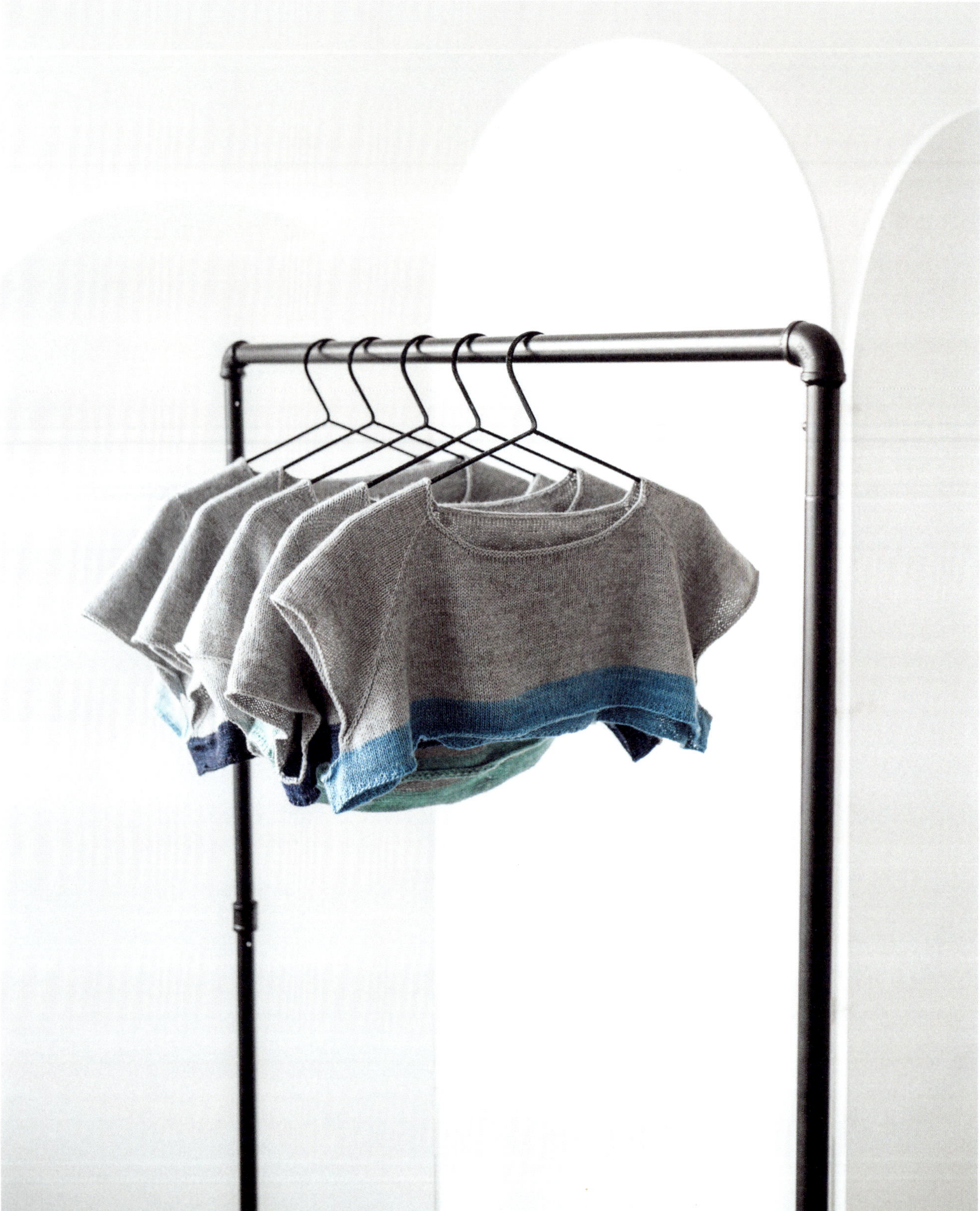

Baukasten Mix 'n' Match Sweater

Plane deinen Pullover

Nachdem du jetzt alle wichtigen Maße von dir hast, kannst du beginnen, deinen Pullover zu planen:
Überlege dir, wie viel Mehrweite du an den einzelnen Körperstellen haben möchtest, und entscheide dich für einen Schnitt.
Ich habe dafür den »Mix 'n' Match«-Sweater entworfen. Das ist eine Art Baukasten, bei dem du dir aus verschiedenen Elementen deinen ganz persönlichen Pullover zusammensetzen kannst. Er wird einfarbig glatt rechts gestrickt, aber wenn du dich sicher fühlst, kannst du auch gleich deine eigenen Design-Ideen einbauen.
Der Pullover wird aus einem Wollgarn mit einer Lauflänge von 400 m/100 g, also Sockengarnstärke (im Englischen »fingering weight«), entworfen und hat eine Maschenprobe von 24 M x 32 R = 10 cm.

Er wird nahtlos von oben nach unten gestrickt und enthält 9 Größen mit detaillierten Maßen, die es dir ermöglichen, Anpassungen an deine Körperform vorzunehmen – so kannst du dir deinen Lieblingspullover zusammenstellen, der gut passt und in dem du dich wohlfühlst.
Der Baukasten enthält je eine Raglan-, Contiguous-, Rundpassen-, Sattelschulter- und eingesetzte Ärmelkonstruktion. Diese fünf Optionen bieten dir einen Ausgangspunkt, zu dem du verschiedene Körperteilformen wie gerade, A-Linie und tailliert sowie einen Längenausgleich mit verkürzten Reihen hinzufügen kannst. Für die Ärmel kannst du aus verschiedenen Ärmellängen und -formen auswählen.
Du kannst die verschiedenen Modelle nach Belieben miteinander kombinieren und auch mit der Ausschnittblende und dem Saum spielen.
Bei den beiden Grundschnitten, die in der Runde beginnen und deren Ausschnitte mit verkürzten Reihen geformt werden (Sattelschulter und Rundpasse), ist bereits ein schmaler glatt linker Rand für die Halsblende integriert. Bei den anderen Formen, dem zusammengesetzten Raglan, dem Contiguous-Pullover und dem Pullover mit eingesetztem Ärmel, die zunächst offen in Hin- und Rückreihen gearbeitet werden, werden am Ende die Maschen um das Halsloch aufgenommen und eine schmale Blende in glatt links angestrickt.

Den Saum habe ich nicht beschrieben. Den kannst du einfach glatt links oder aber in einem Muster, das dir gut gefällt, stricken. Ich selbst bin ein großer Fan davon, Blende, Armbündchen und Saum im gleichen oder ähnlichen Muster zu stricken. Wenn du meine Anleitungen schon kennst, wirst du sicher bereits bemerkt haben, dass ich selten gerippte Abschlüsse verwende. Ich will es nicht spannender machen als nötig und habe dir zur besseren Übersicht alle Elemente für die Schulterkonstruktion auf dieser Seite grafisch dargestellt.

ELEMENTE

OPTIONEN FÜR SCHULTERKONSTRUKTIONEN

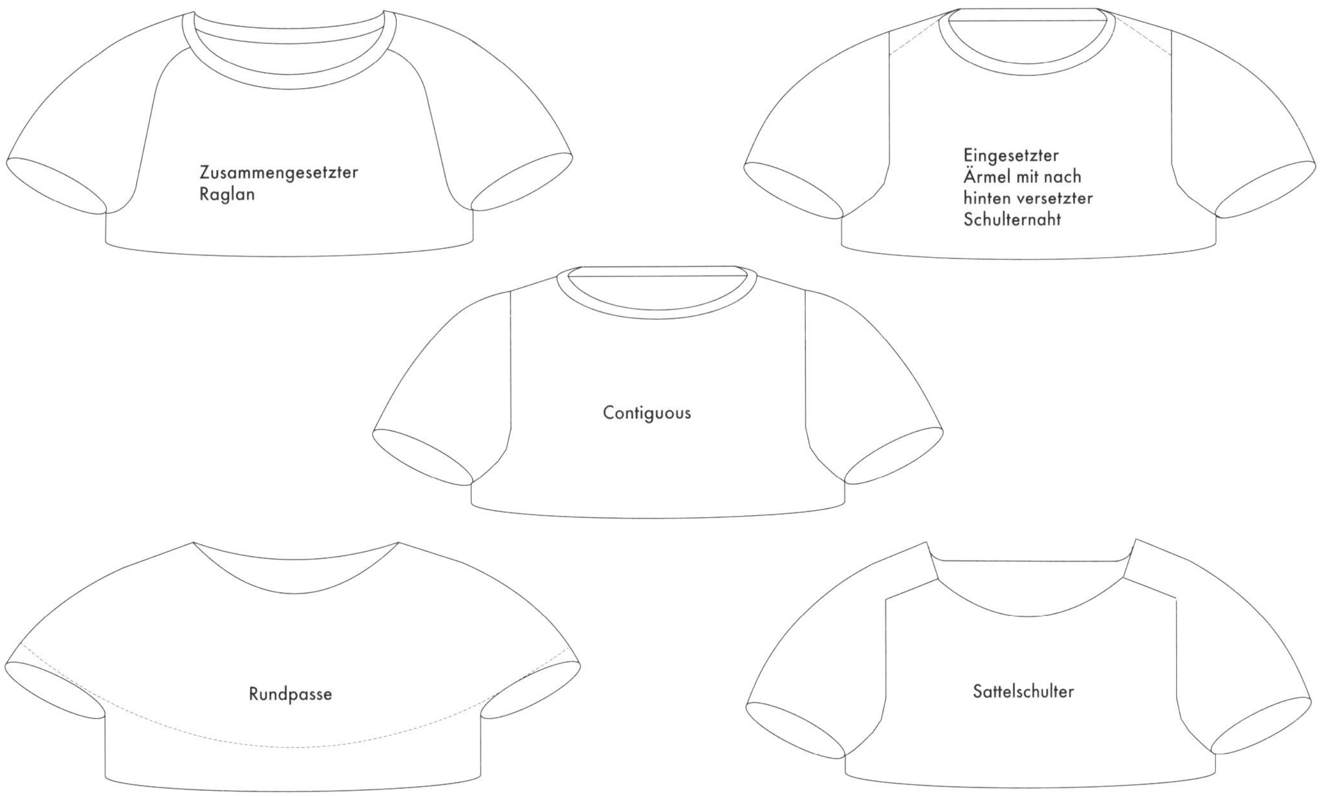

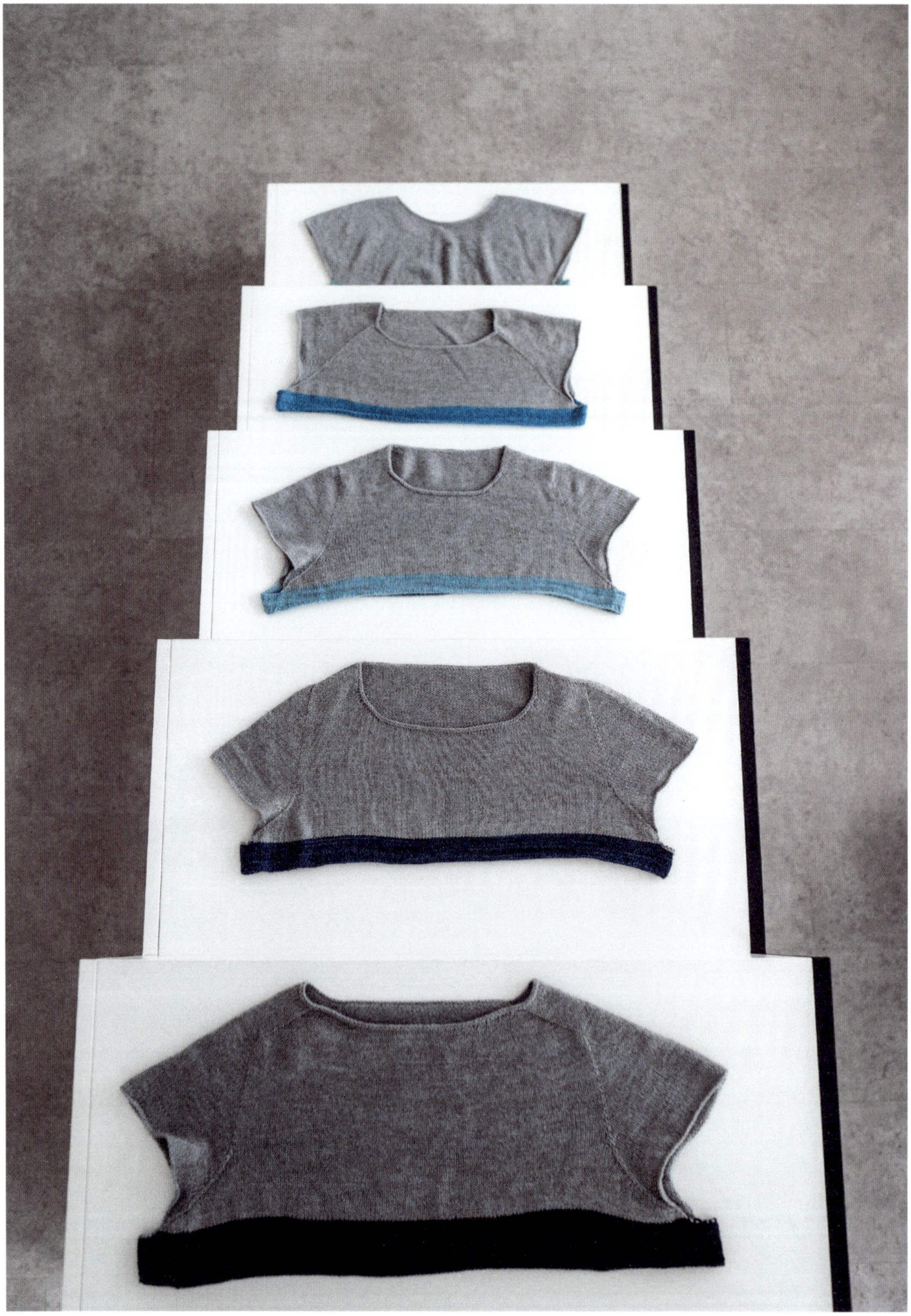

Das solltest du noch wissen, deshalb noch mal alles an einer Stelle:

Miss deine Körpermaße, bevor du eine Größe auswählst.
Für die Contiguous-, Sattelschulter- und eingesetzte Ärmelkonstruktion empfehle ich dir, mit einer Größe zu beginnen, die deiner Schulterweite entspricht, und die Strickanleitung anhand deiner Armlochtiefe, deines Körper- und Oberarmumfangs anzupassen. Bei der Raglan- und der Rundpassen-Ärmelkonstruktion wählst du die Größe nach deinem vollen Brustumfang. Du kannst auch einen aktuellen Pullover, der dir gut passt und die gleiche Konstruktion hat, als Vorlage für die Größenwahl verwenden. Die gewünschte Mehrweite kannst du selbst bestimmen. Für die Armausschnitte reicht in der Regel eine Mehrweite von 2,5 cm aus, um eine gute Passform zu erreichen. Für die Ärmel ist eine Mehrweite von 2,5–5 cm eine gute Faustregel, und für den Körperteil ist eine Mehrweite von 5–15 cm sehr beliebt.
Die gezeigten fünf Oberteile, die bis zur Trennung von Ärmeln und Körperteil gestrickt wurden, wurden in Größe 5 gearbeitet.

Die Größen
1 (2, 3, 4, 5) (6, 7, 8, 9) mit einem Fertigmaß um den Körper von 83,5 (93,5, 103,5, 113,5, 123,5) (133,5, 143,5, 153,5, 163,5) cm

Garn
Jedes Woll- oder Wollmischgarn mit etwa 400 m/100 g, mit dem du die angegebene Maschenprobe erreichst.

Garnverbrauch (lange schmale Ärmel und gerades Körperteil)
2 (2, 3, 3, 3) (4, 4, 5, 5) Stränge oder ca. 730 (800, 910, 1000, 1150) (1290, 1460, 1650, 1850) m
Da es mehrere Optionen zur Auswahl gibt, ist der angegebene Garnverbrauch eine grobe Schätzung.

Maschenprobe
24 M x 32 R = 10 cm in glatt rechts mit Nadelstärke 3,25 mm gestrickt, nach dem Waschen und Glattstreichen gemessen.
Nimm dir die Zeit, um die Maße an deinem Probeläppchen zu prüfen und die Nadelstärke anzupassen, falls nötig, um die angegebene Maschenprobe zu erhalten.

Verwendete Stricknadeln
3-mm-Rundstricknadel, 40 cm lang
3,25-mm-Rundstricknadeln, 40 cm und 80 cm lang
3,25-mm-Nadelspiel, für die Ärmel, wenn du nicht mit der Magic-Loop-Methode strickst

Zubehör
6 Maschenmarkierer, Wollnadel, Restgarn zum Stilllegen der Maschen

Verwendete Techniken
Alle Konstruktionen: Kreuzanschlag, Maschen aufschlingen, rechte und linke Maschen
Zunahmen: Qfd-L, Qfd-L(li), Qfd-R, Qfd-R(li)
Abnahmen: 2 re-zus, 2 re-verschr-zus, Maschen am Unterarm aufnehmen, Standardabkettmethode
Raglan: Zunahmen: kfb, pbfb, Maschen um den Halsausschnitt aufnehmen
Contiguous: Maschen um den Halsausschnitt aufnehmen
Rundpasse und Sattelschulter: Verkürzte Reihen mit Doppelmaschen (im Englischen: German Short Rows)
Eingesetzte Ärmel: Maschen entlang der Schulterschräge, der Vorderteile und um den Halsausschnitt aufnehmen
Das Abkürzungsverzeichnis findest du auf Seite 162 und detaillierte Beschreibung der Techniken auf Seite 164.

Verwendetes Strickmuster
Glatt rechts (in Reihen):
R 1 (HR): Alle M re.
R 2 (RR): Alle M li.
Glatt rechts (in Runden):
Rd 1 und alle folgenden Rdn: Alle M re.

Die Maßtabellen für die fünf Schulterkonstruktionen findest du im jeweiligen Abschnitt.

Die Anleitungen für den Schulterbereich

Eingesetzter Ärmel mit nach hinten verlegter Schulternaht

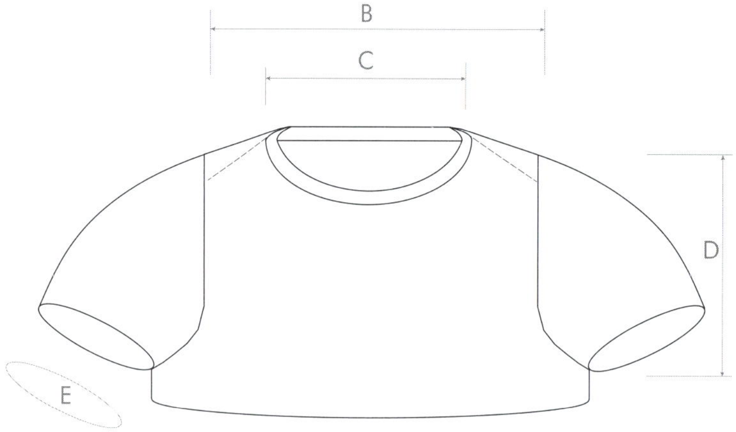

Größe Fertigmaße	1	2	3	4	5	6	7	8	9
A – Brustumfang	83,5 cm	93,5 cm	103,5 cm	113,5 cm	123,5 cm	133,5 cm	143,5 cm	153,5 cm	163,5 cm
B – Schulterweite	31 cm	31,5 cm	34 cm	36 cm	38 cm	41 cm	42,5 cm	44 cm	46 cm
C – Ausschnittweite ohne Halsblende	19 cm	18,5 cm	19 cm	19 cm	20 cm	21 cm	21 cm	22,5 cm	22,5 cm
D – Armlochtiefe	19 cm	20 cm	20,5 cm	21 cm	22 cm	23 cm	25 cm	27 cm	28 cm
E – Oberarmumfang	30 cm	32 cm	34 cm	36 cm	38 cm	41,5 cm	45 cm	48 cm	51,5 cm

Anleitung

Der Pullover beginnt am hinteren Ausschnitt, und dann werden beidseitig Zunahmen für die Schulterschrägen gearbeitet. Dann werden die Vorderteilmaschen aus den schrägen Zunahmemaschen aufgenommen und gestrickt.

Rückenteil

Mit der 3,25-mm-Rundstricknadel 46 (44, 46, 46, 48) (50, 50, 54, 54) M anschlagen. Ich habe den Kreuzanschlag verwendet.
Vorbereitungs-R (RR): Alle M li.
R 1 (HR): 1 re, Qfd-L, re bis zur letzten M, Qfd-R, 1 re. 48 (46, 48, 48, 50) (52, 52, 56, 56) M.
R 2 (RR): 1 li, Qfd-R(li), li bis zur letzten M, Qfd-L(li), 1 li. 50 (48, 50, 50, 52) (54, 54, 58, 58) M.
Nächste R: R 1–2 noch 6 (7, 8, 9, 10) (11, 12, 12, 13)-mal wdh. 74 (76, 82, 86, 92) (98, 102, 106, 110) M.
Faden abschneiden und die M stilllegen.

Rechtes Vorderteil

Drehe das Rückenteil so, dass die Anschlagskante mit der Vorderseite nach oben liegt. Setze den Faden am unteren rechten Ende der Schräge des Rückenteils wieder an und nimm 14 (16, 18, 20, 22) (24, 26, 26, 28) M für die rechte Schulter auf, je 1 M aus jeder Reihe der Schräge. Die Arbeit wenden.
Vorbereitungs-R (RR): Alle M li.
Nächste R (HR): Alle M re.
Nächste R (RR): Alle M li.
Nächste R: Die letzten beiden R noch 5 (5, 7, 7, 9) (9, 12, 14, 14)-mal wdh.

R 1 (Zun, HR): Re bis zur letzten M, Qfd-R, 1 re. 15 (17, 19, 21, 23) (25, 27, 27, 29) M.
R 2 (Zun, RR): 1 li, Qfd-R(li), li bis zum Ende. 16 (18, 20, 22, 24) (26, 28, 28, 30) M.
R 3–6: R 1–2 noch 2-mal wdh. 20 (22, 24, 26, 28) (30, 32, 32, 34) M.
Faden abschneiden und die M stilllegen.

Linkes Vorderteil

Setze den Faden am oberen Ende der Schräge auf der linken Schulter wieder an und nehme 14 (16, 18, 20, 22) (24, 26, 26, 28) M auf, 1 M aus jeder Reihe der Schräge. Die Arbeit wenden.
Vorbereitungs-R (RR): Alle M li.
R 1 (HR): Alle M re.
R 2 (RR): Alle M li.
Nächste R: R 1–2 noch 5 (5, 7, 7, 9) (9, 12, 14, 14)-mal wdh.

R 1 (Zun, HR): 1 re, Qfd-L, re bis zum Ende. 15 (17, 19, 21, 23) (25, 27, 27, 29) M.
R 2 (Zun, RR): Li bis zur letzten M, Qfd-L(li), 1 li. 16 (18, 20, 22, 24) (26, 28, 28, 30) M.
R 3–6: R 1–2 noch 2-mal wdh. 20 (22, 24, 26, 28) (30, 32, 32, 34) M.
Den Faden nicht abschneiden.

Rücken- und Vorderteile verbinden und Ärmelmaschen aufnehmen

Vorbereitungs-R (HR): 1 re, Qfd-L, re bis zum Ende, MMs, 14 (14, 16, 16, 20) (20, 22, 24, 24) M aus der Kante des linken Vorderteils aufnehmen (ca. 3 M aus 4 R), MMs, die stillgelegten Rückenteil-M auf die Nadel nehmen und abstricken, MMs, 14 (14, 16, 16, 20) (20, 22, 24, 24) M aus der Kante des rechten Vorderteils aufnehmen (ca. 3 M aus 4 R), MMs, die stillgelegten rechten Vorderteil-M auf die Nadel nehmen, re bis zur letzten M, Qfd-R, 1 re. 144 (150, 164, 172, 190) (200, 212, 220, 228) M.
Nächste R (Zun Ausschnitt, RR): 2 abh-Fdv, Qfd-R(li), li bis zum letzten MM, MMv, li bis zu den letzten 2 M, Qfd-L(li), 2 abh-Fdv. 146 (152, 166, 174, 192) (202, 214, 222, 230) M.
Nächste R (Zun Ärmel und Ausschnitt): 1 re, Qfd-L, re bis MM, MMv, 1 re, Qfd-L, re bis 1 M vor MM, Qfd-R, 1 re, MMv, re bis MM, MMv, 1 re, Qfd-L, re bis 1 M vor MM, Qfd-R, 1 re, MMv, re bis zur letzten M, Qfd-R, 1 re. 152 (158, 172, 180, 198) (208, 220, 228, 236) M.
Nächste R: Die letzten beiden R noch 1-mal wdh. 160 (166, 180, 188, 206) (216, 228, 236, 244) M.
Die Arbeit nicht wenden.

Verbindungs-R (Vorderteil-M aufschlingen, HR): 23 (21, 23, 23, 25) (27, 27, 31, 31) M aufschlingen, die Arbeit zur Rd schließen, 2 re, Qfd-L, re bis MM, MMv (= Rd-Beginn). 184 (188, 204, 212, 232) (244, 256, 268, 276) M.

Rd 1: Alle M re.

Rd 2 (Zun Ärmel): *1 re, Qfd-L, re bis 1 M vor MM, Qfd-R, 1 re, MMv, re bis MM, MMv; ab * noch 1-mal wdh. 188 (192, 208, 216, 236) (248, 260, 272, 280) M.

Rdn 3–28: Rdn 1–2 noch 13-mal wdh. 240 (244, 260, 268, 288) (300, 312, 324, 332) M.

Nächste Rd (Zun Ärmel): *1 re, Qfd-L, re bis 1 M vor MM, Qfd-R, 1 re, MMv, re bis MM, MMv; ab * noch 1-mal wdh. 244 (248, 264, 272, 292) (304, 316, 328, 336) M.

Nächste Rd (Zun Körperteil): *Re bis MM, MMv, Qfd-L, re bis MM, Qfd-R, MMv; ab * noch 1-mal wdh. 248 (252, 268, 276, 296) (308, 320, 332, 340) M.

Nächste Rdn: Die letzten beiden Rdn noch 5 (5, 4, 3, 2) (4, 5, 8, 9)-mal wdh. 288 (292, 300, 300, 312) (340, 360, 396, 412) M.

Nur Größe 1

Nächste Rd (Zun Körperteil und Ärmel): *1 re, Qfd-L, re bis 1 M vor MM, Qfd-R, 1 re, MMv, Qfd-L, re bis MM, Qfd-R, MMv; ab * noch 1-mal wdh. 296 M.

Nächste Rdn: Die letzte Rd noch 4-mal wdh. 328 M.

Weiter ab »Körperteil und Ärmel trennen« auf Seite 81.

Nur Größen 2–9

Nächste Rd (Zun Körperteil und Ärmel): *1 re, Qfd-L, re bis 1 M vor MM, Qfd-R, 1 re, MMv, Qfd-L, re bis MM, Qfd-R, MMv; ab * noch 1-mal wdh. - (300, 308, 308, 320) (348, 368, 404, 420) M.

Nächste Rd (Zun Körperteil): *Re bis MM, MMv, Qfd-L, re bis MM, Qfd-R, MMv; ab * noch 1-mal wdh. - (304, 312, 312, 324) (352, 372, 408, 424) M.

Nächste Rdn: Die letzten Rdn noch - (0, 1, 3, 5) (4, 5, 6, 6)-mal wdh. - (304, 324, 348, 384) (400, 432, 480, 496) M.

Nächste Rd (Zun Körperteil und Ärmel): *1 re, Qfd-L, re bis 1 M vor MM, Qfd-R, 1 re, MMv, Qfd-L, re bis MM, Qfd-R, MMv; ab * noch 1-mal wdh. (312, 332, 356, 392) (408, 440, 488, 504) M.

Nächste Rdn: Die letzte Rd noch - (2, 3, 3, 2) (4, 4, 2, 4)-mal wdh. - (328, 356, 380, 408) (440, 472, 504, 536) M.

Nächste Rd (Zun Körperteil 2-mal und Ärmel): *1 re, Qfd-L, re bis 1 M vor MM, Qfd-R, 1 re, MMv, Qfd-L, 1 re, Qfd-L, re bis 1 M vor MM, Qfd-R, 1 re, Qfd-R, MMv; ab * noch 1-mal wdh. - (340, 368, 392, 420) (452, 484, 516, 548) M.

Nächste Rd: Die letzte Rd noch - (1, 1, 1, 1) (1, 1, 1, 1)-mal wdh. - (352, 380, 404, 432) (464, 496, 528, 560) M.

Weiter ab »Körperteil und Ärmel trennen« auf Seite 81.

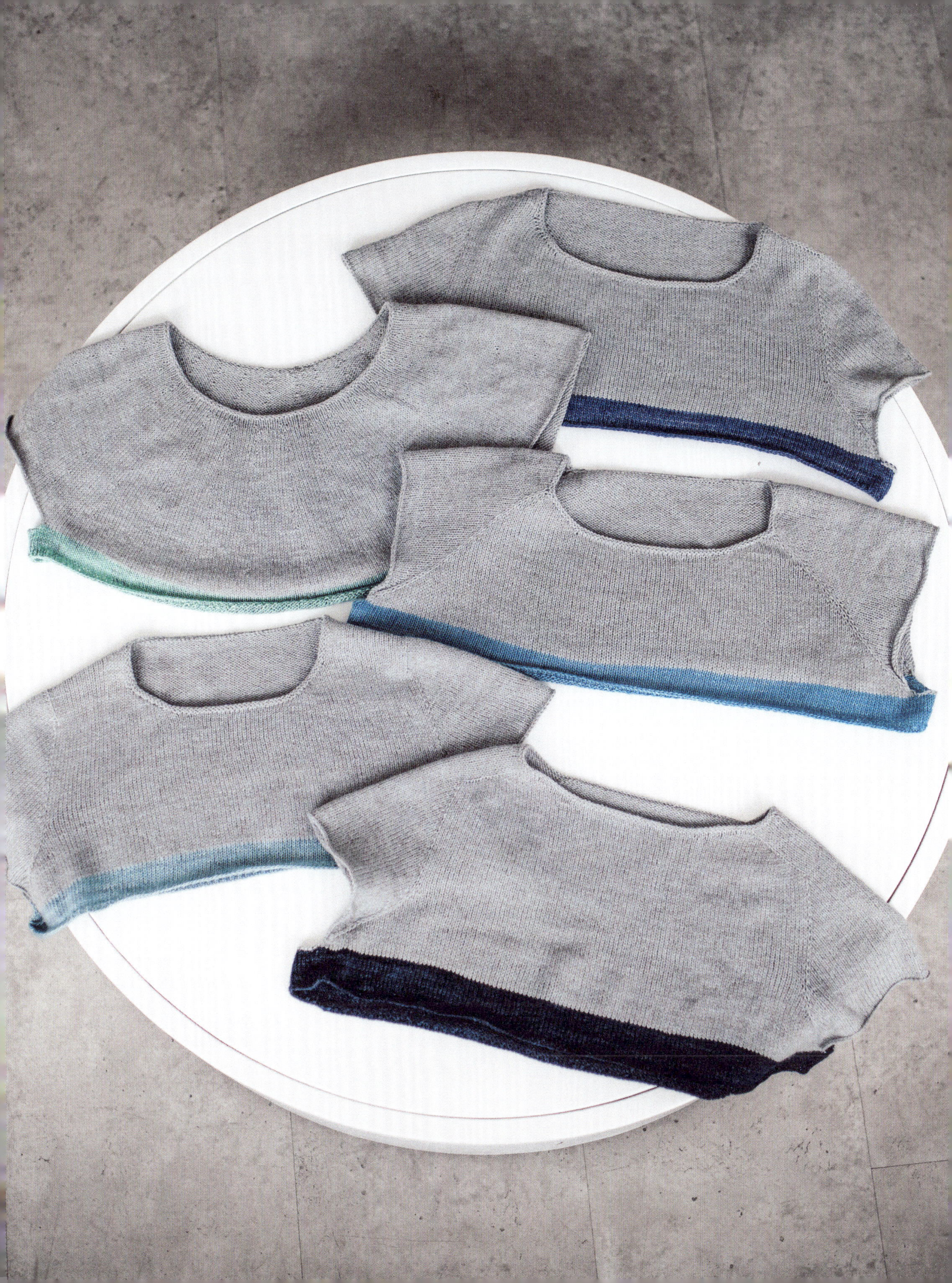

Zusammengesetzter Raglan

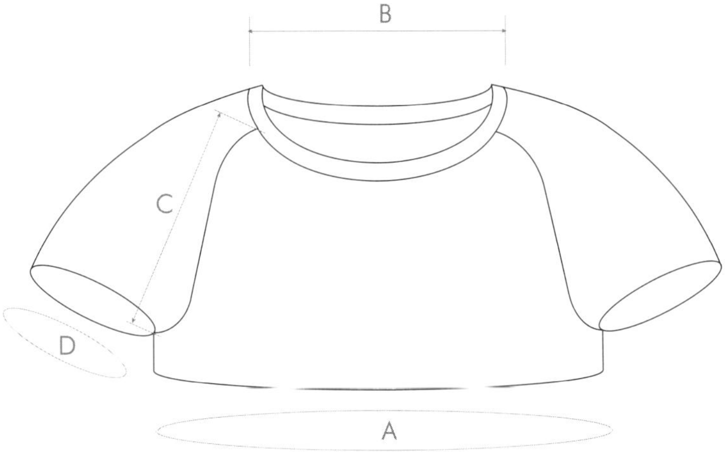

Größe Fertigmaße	1	2	3	4	5	6	7	8	9
A – Brustumfang	83,5 cm	93,5 cm	103,5 cm	113,5 cm	123,5 cm	133,5 cm	143,5 cm	153,5 cm	163,5 cm
B – Halsausschnittweite ohne Halsblende	19 cm	19 cm	20 cm	20 cm	21 cm	21,5 cm	23,5 cm	23,5 cm	25 cm
C – Raglanlänge	17 cm	18,5 cm	20 cm	21,5 cm	23 cm	25 cm	27 cm	29,5 cm	31 cm
D – Oberarmumfang	30 cm	32 cm	34 cm	36 cm	38 cm	41,5 cm	45 cm	48 cm	51,5 cm

Anleitung

Der Pullover wird nahtlos gestrickt, aber du strickst zunächst in Hin- und Rückreihen, bis der Halsausschnitt fertig ist. Dann schließt du deine Arbeit zur Runde.
Später nimmst du M um den Halsausschnitt herum auf und strickst eine Ausschnittblende.
Mit der 3-mm-Rundstricknadel (66, 72, 72, 78) (80, 84, 88, 92) M anschlagen. Ich habe den Kreuzanschlag verwendet.

Vorbereitungs-R (RR): 10 (10, 12, 12, 14) (14, 14, 16, 16) li, MMs, 46 (46, 48, 48, 50) (52, 56, 56, 60) li, MMs, li bis zum Ende.
Du hast noch keine Vorderteil-M auf deiner Nadel. Zur kurzen 3,25-mm-Rundstricknadel wechseln.

R 1 (Zun Rückenteil und Ärmel, HR): 1 re, Qfd-L, re bis 1 M vor MM, Qfd-R, 1 re, MMv, Qfd-L, re bis MM, Qfd-R, MMv, 1 re, Qfd-L, re bis zur letzten M, Qfd-R, 1 re. 72 (72, 78, 78, 84) (86, 90, 94, 98) M.

R 2 (Zun Rückenteil, RR): Li bis MM, MMv, Qfd-R(li), li bis MM, Qfd-L(li), MMv, li bis zum Ende. 74 (74, 80, 80, 86) (88, 92, 96, 100) M.

R 3–4: R 1–2 noch 1-mal wdh. 82 (82, 88, 88, 94) (96, 100, 104, 108) M.

R 5 (Zun Rückenteil, Ärmel und erste Vorderteil-M): 1 re, Qfd-L, re bis 1 M vor MM, Qfd-R, 1 re, MMv, Qfd-L, re bis MM, Qfd-R, MMv, 1 re, Qfd-L, re bis zur letzten M, Qfd-R, kfb. 89 (89, 95, 95, 101) (103, 107, 111, 115) M.

Nun strickst du Zunahmen am Rückenteil und den Ärmel und beginnst mit Zunahmen am Vorderteil.

R 6 (Zun Körperteil): 1 li, Qfd-L(li), MMs, li bis MM, MMv, Qfd-R(li), li bis MM, Qfd-L(li), MMv, li bis zur letzten M, pbfb. 94 (94, 100, 100, 106) (108, 112, 116, 120) M.

Wechsle zur längeren Rundstricknadel, wenn dir das leichter fällt.

R 7 (Zun Ärmel und Vorderteilausschnitt): 1 re, Qfd-L, 1 re, MMs, 1 re, Qfd-L, re bis 1 M vor MM, Qfd-R, 1 re, MMv, re bis MM, MMv, 1 re, Qfd-L, re bis 1 M vor MM, Qfd-R, 1 re, MMv, 1 re, Qfd-R, 1 re. 100 (100, 106, 106, 112) (114, 118, 122, 126) M.

R 8 (Zun Körperteil und Vorderteilausschnitt): 1 li, Qfd-R(li), li bis MM, Qfd-L(li), MMv, li bis MM, MMv, Qfd-R(li), li bis MM, Qfd-L(li), MMv, li bis zum letzten MM, MMv, Qfd-R(li), li bis zur letzten M, Qfd-L(li), 1 li. 106 (106, 112, 112, 118) (120, 124, 128, 132) M.

R 9 (Zun Ärmel und Vorderteilausschnitt): 1 re, Qfd-L, re bis MM, MMv, 1 re, Qfd-L, re bis 1 M vor MM, Qfd-R, 1 re, MMv, re bis MM, MMv, 1 re, Qfd-L, re bis 1 M vor MM, Qfd-R, 1 re, MMv, re bis zur letzten M, Qfd-R, 1 re. 112 (112, 118, 118, 124) (126, 130, 134, 138) M.

R 10 (Zun Körperteil und Vorderteilausschnitt): 1 li, Qfd-R(li), li bis MM, Qfd-L(li), MMv, li bis MM, MMv, Qfd-R(li), li bis MM, Qfd-L(li), MMv, li bis zum letzten MM, MMv, Qfd-R(li), li bis zur letzten M, Qfd-L(li), 1 li. 118 (118, 124, 124, 130) (132, 136, 140, 144) M.

R 11–17: R 9–10 noch 2-mal wdh, R 9 noch 1-mal wdh. 160 (160, 166, 166, 172) (174, 178, 182, 186) M.

Nicht wenden, sondern zusätzliche M für das Vorderteil aufschlingen und die Arbeit zur Rd schließen.

Verbindungs-R (Vorderteil-M aufschlingen): 31 (31, 33, 33, 35) (37, 41, 41, 45) M aufschlingen, die Arbeit zur Rd schließen, 1 re, Qfd-L, re bis MM, MMv (= Rd-Beginn). 192 (192, 200, 200, 208) (212, 220, 224, 232) M.

Jeweils 28 (28, 30, 30, 32) (32, 32, 34, 34) Ärmel-M und jeweils 68 (68, 70, 70, 72) (74, 78, 78, 82) M am Vorder- und Rückenteil.

Rd 1 (Zun Körperteil): *Re bis MM, MMv, Qfd-L, re bis MM, Qfd-R, MMv; ab * noch 1-mal wdh. 196 (196, 204, 204, 212) (216, 224, 228, 236) M.

Rd 2 (Zun Ärmel): *1 re, Qfd-L, re bis 1 M vor MM, Qfd-R, 1 re, MMv, re bis MM, MMv; ab * noch 1-mal wdh. 200 (200, 208, 208, 216) (220, 228, 232, 240) M.

Nächste Rdn: Rdn 1–2 noch 1 (1, 1, 15, 12) (12, 15, 14, 15)-mal wdh, Rd 1 noch 0 (0, 0, 1, 1) (1, 1, 1, 1)-mal wdh. 208 (208, 216, 332, 316) (320, 352, 348, 364) M.

Nur Größen 1–3

Nächste Rd: Alle M re.

Nächste Rd (Zun Ärmel): *1 re, Qfd-L, re bis 1 M vor MM, Qfd-R, 1 re, MMv, re bis MM, MMv; ab * noch 1-mal wdh. 212 (212, 220, -, -) (-, -, -, -) M.

Nächste Rd (Zun Körperteil): *Re bis MM, MMv, Qfd-L, re bis MM, Qfd-R, MMv; ab * noch 1-mal wdh. 216 (216, 224, -, -) (-, -, -, -) M.

Nächste Rd (Zun Ärmel): *1 re, Qfd-L, re bis 1 M vor MM, Qfd-R, 1 re, MMv, re bis MM, MMv; ab * noch 1-mal wdh. 220 (220, 228, -, -) (-, -, -, -) M.

Nächste Rdn: Die letzten vier Rdn noch 5 (4, 2, -, -) (-, -, -, -)-mal wdh. 280 (268, 252, -, -) (-, -, -, -) M.

Nächste Rd (Zun Körperteil): *Re bis MM, MMv, Qfd-L, re bis MM, Qfd-R, MMv; ab * noch 1-mal wdh. 284 (272, 256, -, -) (-, -, -, -) M.

Nächste Rd (Zun Ärmel): *1 re, Qfd-L, re bis 1 M vor MM, Qfd-R, 1 re, MMv, re bis MM, MMv; ab * noch 1-mal wdh. 288 (276, 260, -, -) (-, -, -, -) M.

Nächste Rdn: Die letzten beiden Rdn noch 2 (4, 7, -, -) (-, -, -, -)-mal wdh. 304 (308, 316, -, -) (-, -, -, -) M.

Nur Größe 1

Nächste Rd (Zun Körperteil und Ärmel): *1 re, Qfd-L, re bis 1 M vor MM, Qfd-R, 1 re, MMv, Qfd-L, re bis MM, Qfd-R, MMv; ab * noch 1-mal wdh. 312 M.
Nächste Rdn: Die letzte Rdn noch 2-mal wdh. 328 M.
Rd 1 (Zun Körperteil): *Re bis MM, MMv, Qfd-L, re bis MM, Qfd-R, MMv; ab * noch 1-mal wdh.
Weiter ab »Körperteil und Ärmel trennen« auf Seite 81.

Nur Größen 2 und 3

Nächste Rd (Zun Körperteil): *Re bis MM, MMv, Qfd-L, re bis MM, Qfd-R, MMv; ab * noch 1-mal wdh. - (312, 320, -, -) (-, -, -, -) M.

Nur Größe 2

Nächste Rd (Zun Körperteil und Ärmel): *1 re, Qfd-L, re bis 1 M vor MM, Qfd-R, 1 re, MMv, Qfd-L, re bis MM, Qfd-R, MMv; ab * noch 1-mal wdh. 320 M.
Nächste Rd: Die letzte Rd noch 1-mal wdh.328 M.
Nächste Rd (Zun Körperteil 2-mal und Ärmel): *1 re, Qfd-L, re bis 1 M vor MM, Qfd-R, 1 re, MMv, Qfd-L, 1 re, Qfd-L, re bis 1 M vor MM, Qfd-R, 1 re, Qfd-R, MMv; ab * noch 1-mal wdh. 340 M.

Nächste Rd: Die letzte Rd noch 1-mal wdh. 352 M.
Weiter ab »Körperteil und Ärmel trennen« auf Seite 81.

Nur Größen 3–9

Nächste Rd (Zun Körperteil und Ärmel): *1 re, Qfd-L, re bis 1 M vor MM, Qfd-R, 1 re, MMv, Qfd-L, re bis MM, Qfd-R, MMv; ab * noch 1-mal wdh. - (-, 328, 340, 324) (328, 360, 356, 372) M.
Nächste Rd (Zun Körperteil): *Re bis MM, MMv, Qfd-L, re bis MM, Qfd-R, MMv; ab * noch 1-mal wdh. - (-, 332, 344, 328) (332, 364, 360, 376) M.
Nächste Rdn: Die letzten beiden Rdn noch - (-, 0, 1, 4) (5, 5, 8, 8)-mal wdh. - (-, 332, 356, 376) (392, 424, 456, 472) M.
Nächste Rd (Zun Körperteil und Ärmel): *1 re, Qfd-L, re bis 1 M vor MM, Qfd-R, 1 re, MMv, Qfd-L, re bis MM, Qfd-R, MMv; ab * noch 1-mal wdh. - (-, 340, 364, 384) (400, 432, 464, 480) M.
Nächste Rd: Die letzte Rd noch - (-, 2, 2, 3) (5, 5, 5, 7)-mal wdh. - (-, 356, 380, 408) (440, 472, 504, 536) M.
Nächste Rd (Zun Körperteil 2-mal und Ärmel): *1 re, Qfd-L, re bis 1 M vor MM, Qfd-R, 1 re, MMv, Qfd-L, 1 re, Qfd-L, re bis 1 M vor MM, Qfd-R, 1 re, Qfd-R, MMv; ab * noch 1-mal wdh. - (-, 368, 392, 420) (452, 484, 516, 548) M.
Nächste Rd: Die letzte Rd noch - (-, 1,1, 1) (1, 1, 1, 1)-mal wdh. - (-, 380, 404, 432) (464, 496, 528, 560) M.
Weiter ab »Körperteil und Ärmel trennen« auf Seite 81.

Sattelschulter

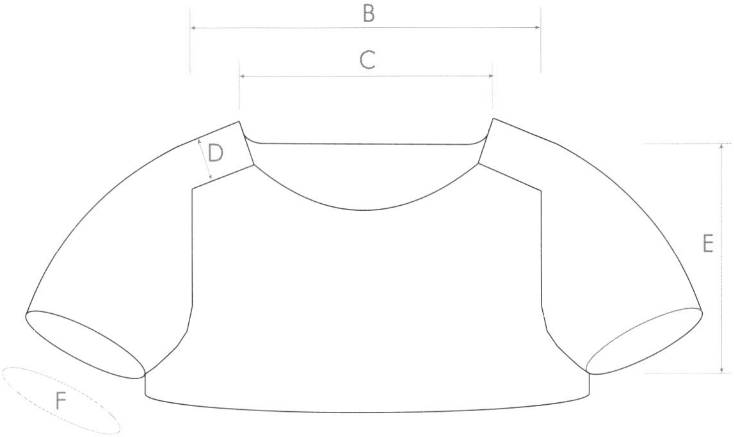

Größe Fertigmaße	1	2	3	4	5	6	7	8	9
A – Brustumfang	83,5 cm	93,5 cm	103,5 cm	113,5 cm	123,5 cm	133,5 cm	143,5 cm	153,5 cm	163,5 cm
B – Schulterweite	31 cm	31,5 cm	34 cm	36 cm	38 cm	41 cm	42,5 cm	44 cm	46 cm
C – Ausschnittweite	18,5 cm	18,5 cm	18,5 cm	18,5 cm	19 cm	19 cm	20 cm	21 cm	21,5 cm
D – ½ Sattelbreite	3 cm	3 cm	3,5 cm	3,5 cm	4 cm	4 cm	4,5 cm	5 cm	5 cm
E – Armlochtiefe	19 cm	20 cm	20,5 cm	21 cm	22 cm	23 cm	25 cm	27 cm	28 cm
F – Oberarmumfang	30 cm	32 cm	34 cm	36 cm	38 cm	41,5 cm	45 cm	48 cm	51,5 cm

Anleitung

Dieser Pullover wird nahtlos in der Runde gestrickt und hat eine Sattelschulter. Der Halsausschnitt wird mit verkürzten Reihen geformt. Beachte bitte, dass die beiden Beinchen jeder Doppelmasche (DM) in der nächsten Reihe als eine Masche gestrickt werden.
Mit der 3-mm-Rundstricknadel 126 (126, 130, 130, 142) (142, 150, 158, 162) M anschlagen. Ich habe den Kreuzanschlag verwendet.
Stricke eine Rückreihe mit rechten Maschen – das wird dir helfen, die Arbeit zur Runde zu schließen, ohne die Maschen zu verdrehen. Die Arbeit zur Runde schließen, einen MM für den Rd-Beginn setzen und 1 Rd linke Maschen stricken.

Vorbereitungs-Rd: 44 (44, 44, 44, 46) (46, 48, 50, 52) re, MM1s, 14 (14, 16, 16, 20) (20, 22, 24, 24) re, MM2s, 54 (54, 54, 54, 56) (56, 58, 60, 62) re, MM3s, re bis zum Ende, MMv (das ist jetzt MM4). Im ersten Abschnitt mit verkürzten R nimmst du nur am Rückenteil M zu.

Verkürzte R 1 (HR): Re bis MM1, MM1v, 8 re (8, 10, 10, 14) (14, 16, 18, 18), wenden.

Verkürzte R 2 (RR): Abh+anz, li bis MM1, MM1v, Qfd-R(li), li bis MM4, Qfd-L(li), MM4v, p8 (8, 10, 10, 14) (14, 16, 18, 18), wenden. 128 (128, 132, 132, 144) (144, 152, 160, 164) M.

Verkürzte R 3: Abh+anz, re bis MM4, MM4v, Qfd-L, re bis MM1, Qfd-R, MM1v, re bis 4 M nach DM, wenden. 130 (130, 134, 134, 146) (146, 154, 162, 166) M.

Verkürzte R 4: Abh+anz, li bis MM1, MM1v, Qfd-R(li), li bis MM4, Qfd-L(li), MM4v, li bis 4 M nach DM, wenden. 132 (132, 136, 136, 148) (148, 156, 164, 168) M.

Verkürzte Reihen 5–6: Verkürzte Reihen 3–4 noch 1-mal wdh. 136 (136, 140, 140, 152) (152, 160, 168, 172) M.

Du hast nun am Rückenteil die gleiche Anzahl von M wie am Vorderteil. Im zweiten Abschnitt mit verkürzten R nimmst du sowohl am Rückteil als auch am Vorderteil Maschen zu.

Verkürzte R 7: Abh+anz, re bis MM3, Qfd-R, MM3v, re bis MM4, MM4v, Qfd-L, re bis MM1, Qfd-R, MM1v, re bis MM2, MM2v, Qfd-L, re bis 3 M nach DM, wenden. 140 (140, 144, 144, 156) (156, 164, 172, 176) M.

Verkürzte R 8: Abh+anz, li bis MM2, Qfd-L(li), MM2v, li bis MM1, MM1v, Qfd-R(li), li bis MM4, Qfd-L(li), MM4v, li bis MM3, MM3v, Qfd-R(li), li bis 3 M nach DM, wenden. 144 (144, 148, 148, 160) (160, 168, 176, 180) M.

Verkürzte R 9–12: Verkürzte R 7–8 noch 2-mal wdh. 160 (160, 164, 164, 176) (176, 184, 192, 196) M.

Nächste R: Abh+anz, re bis MM3, Qfd-R, MM3v, re bis MM4, MM4v, Qfd-L, re bis MM1, Qfd-R, MM1v, re bis MM2, MM2v, Qfd-L, re bis MM3, Qfd-R, MM3v, re bis MM4, MM4v. 165 (165, 169, 169, 181) (181, 189, 197, 201) M.

Der Rd-Beginn liegt beim Tragen am linken Schulterblatt.

Wechsle zur längeren Rundstricknadel (80 cm), wenn dir das leichter fällt.

Rd 1 (Zun Körperteil): *Qfd-L, re bis MM, Qfd-R, MMv, re bis MM, MMv; ab * noch 1-mal wdh. 169 (169, 173, 173, 185) (185, 193, 201, 205) M.

Nächste Rd(n): Rd 1 noch 1 (2, 5, 7, 9) (12, 13, 14, 15)-mal wdh. 173 (177, 193, 201, 221) (233, 245, 257, 265) M.

Nächste Rd (Zun Körperteil): Qfd-L, re bis MM1, Qfd-R, MM1v, re bis MM2, MM2v, Qfd-L, re bis MM3, MM3v, re bis MM4, MM4v. 176 (180, 196, 204, 224) (236, 248, 260, 268) M.

74 (76, 82, 86, 92) (98, 102, 106, 110) M jeweils am Vorder- und Rückenteil und jeweils 14 (14, 16, 16, 20) (20, 22, 24, 24) Sattel-M.

Rd 1 (Zun Ärmel): *Re bis MM, MMv, 1 re, Qfd-L, re bis 1 M vor MM, Qfd-R, 1 re, MMv; ab * noch 1-mal wdh. 180 (184, 200, 208, 228) (240, 252, 264, 272) M.

Rd 2: Alle M re.

Nächste Rdn: Rdn 1–2 noch 18 (18, 16, 16, 16) (16, 16, 16, 16) -mal wdh. 252 (256, 264, 272, 292) (304, 316, 328, 336) M.

Nächste Rd (Zun Ärmel): *Re bis MM, MMv, 1 re, Qfd-L, re bis 1 M vor MM, Qfd-R, 1 re, MMv; ab * noch 1-mal wdh. 256 (260, 268, 276, 296) (308, 320, 332, 340) M.

Nächste Rd (Zun Körperteil): *Qfd-L, re bis MM, Qfd-R, MMv, re bis MM, MMv; ab * noch 1-mal wdh. 260 (264, 272, 280, 300) (312, 324, 336, 344) M.

Nächste Rdn: Die letzten beiden Rdn noch 2 (2, 4, 3, 1) (3, 4, 5, 8)-mal wdh. 276 (280, 304, 304, 308) (336, 356, 376, 408) M.

Nächste Rd (Zun Körperteil und Ärmel): *Qfd-L, re bis MM, Qfd-R, MMv, 1 re, Qfd-L, re bis 1 M vor MM, Qfd-R, 1 re, MMv; ab * noch 1-mal wdh. 284 (288, 312, 312, 316) (344, 364, 384, 416) M.

Nächste Rd (Zun Körperteil): *Qfd-L, re bis MM, Qfd-R, MMv, re bis MM, MMv; ab * noch 1-mal wdh. 288 (292, 316, 316, 320) (348, 368, 388, 420) M.

Nächste Rdn: Die letzten beiden Rdn noch 2 (3, 2, 4, 6) (5, 6, 7, 7)-mal wdh. 312 (328, 340, 364, 392) (408, 440, 472, 504) M.

Nur Größen 1 und 3–9

Nächste Rd (Zun Körperteil und Ärmel): *Qfd-L, re bis MM, Qfd-R, MMv, 1 re, Qfd-L, re bis 1 M vor MM, Qfd-R, 1 re, MMv; ab * noch 1-mal wdh. 320 (-, 348, 372, 400) (416, 448, 480, 512) M.

Nächste Rd(n): Die letzte Rd noch 1 (-, 1, 1, 1) (3, 3, 3, 3)-mal wdh. 328 (-, 356, 380, 408) (440, 472, 504, 536) M.

Nur Größe 1

Weiter ab »Körperteil und Ärmel trennen« auf Seite 81.

Nur Größen 2–9

Nächste Rd (Zun Körperteil 2-mal und Ärmel): *Qfd-L, 1 re, Qfd-L, re bis 1 M vor MM, Qfd-R, 1 re, Qfd-R, MMv, 1 re, Qfd-L, re bis 1 M vor MM, Qfd-R, 1 re, MMv; ab * noch 1-mal wdh. - (340, 368, 392, 420)(452, 484, 516, 548) M.

Nächste Rd: Die letzte Rd noch - (1, 1, 1, 1) (1, 1, 1, 1)-mal wdh. - (352, 380, 404, 432) (464, 496, 528, 560) M.

Nächste Rd: Re bis zum dritten MM.

Weiter ab »Körperteil und Ärmel trennen« auf Seite 81.

Contiguous-Schulterkonstruktion

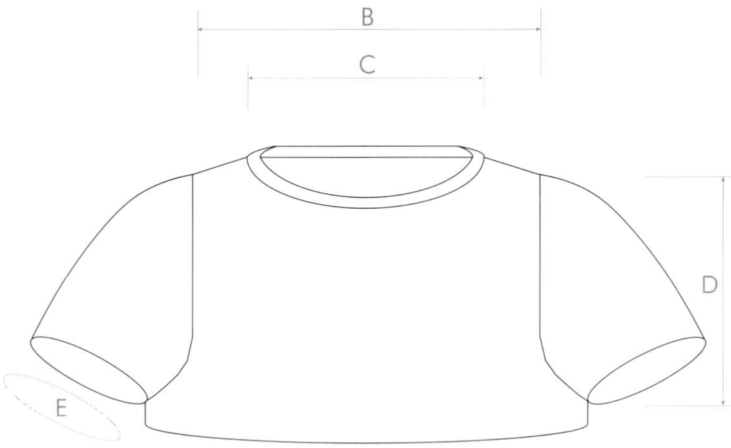

Größe Fertigmaße	1	2	3	4	5	6	7	8	9
A – Brustumfang	83,5 cm	93,5 cm	103,5 cm	113,5 cm	123,5 cm	133,5 cm	143,5 cm	153,5 cm	163,5 cm
B – Schulterweite	31 cm	31,5 cm	34 cm	36 cm	38 cm	41 cm	42,5 cm	44 cm	46 cm
C – Ausschnittweite ohne Halsblende	21,5 cm	22,5 cm	23,5 cm	24 cm	26 cm	26 cm	26 cm	26 cm	26 cm
D – Armlochtiefe	19 cm	20 cm	20,5 cm	21 cm	22 cm	23 cm	25 cm	27 cm	28 cm
E – Oberarmumfang	30 cm	32 cm	34 cm	36 cm	38 cm	41,5 cm	45 cm	48 cm	51,5 cm

Anleitung

Die Contiguous-(= zusammenhängende)-Schulterkonstruktion nutzt die Prinzipien von Susie Myers, um einen Pullover von oben nach unten in der Runde zu stricken. Nach der Fertigstellung des Pullovers werden die M am Halsausschnitt aufgenommen, um die Ausschnittblende zu stricken.
Mit der 3,25-mm-Rundstricknadel 58 (60, 62, 66, 68) (68, 68, 68, 68) M anschlagen. Ich habe den Kreuzanschlag verwendet.

Vorbereitungs-R (RR): 1 li, MMs, 2 li, MMs, li bis zu den letzten 3 M, MMs, 2 li, MMs, 1 li.
Du nimmst in jeder R vor und nach beiden Schultermaschenpaaren zu.

Nur Größen 1–5

R 1 (Zun Körperteil, HR): *Re bis MM, Qfd-R, MMv, 2 re, MMv, Qfd-L; ab * noch 1-mal wdh, 1 re. 62 (64, 66, 70, 72) (-, -, -, -) M.

R 2 (Zun Körperteil, RR): *Li bis MM, Qfd-L(li), MMv, 2 li, MMv, Qfd-R(li); ab * noch 1-mal wdh, li bis zum Ende. 66 (68, 70, 74, 76) (-, -, -, -) M.

Weiter ab »Alle Größen«.

Nur Größe 6

R 1 (Zun Körperteil und Rückenteilausschnitt, HR): 1 re, Qfd-R, MMv, 2 re, MMv, Qfd-L, 14 re, Qfd-L, 34 re, Qfd-R, re bis MM, Qfd-R, MMv, 2 re, MMv, Qfd-L, 1 re. 74 M.

R 2 (Zun Körperteil, RR): *Li bis MM, Qfd-L(li), MMv, 2 li, MMv, Qfd-R(li); ab * noch 1-mal wdh, li bis zum Ende. 78 M.

Weiter ab »Alle Größen«.

Nur Größen 7–9

R 1 (Zun Körperteil und Rückenteilausschnitt, HR): 1 re, Qfd-R, MMv, 2 re, MMv, Qfd-L, 14, MMs, Qfd-L, 34 re, Qfd-R, MMs, re bis MM, Qfd-R, MMv, 2 re, MMv, Qfd-L, 1 re. - (-, -, -, -) (-, 74, 74, 74) M.

R 2 (Zun Körperteil und Rückenteilausschnitt, RR): Li bis MM, Qfd-L(li), MMv, 2 li, MMv, Qfd-R(li), li bis MM, MMv, Qfd-R(li), li bis MM, Qfd-L(li), MMv, li bis MM, Qfd-L(li), MMv, 2 li, MMv, Qfd-R(li), li bis zum Ende. - (-, -, -, -) (-, 80, 80, 80) M.

Nächste R: R 1–2 noch - (-, -, - ,-) (-, 0, 1, 2)-mal wdh. - (-, -, -, -) (-, 80, 92, 104) M.

Nächste R (Zun Körperteil und Rückenteilausschnitt, HR): 1 re, Qfd-R, MMv, 2 re, MMv, Qfd-L, re bis MM, MMv, Qfd-L, re bis MM, Qfd-R, MMv, re bis MM, Qfd-R, MMv, 2 re, MMv, Qfd-L, 1 re. - (-, -, -, -) (-, 86, 98, 110) M.

Nächste R (Zun Körperteil, RR): *Li bis MM, Qfd-L(li), MMv, 2 li, MMv, Qfd-R(li); ab * noch 1-mal wdh, li bis zum Ende. - (-, -, -, -) (-, 90, 102, 114) M.

Weiter ab »Alle Größen«.

Alle Größen

Nächste R (Zun Körperteil): *Re bis MM, Qfd-R, MMv, 2 re, MMv, Qfd-L; ab * noch 1-mal wdh, re bis zum Ende. 70 (72, 74, 78, 80) (82, 94, 106, 118) M.

Nächste R (Zun Körperteil): *Li bis MM, Qfd-R(li), MMv, 2 li, MMv, Qfd-L(li); ab * noch 1-mal wdh, li bis zum Ende. 74 (76, 78, 82, 84) (86, 98, 110, 122) M.

Nächste R: Die letzten beiden R noch 3 (3, 4, 4, 5) (6, 5, 4, 3)-mal wdh. 98 (100, 110, 114, 124) (134, 138, 142, 146) M.

Du arbeitest jetzt die letzten Zunahmen am Körperteil und beginnst mit den Zunahmen am Vorderteilausschnitt.

Nächste R (Zun Körperteil und Vorderteilausschnitt): 1 re, Qfd-L, *re bis MM, Qfd-R, MMv, 2 re, MMv, Qfd-L; ab * noch 1-mal wdh, re bis zur letzten M, Qfd-R, 1 re. 104 (106, 116, 120, 130) (140, 144, 148, 152) M.

Die 2 M entlang der Schulterlinie sind die ersten beiden Ärmel -M. Du beginnst nun mit den Zunahmen der Ärmel-M und setzt die Zunahmen am Vorderteilausschnitt weiter fort.

Nächste R (Zun Ärmel und Vorderteilausschnitt, RR): 1 li, Qfd-R(li), *li bis MM, MMv, Qfd-R(li), li bis MM, Qfd-L(li), MMv; ab * noch 1-mal wdh, li bis zur letzten M, Qfd-L(li), 1 li. 110 (112, 122, 126, 136) (146, 150, 154, 158) M.

Nächste R (Zun Ärmel und Vorderteilausschnitt, HR): 1 re, Qfd-L, *re bis MM, MMv, Qfd-L, re bis MM, Qfd-R, MMv; ab * noch 1-mal wdh, re bis zur letzten M, Qfd-R, 1 re. 116 (118, 128, 132, 142) (152, 156, 160, 164) M.

Nächste R: Die letzten beiden R noch 2 (2, 3, 3, 4) (4, 4, 5, 5)-mal wdh. 140 (142, 164, 168, 190) (200, 204, 220, 224) M.

Nicht wenden, sondern Vorderteil-M aufschlingen und die Arbeit zur Rd schließen.

Verbindungs-R (Vorderteil-M aufschlingen, HR): 35 (37, 35, 39, 37) (39, 43, 43, 47) M aufschlingen, die Arbeit zur Rd schließen, 1 re, Qfd-L, re bis MM, MMv (= Rd-Beginn). 176 (180, 200, 208, 228) (240, 248, 264, 272) M.

Jeweils 14 (14, 18, 18, 22) (22, 22, 26, 26) Ärmel-M und jeweils 74 (76, 82, 86, 92) (98, 102, 106, 110) M am Vorder- und Rückenteil.

Rd 1: Alle M re.

Rd 2 (Zun Ärmel): *Qfd-L, re bis MM, Qfd-R, MMv, re bis MM, MMv; ab * noch 1-mal wdh. 180 (184, 204, 212, 232) (244, 252, 268, 276) M.

Rd 3: Alle M re.

Nächste Rdn: Rdn 2–3 noch 18 (18, 16, 16, 16) (16, 16, 16, 16)-mal wdh. 252 (256, 268, 276, 296) (308, 316, 332, 340) M.

Nächste Rd (Zun Ärmel): *Qfd-L, re bis MM, Qfd-R, MMv, re bis MM, MMv; ab * noch 1-mal wdh. 256 (260, 272, 280, 300) (312, 320, 336, 344) M.

Nächste Rd (Zun Körperteil): *Re bis MM, MMv, 1 re, Qfd-L, re bis 1 M vor MM, Qfd-R, 1 re, MMv; ab * noch 1-mal wdh. 260 (264, 276, 284, 304) (316, 324, 340, 348) M.

Nächste Rdn: Die letzten beiden Rdn noch 2 (2, 4, 3, 1) (3, 4, 5, 8)-mal wdh. 276 (280, 308, 308, 312) (340, 356, 380, 412) M.

Nächste Rd (Zun Körperteil und Ärmel): *Qfd-L, re bis MM, Qfd-R, MMv, 1 re, Qfd-L, re bis 1 M vor MM, Qfd-R, 1 re, MMv; ab * noch 1-mal wdh. 284 (288, 316, 316, 320) (348, 364, 388, 420) M.

Nächste Rd (Zun Körperteil): *Re bis MM, MMv, 1 re, Qfd-L, re bis 1 M vor MM, Qfd-R, 1 re, MMv; ab * noch 1-mal wdh. 288 (292, 320, 320, 324) (352, 368, 392, 424) M.

Nächste Rdn: Die letzten beiden Rdn noch 2 (3, 3, 5, 7) (6, 6, 8, 8)-mal wdh. 312 (328, 356, 380, 408) (424, 440, 488, 520) M.

Nur Größen 1 und 6–9

Nächste Rd (Zun Körperteil und Ärmel): *Qfd-L, re bis MM, Qfd-R, MMv, 1 re, Qfd-L, re bis 1 M vor MM, Qfd-R, 1 re, MMv; ab * noch 1-mal wdh. 320 (-, -, -, -) (432, 448, 496, 528) M.

Nächste Rd: Die letzte Rd noch 1 (-, -, -, -) (1, 3, 1, 1)-mal wdh. 328 (-, -, -, -) (440, 472, 504, 536) M.

Nur Größe 1

Weiter ab »Körperteil und Ärmel trennen« auf Seite 81.

Nur Größen 2–9

Nächste Rd (Zun Körperteil 2-mal und Ärmel): *Qfd-L, re bis MM, Qfd-R, MMv, 1 re, Qfd-L, 1 re, Qfd-L, re bis 2 M vor MM, Qfd-R, 1 re, Qfd-R, 1 re, MMv; ab * noch 1-mal wdh. - (340, 368, 392, 420) (452, 484, 516, 548) M.

Nächste Rd: Die letzte Rd noch - (1, 1, 1, 1) (1, 1, 1, 1)-mal wdh. - (352, 380, 404, 432) (464, 496, 528, 560) M.

Weiter ab »Körperteil und Ärmel trennen« auf Seite 81.

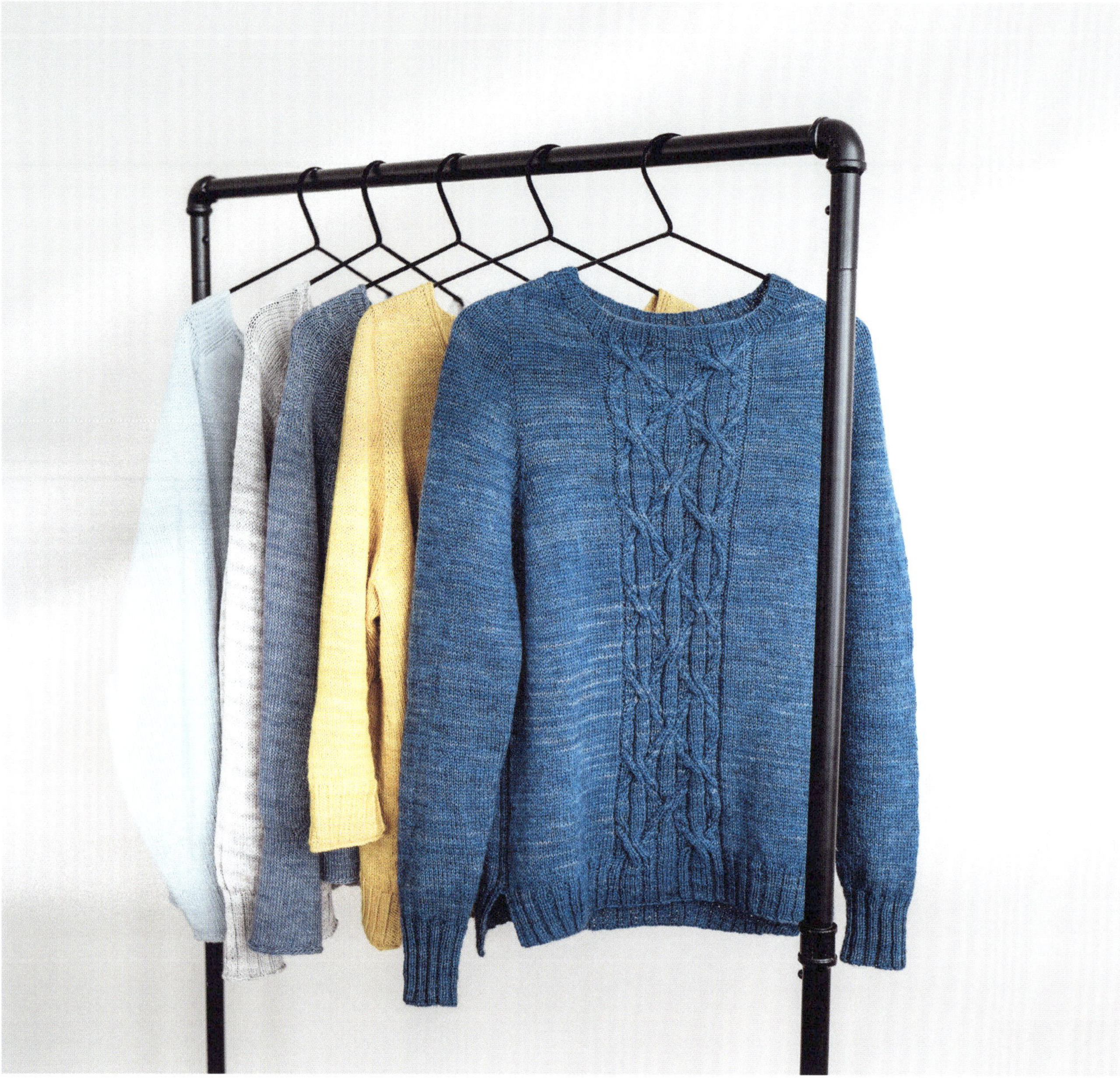

Rundpasse

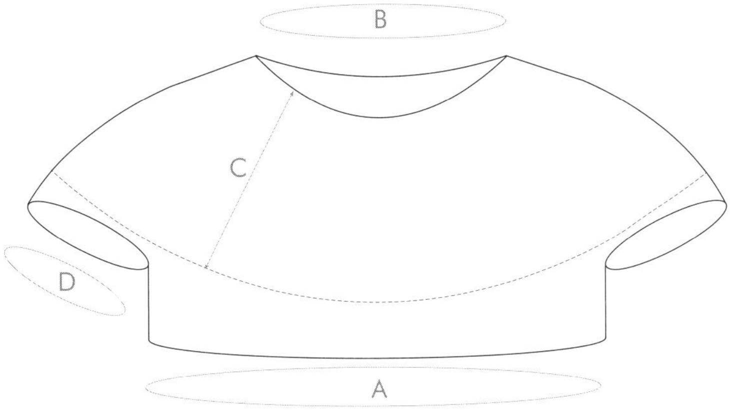

Größe Fertigmaße	1	2	3	4	5	6	7	8	9
A – Brustumfang	83,5 cm	93,5 cm	103,5 cm	113,5 cm	123,5 cm	133,5 cm	143,5 cm	153,5 cm	163,5 cm
B – Umfang des Halsaussschnittes	50 cm	50 cm	52 cm	54 cm	56 cm	56 cm	58 cm	60,5 cm	62,5 cm
C – Tiefe der Rundpasse	19 cm	19,5 cm	20,5 cm	21 cm	21,5 cm	22 cm	23 cm	23,5 cm	24 cm
D – Oberarm-umfang	30 cm	32 cm	34 cm	36 cm	38 cm	41,5 cm	45 cm	48 cm	51,5 cm

Anleitung

Dieser Pullover wird nahtlos in der Runde gestrickt. Der hintere Halsausschnitt wird durch das Stricken von verkürzten Reihen unterhalb der Passe angehoben. Beachte bitte, dass die beiden Beinchen jeder Doppelmasche (DM) in der nächsten Reihe als eine Masche gestrickt werden.
Mit der 3-mm-Rundstricknadel und einer elastischen Anschlagsmethode 120 (120, 125, 130, 135) (135, 140, 145, 150) M anschlagen.
Ich habe den Kreuzanschlag verwendet.
Stricke eine Rückreihe mit rechten Maschen – das wird dir helfen, die Arbeit zur Runde zu schließen, ohne die Maschen zu verdrehen. Die Arbeit zur Runde schließen, einen MM für den Rd-Beginn setzen.
Der Beginn der Runde ist in der Mitte des Rückenteils.

Rd 1: Alle M li.
Rdn 2–5: Alle M re.
Zur kurzen (40 cm) 3,25-mm-Rundtricknadel wechseln.

Rundpasse

Nur Größen 1 und 2
Rdn 1–8: Alle M re.

Nur Größen 3–9
Rdn 1–2: Alle M re.
Rd 3 (Zun-Rd): (5 re, Qfd-L) bis zum Ende. - (-, 150, 156, 162) (162, 168, 174, 180) M.
Rdn 4–8: Alle M re.

Alle Größen
Rd 9 (Zun-Rd): (Qfd-R, 6 re) bis zum Ende. 140 (140, 175, 182, 189) (189, 196, 203, 210) M.
Rdn 10–14: Alle M re.
Rd 15 (Zun-Rd): (7 re, Qfd-L) bis zum Ende. 160 (160, 200, 208, 216) (216, 224, 232, 240) M
Wechsle zur längeren Rundstricknadel, wenn dir das leichter fällt.
Rdn 16–20: Alle M re.
Rd 21 (Zun-Rd): (Qfd-R, 8 re) bis zum Ende. 180 (180, 225, 234, 243) (243, 252, 261, 270) M.
Rdn 22–26: Alle M re.
Rd 27 (Zun-Rd): (9 re, Qfd-L) bis zum Ende. 200 (200, 250, 260, 270) (270, 280, 290, 300) M.
Rdn 28–32: Alle M re.
Rd 33 (Zun-Rd): (Qfd-R, 10 re) bis zum Ende. 220 (220, 275, 286, 297) (297, 308, 319, 330) M.
Rdn 34–38: Alle M re.
Rd 39 (Zun-Rd): (11 re, Qfd-L) bis zum Ende. 240 (240, 300, 312, 324) (324, 336, 348, 360) M.
Rdn 40–43: Alle M re.
Rd 44 (Zun-Rd): (Qfd-R, 12 re) bis zum Ende. 260 (260, 325, 338, 351) (351, 364, 377, 390) M.
Rdn 45–48: Alle M re.
Rd 49 (Zun-Rd): (13 re, Qfd-L) bis zum Ende. 280 (280, 350, 364, 378) (378, 392, 406, 420) M.
Rdn 50–53: Alle M re.
Rd 54 (Zun-Rd): (Qfd-R, 14 re) bis zum Ende. 300 (300, 375, 390, 405) (405, 420, 435, 450) M.

Nur Größen 1, 2, 5–9
Rd 55 (Zun-Rd): (15 re, Qfd-L) bis zum Ende. 320 (320, -, -, 432) (432, 448, 464, 480) M.

Nur Größe 1
Rd 56 (Zun-Rd): (Qfd-R, 40 re) bis zum Ende. 328 M.
Weiter ab »Verkürzte Reihen«.

Nur Größe 3
Rdn 55–59: Alle M re.
Rd 60 (Zun-Rd): (Qfd-R, 75 re) bis zum Ende. 380 M.
Weiter ab »Verkürzte Reihen«.

Nur Größe 4
Rdn 55–60: Alle M re.
Rd 61 (Zun-Rd): 5 re, (Qfd-R, 28 re, Qfd-R, 27 re) insgesamt 7-mal wdh. 404 M.
Weiter ab »Verkürzte Reihen«.

Nur Größe 5
Rdn 56–60: Alle M re.
Weiter ab »Verkürzte Reihen«.

Nur Größen 2, 6–9
Rd 56 (Zun-Rd): (16 re Qfd-L) bis zum Ende. - (340, -, -, -) (-, 459, 476, 493, 510) M.

Nur Größe 2
Rd 57: Alle M re.
Rd 58 (Zun-Rd): (Qfd-R, 28 re, Qfd-R, 29 re, Qfd-R, 28 re) bis zum Ende. 352 M.
Weiter ab »Verkürzte Reihen«.

Nur Größe 6
Rdn 57–60: Alle M re.
Rd 61 (Zun-Rd): Qfd-R, 91 re, (Qfd-R, 92 re) insgesamt 4-mal wdh. 464 M.
Weiter ab »Verkürzte Reihen«.

Nur Größe 7
Rd 57–60: Alle M re.
Rd 61 (Zun-Rd): *Qfd-R, 23 re, (Qfd-R, 24 re) insgesamt 4-mal wdh; ab * bis zum Ende wdh. 496 M.
Weiter ab »Verkürzte Reihen«.

Nur Größe 8

Rd 57–60: Alle M re.
Rd 61 (Zun-Rd): (Qfd-R, 17 re) bis zum Ende. 522 M.
Rd 62–65: Alle M re.
Rd 66 (Zun-Rd): (87 re, Qfd-L) bis zum Ende. 528 M.
Weiter ab »Verkürzte Reihen«.

Nur Größe 9

Rd 57–60: Alle M re.
Rd 61 (Zun-Rd): (Qfd-R, 17 re) bis zum Ende. 540 M.
Rd 62–65: Alle M re.
Rd 66 (Zun-Rd): (27 re, Qfd-L) bis zum Ende. 560 M.
Weiter ab »Verkürzte Reihen«.

Verkürzte Reihen

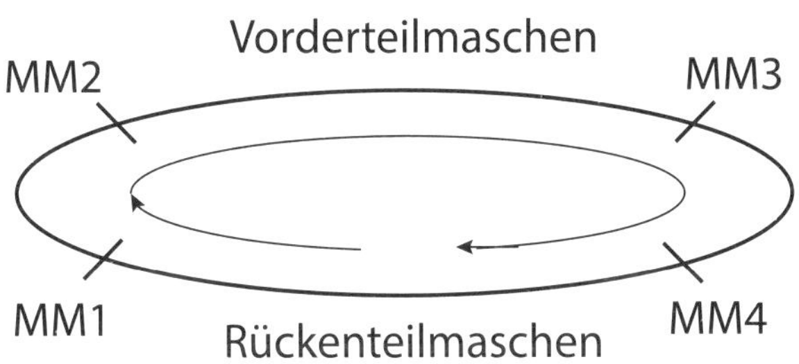

Hinweis: Jede DM als eine M stricken.

Vorbereitungs-Rd: 48 (53, 58, 63, 68) (73, 78, 83, 88) re, MM1s (eindeutig), 68 (70, 74, 76, 80) (86, 92, 98, 104) re, MM2s, 96 (106, 116, 126, 136) (146, 156, 166, 176) re, MM3s, 68 (70, 74, 76, 80) (86, 92, 98, 104) re, MM4s, re bis MM am Rd-Beginn, MMe am Rd-Beginn.
R 1 (HR): Re bis 8 (8, 9, 9, 10) (11, 11, 12, 13) M nach MM1, wenden.
R 2 (RR): Abh+anz, li bis 8 (8, 9, 9, 10) (11, 11, 12, 13) M nach MM4, wenden.
R 3: Abh+anz, re bis 8 (8, 9, 9, 10) (11, 11, 12, 13) M nach DM, wenden.
R 4: Abh+anz, li bis 8 (8, 9, 9, 10) (11, 11, 12, 13) M nach DM, wenden.
R 5–14: R 3–4 noch 5-mal wdh.
R 15: Abh+anz, re bis MM3, MM3v (neuer Rd-Beginn).
Nächste Rd: Alle M re.
Rundpasse fortsetzen
Noch 1 (1, 1, 2, 4) (6, 8, 5, 7) Runde(n) glatt rechts stricken.

Weiter ab »Körperteil und Ärmel trennen« auf Seite 81.

Körperteil

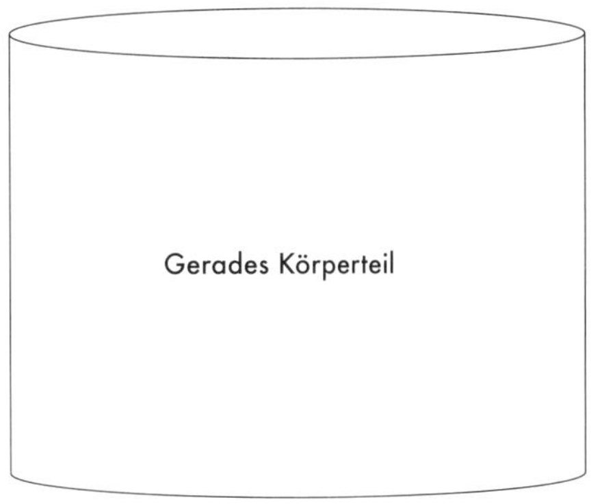

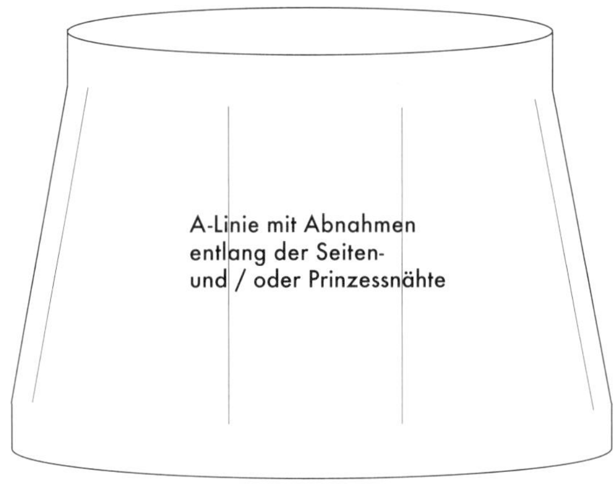

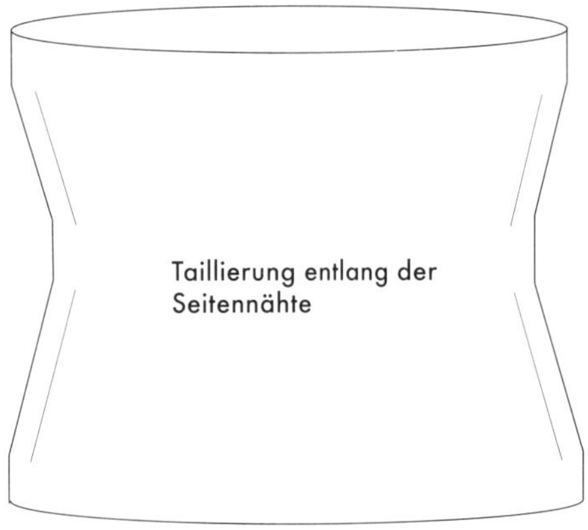

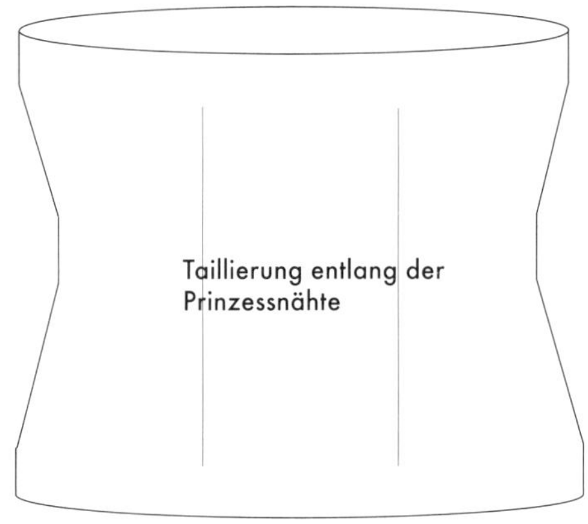

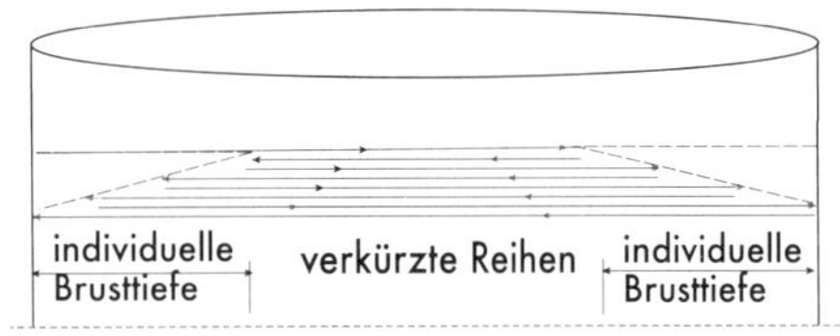

Längenausgleich mit Brustabnähern

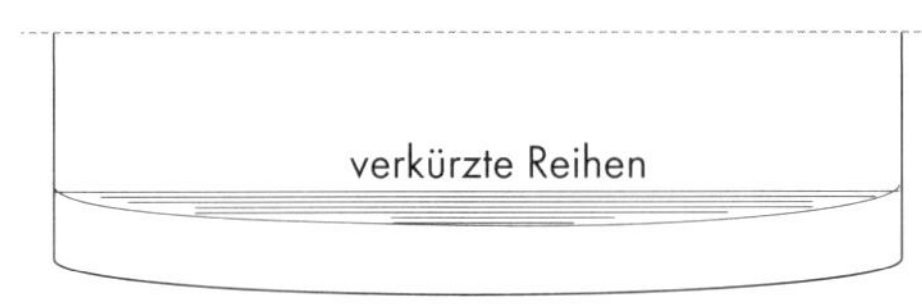

Längenausgleich mit verkürzten Reihen am Vorderteil vor dem Saum

Körperteil und Ärmel trennen (für alle Konstruktionen gleich)

Vorbereitungs-Rd: Die nächsten 68 (70, 74, 76, 80) (86, 92, 98, 104) M für den rechten Ärmel stilllegen, MMe, 2 (3, 4, 5, 6) (7, 8, 9, 10) Unterarm-M aufschlingen, MMs, weitere 2 (3, 4, 5, 6) (7, 8, 9, 10) Unterarm-M aufschlingen, über die 96 (106, 116, 126, 136) (146, 156, 166, 176) Rückenteil-M stricken, MMe, die nächsten 68 (70, 74, 76, 80) (86, 92, 98, 104) M für den linken Ärmel stilllegen, 2 (3, 4, 5, 6) (7, 8, 9, 10) Unterarm-M aufschlingen, MMs, weitere 2 (3, 4, 5, 6) (7, 8, 9, 10) Unterarm-M aufschlingen, über die 96 (106, 116, 126, 136) (146, 156, 166, 176) Vorderteil-M stricken, MMv. 200 (224, 248, 272, 296) (320, 344, 368, 392) M.

Gerades Körperteil

Für ein gerades Körperteil ohne Taillierung weiter in der Runde bis runter zum Saum glatt rechts stricken.

Tailliertes Körperteil

Das Anpassen der Taillierung erfordert Planung. Ein Kleidungsstück mit einer Taillierung wird von der Brust bis zur Taille schmaler und dann von der Taille bis zu den Hüften wieder weiter. Du brauchst drei Breiten- oder Umfangsmaße und zwei Längenmaße. Daraus kannst du dir dann die Maschenzahlen an der Brust, an der Taille und an den Hüften und die Reihenzahlen zwischen Brust und Taillenabnäher sowie zwischen Taille und Hüfte ausrechnen.
Du musst planen, wie dein Pullover von der Brust bis zur Taille innerhalb der Reihenzahl zwischen diesen beiden Maßen schmaler und von der Taille bis zur Hüfte innerhalb der Reihenzahl zwischen diesen beiden Maßen wieder breiter werden soll.

Taillierung entlang der Seitennaht

Beginne in Höhe der Unterbrust und nimm 2–4 Maschen vor und nach den beiden Seitennähten ab, bis du 2,5 cm vor der Taille bist. Stricke 5 cm gerade und fange dann an, im gleichen Abstand von den Seitennähten wie die Abnahmen zuzunehmen. Dann stricke einige Runden ohne Formgebung, bevor du den Saum strickst. Die Anzahl der Abnahmen und Zunahmen hängt von deinen Maßen ab. Arbeite sie in regelmäßigen Abständen.
Eine Beispielrechnung, an der du dich orientieren kannst, findest du in der Anleitung *Akelei* auf Seite 147.

Prinzessnähte

Die Prinzessnähte werden auf die gleiche Weise wie die oben beschriebene Taillierung entlang der Seitennähte geplant, aber die doppelten Zunahmen und die doppelten Abnahmen befinden sich an anderen Stellen deines Pullovers. Anstatt entlang den beiden Seitennähten zu formen, stricke doppelte Ab- und Zunahmen für die Prinzessnähte 2,5 cm unterhalb der Mitte des höchsten Punktes deiner Brüste beginnend, jeweils entlang einer senkrechten Linie am Vorderteil und jeweils ⅓ der Rückenteilbreite von den Seitennähten entfernt, am Rückenteil in einer Runde. Auch hier gilt, an der Taille ebenfalls ohne Formung arbeiten. Bis zu Hüfte werden dann entsprechend doppelte Zunahmen gearbeitet. Die Ab- und Zunahmerunden können weiter auseinander liegen als bei den Seitennähten.

Eine Beispielrechnung, an der du dich orientieren kannst, findest du in der Anleitung *Neottia* auf Seite 107.

A-Linie

Die Formgebung für eine A-Linie beginnt mit Zunahmen im Unterbrustbereich, die entweder ein paar Maschen von jeder Seitennaht entfernt oder entlang der Prinzessnähte gearbeitet werden. Sind viele Zunahmen geplant, empfehle ich, die Zunahmen auf mehrere Stellen zu verteilen, damit der Pullover nicht seitlich absteht und wie ein Kinderkleidchen aussieht. Diese können zusätzlich zu den Zunahmen entlang der Seitennähte auch noch an den Prinzessnähten gearbeitet werden. Mit acht Zunahmen in der Runde wird die zusätzliche Weite besser um den Körper verteilt.

Längenanpassungen mit verkürzten Reihen

Wenn du eine größere Oberweite hast, sitzt die untere Kante des Vorderteils deines Pullovers höher als das Rückenteil. Brustabnäher beheben dieses Problem, indem sie das Vorderteil mit verkürzten Reihen verlängern. Ich verrate dir, wie du welche hinzufügst.

Brustabnäher mit verkürzten Reihen hinzufügen

Wie du misst:
Jeder Körper ist anders, daher ist die Formgebung des Brustabnähers sehr individuell. Die korrekte Passform ist sehr wichtig. Um eine genaue Messung zu gewährleisten, trage Kleidungsstücke, die du normalerweise unter dem Pullover trägst, ziehe einen Gürtel an oder binde dir ein Band fest um deine Taille und lasse eine Freundin die folgenden Maße mit einem flexiblen Maßband messen.

Vorderes Maß (= P): vom obersten Punkt der Schulter bis zum oberen Ende des Gürtels oder des Bandes. Miss gerade nach unten über den höchsten Punkt der Brust auf der Vorderseite.
Rückenmaß (= Q): vom gleichen Punkt an der Oberkante der Schulter gerade nach unten bis zur Oberkante des Gürtels oder des Bandes im Rücken. Die vordere Messung sollte länger sein als die hintere. Wenn das nicht der Fall ist, brauchst du keine Brustabnäher. Die Differenz zwischen den beiden Maßen ist die Höhe des Abnähers (= K).

Stricke nach dem Armausschnitt bis zum höchsten Punkt der Brust. Um die Anzahl der benötigten Runden auszurechnen, brauchst du die Länge Armausschnitt bis Brustabnäher (= M) und die Maschenprobe.

Angenommen, dein Probeläppchen hat eine Maschenprobe von 24 M x 32 R = 10 cm wie bei diesem Pullover, dann multipliziere die entsprechende Höhe mit den 32 R, um die Höhe in Reihen zu erhalten. Das Beispiel verwendet die Maße von Dani. M ist bei ihr 11,5 cm. Das ergibt 11,5 cm x 32 Rd ÷ 10 = 36,8 Rd. Da es nur ganze Runden gibt, sind das 37 Rd für Dani.

Jetzt ermitteln wir die Höhe der Abnäher: Dani misst vorn 45 cm (= P) und hinten 38 cm (= Q). P – Q = K: 45 cm – 38 cm = 7 cm. In Rd ergibt das 7 cm x 32 Rd ÷ 10 cm = 22 Rd (auf die nächste ganze Zahl gerundet). Halbiere diese Zahl, denn jede verkürzte Reihe wird mit einem Paar Reihen gearbeitet: 22 ÷ 2 = 11 Paare verkürzte Reihen (= R). (Wenn du keine ganze Zahl erhältst, runde einfach auf die nächste ganze Zahl ab.) Dies ist die Anzahl der verkürzten Reihenpaare, die du für deine Abnäher stricken wirst.

Halte deinen Arm zur Seite und lasse eine Freundin waagerecht von der Seitennaht bis zum höchsten Punkt (= S) deiner Brust messen. Danis Maß ist 24 cm. 24 cm x 24 M ÷ 10 cm = 58 M. Da es besser aussieht, kurz vor der Spitze aufzuhören, ziehe 3 M ab, also erhalten wir 55 M (= T). Danis Pullover hat 160 M (= U) am Vorderteil. Du hast 55 M (= T) links und rechts, U – (2 x T) = V, für Dani 160 M - (2 x 55 M) = 50 M in der Mitte (= V).

Planung der Abnäher

In unserem Beispiel wird 11-mal (= R) auf jeder Seite gewendet, und du musst dir überlegen, wie du die 55 (= T) Maschen auf beiden Seiten verteilst. Teile die Anzahl der Maschen (T) durch die Anzahl der Wendepunkte auf beiden Seiten (R). Wenn du keine ganze Zahl erhältst, dann runde nach unten ab. In unserem Beispiel mit 55 Maschen: 55 M ÷ 11 = 5 M (= W).

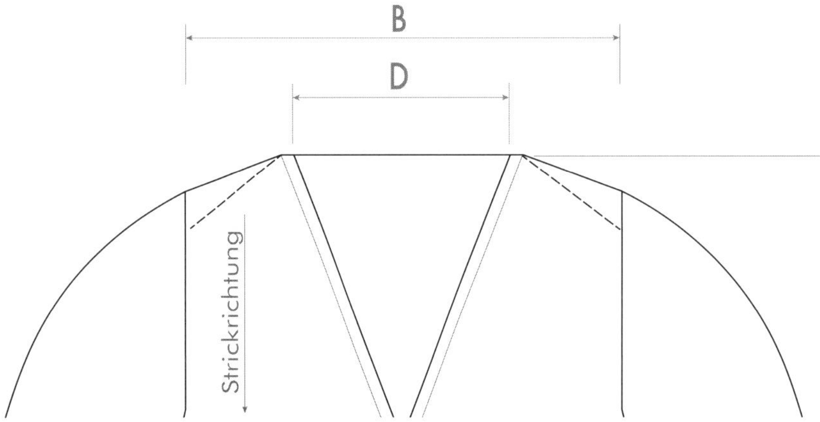

Arbeiten der Abnäher

Wie setzt du nun deinen Plan für den Abnäher um? Stricke von der rechten Seitennaht die berechneten 55 seitlichen M (= T), setze dort einen MM, stricke die berechneten 50 mittleren M (= V), setze dort einen zweiten MM und wende deine Arbeit, um eine Rückreihe zu stricken. Abh+anz, bis zur MM stricken und wenden. Abh+anz, bis zu den berechneten 5 M (= W) zum Wenden nach der Doppelmasche (DM) stricken und wenden. Du arbeitest jetzt weiter in Hin- und Rückreihen, wobei du immer die gleiche kalkulierte Anzahl von M nach der vorherigen DM wendest. Nach insgesamt 22-mal (2 x R) wenden, solltest du auf der Vorderseite deiner Arbeit sein. Stricke bis zur linken Seitennaht, entferne dabei die beiden MM wieder und stricke dann bis zum Rundenbeginn.

P	vordere Länge
Q	hintere Länge
R	Paare verkürzter Reihen
S	Länge Seitennaht bis höchster Brustpunkt
T	Länge Seitennaht bis Beginn Brustabnäher
U	Vorderteil = halber Brustumfang in Maschen
V	Abstand der beiden Brustabnäher in cm
W	Anzahl Maschen bis zum nächsten Wendepunkt

Hier ist ein Rezept in glatt rechts, dem du folgen kannst. Setze einfach deine Zahlen für die Buchstaben ein:

Verkürzte R 1 (HR): T re, MMs, V re, MMs, wenden.
Verkürzte R 2 (RR): Abh+anz, li bis MM, wenden.
Verkürzte R 3: Abh+anz, re bis W nach der DM, wenden.
Verkürzte R 4: Abh+anz, li bis W nach der DM, wenden.
Verkürzte R 5 – (2 x R): R 3–4 noch (R – 2)-mal wdh.
Nächste Rd: Abh+anz, (re bis MM, MMe) insgesamt 2-mal wdh, re bis zum Ende der Rd, MMv.

Hier ist die Anleitung für unser Beispiel glatt rechts: Beginne an der rechten Seitennaht.
Verkürzte R 1 (HR): 55 re, MMs, 50 re, MMs, wenden.
Verkürzte R 2 (RR): Abh+anz, li bis MM, wenden.
Verkürzte R 3: Abh+anz, re bis 5 M nach der DM, wenden.
Verkürzte R 4: Abh+anz, li bis 5 M nach der DM, wenden.
Verkürzte R 5–22: R 3–4 noch 9-mal wdh.
Nächste Rd: Abh+anz, (re bis MM, MMe) 2-mal wdh, re bis zum Ende der Rd, MMv.
Jetzt kannst du deine eigenen Maße wie beschrieben nehmen und deine eigenen Brustabnäher berechnen.

Verkürzte Reihen vor dem Saum hinzufügen

Eine andere Möglichkeit, mehr Länge an deinem Vorderteil zu gewinnen, ist das Stricken von verkürzten Reihen vor dem Saum. Wie du die benötigte zusätzliche Länge berechnest, erfährst du unter »Brustabnäher mit verkürzten Reihen hinzufügen« auf Seite 83.

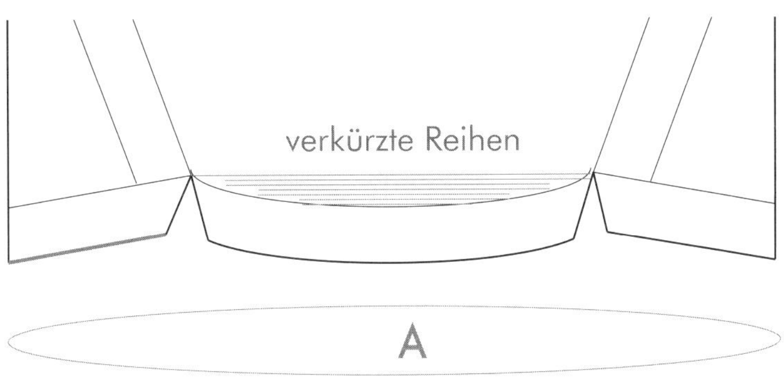

Angenommen, dein Probeläppchen hat eine Maschenprobe von 24 M x 32 R = 10 cm, wie bei diesem Pullover, dann multipliziere die entsprechende Höhe mit den 32 R, um die Höhe in Reihen zu erhalten.
Zum Beispiel ist Claudias Vorderteilmaß 45 cm, und ihr Rückenteilmaß ist 40 cm, was eine Differenz von 5 cm ergibt. 5 cm x 32 R ÷ 10 = 16 R (auf die nächste ganze Zahl gerundet). Halbiere diese Zahl, denn jede verkürzte Reihe wird mit einem Paar Reihen gearbeitet: 16 ÷ 2 = 8 Paare verkürzte Reihen. (Wenn du keine ganze Zahl erhältst, runde einfach auf die nächste ganze Zahl ab.) Dies ist die Anzahl der verkürzten Reihenpaare, die du stricken musst, um das Vorderteil um 5 cm zu verlängern.
Wähle für die verkürzten Reihen eine Anzahl von M, die mindestens ⅓ der vorderen Breite entsprechen. Bei mehr als 100 M kannst du bis auf ½ der vorderen Breite hochgehen. In unserem Beispiel mit 86 M, die wir verlängern wollen, würde ich 30 M in der Mitte und je 28 M links und rechts wählen.

Die verkürzten Reihen planen:
In unserem Beispiel gibt es auf jeder Seite 8 Wendepunkte, und du musst dir überlegen, wie du die 28 Maschen, die du auf jeder Seite der mittleren 30 M hast, verteilst. Teile die Anzahl der Maschen (28) durch die Anzahl der Wendepunkte (8). Das Ergebnis ist wahrscheinlich keine ganze Zahl. In unserem Beispiel mit 28 Maschen sind das 28 M ÷ 8 Reihen = 3,5 M. Diese Zahl kannst du entweder abrunden oder du beginnst mit dem Aufrunden für die ersten zwei oder vier verkürzten Reihen und gehst dann um 1 M für die restlichen verkürzten Reihen runter.
Anders als bei den Brustabnähern, strickst du zunächst über fast alle M, und deine Reihen werden jedes Mal um die von dir berechnete Anzahl kürzer, bis nur noch die gewählte Anzahl von M in der Mitte verbleibt.
Dann strickst du über alle M, wobei du die beiden Beinchen jeder Doppelmasche (DM) als eine M zusammenstrickst.

Hier ist die vollständige Anleitung für das Beispiel:
Verkürzte R 1 (HR): Re bis zu den letzten 4 M, wenden.
Verkürzte R 2 (RR): Abh+anz, li bis zu den letzten 4 M, wenden.
Verkürzte R 3: Abh+anz, re bis 3 M vor der DM, wenden.
Verkürzte R 4: Abh+anz, li bis 3 M vor der DM, wenden.
Verkürzte Reihen 5–16: R 3–4 noch 6-mal wdh.
R 17: Abh+anz, jede DM als eine M stricken, re bis zum Ende.
Beginne den Saum.

Die Ärmel

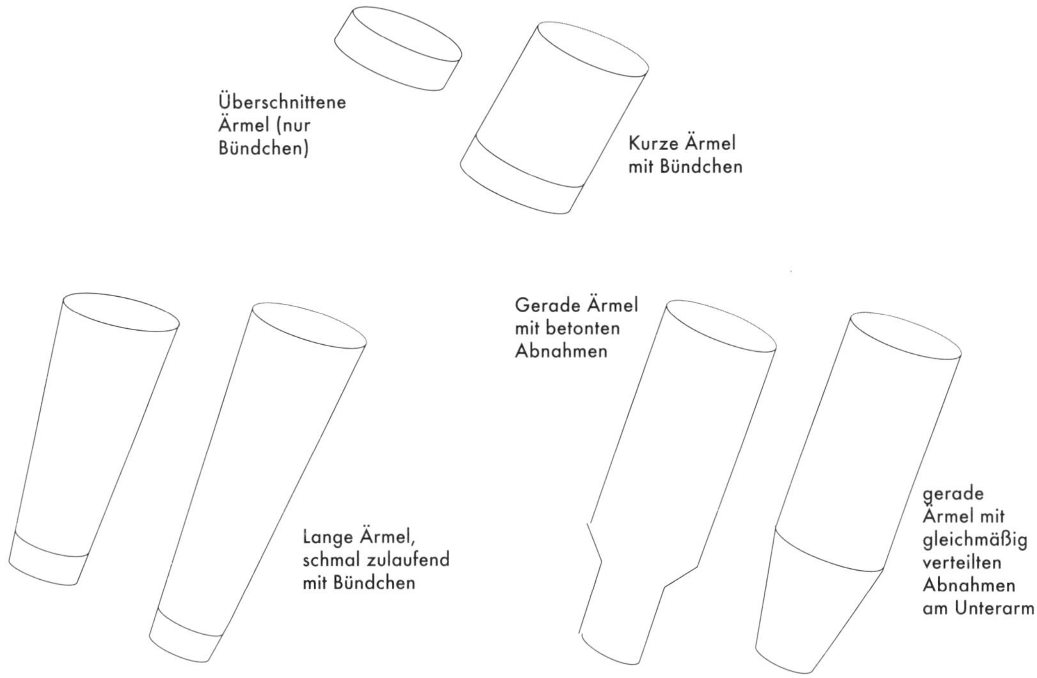

Ärmel-Vorbereitungsrunde für alle Optionen

Nimm die stillgelegten 68 (70, 74, 76, 80) (86, 92, 98, 104) Ärmel-M auf die von dir für das Arbeiten von kurzen Umfängen bevorzugte 3,25-mm-Nadel. Setze den Faden am Körperteil in der Mitte der Unterarm-M an und nehme daraus 2 (3, 4, 5, 6) (7, 8, 9, 10) M auf und stricke sie ab, nimm dann mit der rechten Nadelspitze 1 M aus der Lücke zwischen Körperteil und Ärmel auf, hebe diese M auf die linke Nadel und stricke sie mit der ersten Ärmel-M rechts zusammen. Stricke dann die Ärmel-M bis auf die letzte ab, hebe diese von der rechten auf die linke Nadel, nimm dann mit der rechten Nadelspitze 1 M aus der Lücke zwischen Ärmel und Körperteil auf und stricke diese beiden Maschen in die hinteren Maschenbeine zusammen. Fahre fort und nimm weitere 2 (3, 4, 5, 6) (7, 8, 9, 10) M aus den Unterarm-M des Körperteils auf und stricke sie ab. 72 (76, 82, 86, 92) (100, 108, 116, 124) M.
Setze einen MM für den Rd-Beginn.

Überschnittene Ärmel

Wenn du keine kurzen Ärmel oder überhaupt keine Ärmel stricken möchtest, kannst du deinen Pullover auch mit sogenannten überschnittenen Ärmel stricken. Stricke dazu einfach die Anzahl Rdn, die du für das Bündchen haben möchtest, in einem Strickmuster, das zum Saum deines Pullovers passt. Alle M in der nächsten Rd abketten, wie sie erscheinen.
Faden abschneiden.

Kurze Ärmel

Miss die Länge deines Oberarms, beginnend in der Achselhöhle bis zu deiner gewünschten Länge. Berechne die Anzahl der Runden, einschließlich des Bündchens.
Entscheide dich für deine gewünschte Länge in Rdn für das Bündchen und ziehe sie von der berechneten Anzahl der Gesamt-Rdn ab. Stricke glatt rechts, bis du diese Anzahl an Rdn erreicht hast, und fahre mit deinem Bündchen fort.

Hinweis: Ein Ärmel, der in einer Linie mit deiner Brust endet, betont diese. Wenn du das vermeiden möchtest, wähle eine Ärmellänge, die kürzer oder länger ist.

Dreiviertellange, schmaler werdende Ärmel

Miss die Länge deines Oberarms, beginnend in der Achselhöhle bis zu deiner gewünschten Länge. Berechne die Anzahl der Runden, einschließlich des Bündchens.

Hinweis: Ein Ärmel, der in einer Linie mit deiner Taille / deines Bauches endet, betont diese / diesen. Wenn du das vermeiden möchtest, wähle eine Ärmellänge, die kürzer oder länger ist.

Stricke die erste Option für lange Ärmel – schmal zulaufende Ärmel bis zu deiner gewünschten Länge bis zum Bündchen. Stricke das Bündchen ohne weitere Abnahmen in einem Strickmuster, das mit dem Saum deines Pullovers übereinstimmt, in der gewünschten Länge. Alle M in der nächsten Rd abketten, wie sie erscheinen. Faden abschneiden.

Lange Ärmel

Erste Option für lange, schmal zulaufende Ärmel
Stricke 30 (31, 25, 25, 19) (26, 37, 29, 21) Rdn glatt rechts.
Nächste Rd (Abn): 1 re, 2 re-verschr-zus, re bis 3 M vor MM, 2 re-zus, 1 re, MMv. 70 (74, 80, 84, 90) (98, 106, 114, 122) M.
Stricke 6 (5, 5, 5, 5) (4, 3, 3, 3) Rdn glatt rechts.

Nächste Rdn: Die letzten 7 (6, 6, 6, 6) (5, 4, 4, 4) Rdn noch 12 (14, 15, 15, 16) (18, 20, 22, 24)-mal wdh. 46 (46, 50, 54, 58) (62, 66, 70, 74) M.
Nächste Rd (Abn): 1 re, 2 re-verschr-zus, re bis 3 M vor MM, 2 re-zus, 1 re, MMv. 44 (44, 48, 52, 56) (60, 64, 68, 72) M.
Rdn 1–26: (2 re, 2 li) bis MM, MMv.
Alle M in der nächsten Rd abketten, wie sie erscheinen.
Faden abschneiden.

Zweite Option für lange Ärmel – Gerade Ärmel mit betonten Abnahmen
Stricke 106 (105, 104, 104, 104) (103, 102, 101, 100) Rdn glatt rechts.
Nächste Rd (Abn): 5 (5, 6, 6, 7) (8, 9, 10, 11) re, MMs, 2 re-zus, 22 (24, 25, 27, 28) (30, 32, 34, 36) re, 2 re-verschr-zus, MMs, 10 (10, 12, 12, 14) (16, 18, 20, 22) re, MMs, 2 re-zus, 22 (24, 25, 27, 28) (30, 32, 34, 36) re, 2 re-verschr-zus, MMs, 5 (5, 6, 6, 7) (8, 9, 10, 11) re.
Nächste Rd (Abn): Re bis MM, MMv, 2 re-zus, re bis 2 M vor MM, 2 re-verschr-zus, MMv, re bis MM, MMv, 2 re-zus, re bis 2 M vor MM, 2 re-verschr-zus, MMv, re bis zum Ende.
Nächste Rdn (Abn): Die letzte Rd noch 5 (6, 7, 7, 7) (8, 9, 10, 11)-mal wdh. 44 (44, 46, 50, 56) (60, 64, 68, 72) M.
Weiter glatt rechts in der Rd stricken, bis der Ärmel insgesamt 46 cm misst oder die gewünschte Länge erreicht ist.
In der nächsten Rd alle M abketten. Faden abschneiden.

Dritte Option für lange Ärmel – gerade Ärmel mit gleichmäßig verteilten Abnahmen am Unterarm
Rdn 1–91: Alle M re.
Achtung: In den folgenden Abn-Rdn (ab Rd 92), sind bei manchen Größen keine re M mehr vor dem MM, dann einfach nur MMv.

Rd 92 (Abn): (8 re, 2 re-zus) 7-mal, (7, 8, 8, 9) (10, 10, 11, 12), re bis MM, MMv. 65 (69, 74, 78, 83) (90, 98, 105, 112) M.
Rdn 93–101: Rd 1 noch 9-mal wdh.
Rd 102 (Abn): (7 re, 2 re-zus) 7-mal wdh, (7, 8, 8, 9) (10, 10, 11, 12), re bis MM, MMv. 58 (62, 66, 70, 74) (80, 88, 94, 100) M.
Rdn 103–111: Rd 1 noch 9-mal wdh.
Rd 112 (Abn): (6 re, 2 re-zus) 7-mal wdh, (7, 8, 8, 9) (10, 11, 11, 12), re bis MM, MMv. 51 (55, 58, 62, 65) (70, 77, 83, 88) M.
Rdn 113–121: Rd 1 noch 9-mal wdh.
Rd 122 (Abn): (5 re, 2 re-zus) 7-mal wdh, (7, 8, 8, 9) (10, 11, 11, 12), re bis MM, MMv. 44 (48, 50, 54, 56) (60, 66, 72, 76) M.
Nächste Rdn: Alle M re für weitere 20 (9, 9, 20, 20) (20, 9, 9, 9) Rdn.

Nur Größen 1, 4, 5 und 6
Weiter ab »Alle Größen«.

Nur Größen 2, 8 und 9
Rd 132 (Abn): [4 re, 2 re-zus, re - (6, -, -, -) (-, -,12, 12)] insgesamt 4-mal, - (0, -, -, -) (-, -, 6, 12) re, MMv. - (44, -, -, -) (-, -, 68, 72) M.
Rdn 133–142: Alle M re.
Weiter ab »Alle Größen«.

Nur Größen 3 und 7
Rd 132 (Abn): - (-, 23, -, -) (-, 31, -, -) re, 2 re-zus] 2-mal, MMv. - (-, 48, -, -) (-, 64, -, -) M.
Rdn 133–142: Alle M re.
Weiter ab »Alle Größen«.

Alle Größen
Rd 143: Alle M li.
Rd 144: Alle M re.
In der nächsten Rd alle M abketten. Faden abschneiden.

Angestrickte Ausschnittblenden

Die Rundpasse und der Pullover mit Sattelschulter werden von Beginn in der Runde gestrickt, und das ermöglicht dir, die Ausschnittblende zu arbeiten, und du sparst dir die Zeit, später Maschen aufnehmen zu müssen. Die anderen drei Schulterkonstruktionen werden zunächst in Hin- und Rückreihen gestrickt und die Arbeit erst zur Runde geschlossen, wenn der Vorderteilausschnitt fertiggestellt wurde. Für diese musst du Maschen um das Halsloch aufnehmen und eine Ausschnittblende anstricken.

Ausschnittblende für den zusammengesetzten Raglanpullover

Setze den Faden an der Ausschnittkante zu Beginn des rechten Ärmels an und nimm mit der 3-mm-Rundstricknadel 10 (10, 12, 12, 14) (14, 14, 16, 16) neue M entlang des rechten Ärmels auf. Nimm weitere 46 (46, 48, 48, 50) (52, 56, 56, 60) M entlang der Rückenausschnittkante auf, weitere 10 (10, 12, 12, 14) (14, 14, 16, 16) M entlang des linken Ärmels und 54 (54, 56, 56, 58) (60, 64, 64, 68) aus der Kante des Vorderteilausschnittes auf und stricke sie rechts ab, MMs, schließe die Arbeit zur Runde. 120 (120, 128, 128, 136) (140, 148, 152, 160) M.
Rd 1: Alle M li.
Kontrolliere die Fadenspannung und kette in der nächsten Runde alle M links ab. Prüfe, ob die Ausschnittblende über deinen Kopf passt. Wenn ja, schneide den Faden ab. Wenn nicht, kette lockerer ab und prüfe erneut.

Ausschnittblende für den Pullover mit eingesetztem Ärmel

Setze den Faden an der rechten Kante des Rückenteilausschnittes an und nimm mit der 3,25-mm-Rundstricknadel 46 (44, 46, 46, 48) (50, 50, 54, 54) M entlang des Rückenteilausschnittes auf und stricke sie rechts ab. Nimm weitere neue M aus der Vorderteilausschnittkante wie folgt auf: 10 (10, 13, 13, 16) (16, 20, 23, 23) M aus 13 (13, 17, 17, 21) (21, 27, 31, 31) R des senkrechten Teils, 1 M jeweils aus den 12 Zunahme-M des Vorderteils, je 1 M aus den 23 (21, 23, 23, 25) (27, 27, 31, 31) aufgeschlungenen M, je 1 M aus den 11 Zunahme-M und weitere 10 (10, 13, 13, 16) (16, 20, 23, 23) M aus 13 (13, 17, 17, 21) (21, 27, 31, 31) R, MMs, die Arbeit zur Runde schließen. 110 (110, 118, 118, 128) (132, 140, 154, 154) M.
Rd 1: Alle M li.
Kontrolliere die Fadenspannung und kette in der nächsten Runde alle M links ab. Prüfe, ob die Ausschnittblende über deinen Kopf passt. Wenn ja, schneide den Faden ab. Wenn nicht, kette lockerer ab und prüfe erneut.

Ausschnittblende für den Contiguous-Pullover

Setze den Faden an der rechten Kante des Rückenteilausschnittes an und nimm mit der 3-mm-Rundstricknadel 58 (60, 62, 66, 68) (68, 68, 68, 68) M entlang des Rückenteilausschnittes auf und stricke sie rechts ab. Nimm weitere M aus der Vorderteilausschnittkante wie folgt auf und stricke sie rechts ab: 7 (7, 9, 9, 10) (11, 11, 11, 11) M aus 11 (11, 13, 13, 15) (17, 17, 17, 17) R des senkrechten Teils, 1 M aus den 8 (8, 10, 10, 12) (12, 12, 14, 14) Zunahme-M des Vorderteils, je 1 M aus den 35 (37, 35, 39, 37) (39, 43, 43, 47) aufgeschlungenen M, je 1 M aus 7 (7, 9, 9, 11) (11, 11, 13, 13) Zunahme-M und weitere 7 (7, 9, 9, 10) (11, 11, 11, 11) M aus 11 (11, 13, 13, 15) (17, 17, 17, 17) R, MMs, die Arbeit zur Runde schließen. 122 (126, 134, 142, 148) (152, 156, 160, 164) M.
Rd 1: Alle M li.
Kontrolliere die Fadenspannung und kette in der nächsten Runde alle M links ab. Prüfe, ob die Ausschnittblende über deinen Kopf passt. Wenn ja, schneide den Faden ab. Wenn nicht, kette lockerer ab und prüfe erneut.

Fertigstellung

Alle Fäden vernähen.
Den Pullover ins Waschbecken oder eine große Schüssel mit lauwarmem Wasser legen und entspannen lassen. Vorsichtig durchwaschen und überschüssiges Wasser abstreifen.
Dann auf ein großes Badehandtuch legen, das Handtuch mit dem Pullover einrollen und auswringen. Den Pullover in Form ziehen, alle Kanten glatt streichen und liegend trocknen lassen.

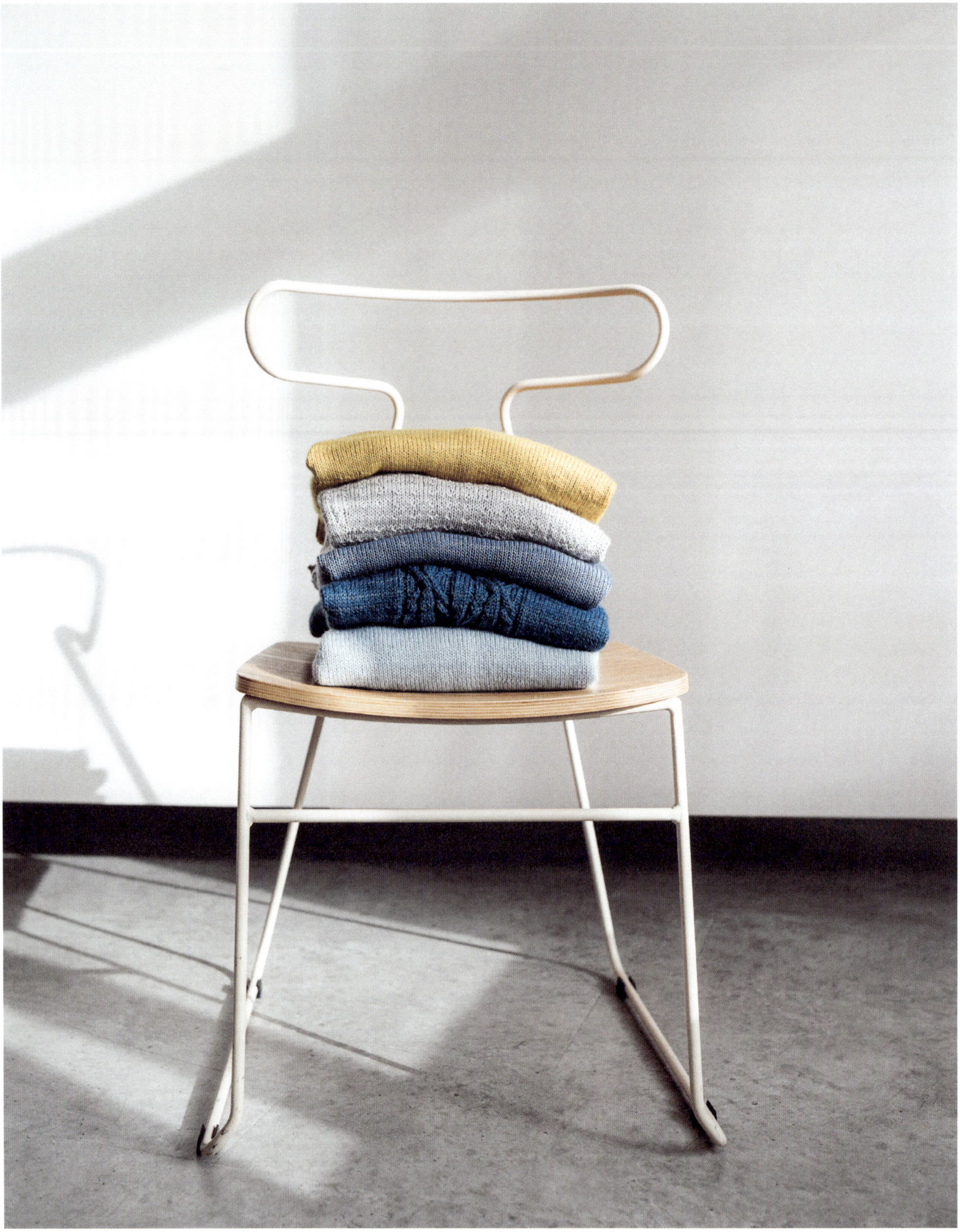

Körperformgerechte Strickanleitungen

Die Schwierigkeitsgrade

• •

Ambitionierte Anfänger: Du hast schon einmal einen Pullover gestrickt und verkürzte Reihen jagen dir keine Angst ein.

• • •

Fortgeschrittene: Du hast schon einige Pullover gestrickt, kannst Strickschriften lesen und Techniken wie Zöpfe stricken, machen dir Spaß.

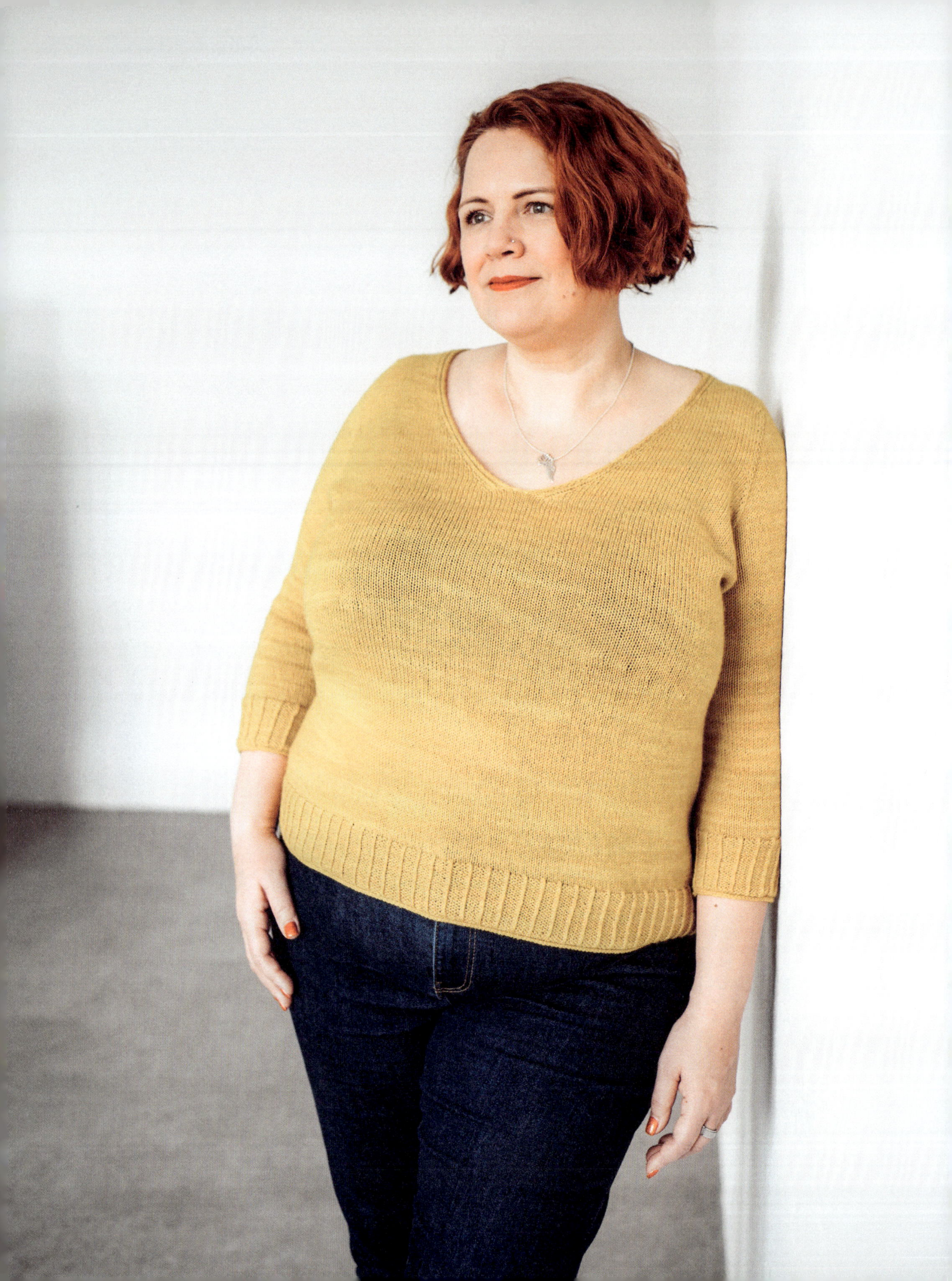

Modell Mimose

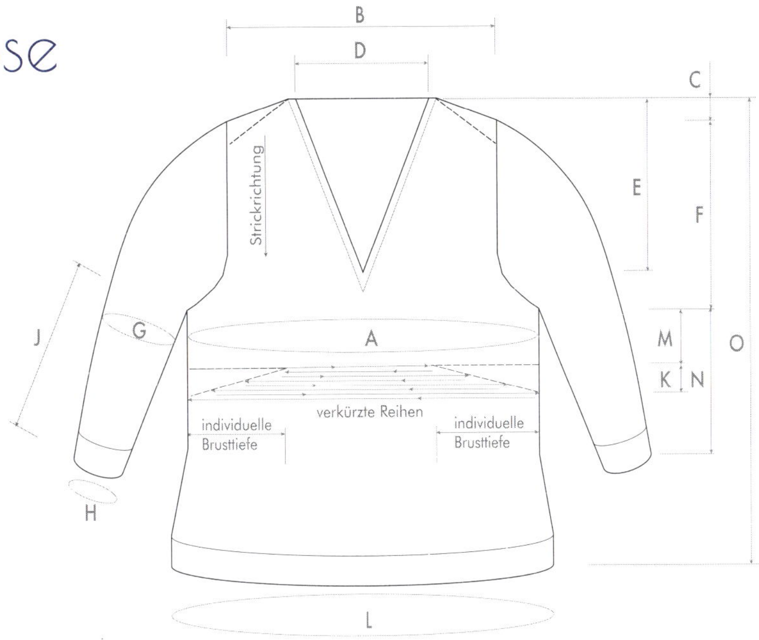

Größe Fertigmaße	1	2	3	4	5	Dani	6	7	8	9
A – Brustumfang	83,5 cm	93,5 cm	103,5 cm	113,5 cm	123,5 cm	133,5 cm	133,5 cm	143,5 cm	153,5 cm	163,5 cm
B – Schulterweite	31 cm	31,5 cm	34 cm	36 cm	38,5 cm	36 cm	41 cm	42,5 cm	44 cm	46 cm
C – Tiefe der Schulterschräge	2 cm	2,5 cm	3 cm	3 cm	3,5 cm	3 cm	4 cm	4 cm	4 cm	4,5 cm
D – Ausschnittweite	19 cm	18,5 cm	19 cm	19 cm	20 cm	19 cm	21 cm	21 cm	22,5 cm	22,5 cm
E – Tiefe des V-Ausschnittes	18,5 cm	18,5 cm	18,5 cm	18,5 cm	20,5 cm	18,5 cm	20,5 cm	22 cm	22 cm	22 cm
F – Tiefe des Armausschnittes	19 cm	20 cm	20.5 cm	21 cm	22 cm	23 cm	23 cm	25 cm	27 cm	28 cm
G – Umfang des Oberarms	30 cm	31,5 cm	34 cm	36 cm	38,5 cm	41,5 cm	41,5 cm	45 cm	48,5 cm	51,5 cm
H – Ärmelbündchen (bei ¾ Länge)	21,5 cm	23,5 cm	26,5 cm	28,5 cm	30 cm	31,5 cm	31,5 cm	35 cm	36,5 cm	40 cm
J – Ärmellänge (bei ¾ Länge)	33 cm	33 cm	33 cm	33 cm	33 cm	33 cm	33 cm	33 cm	33 cm	33 cm
K – Tiefe der Brustabnäher	Bitte miss die individuelle Tiefe für deine Brustabnäher und berechne die verkürzten Reihen wie ab Seite 83 beschrieben.					7 cm	Bitte miss die individuelle Tiefe für deine Brustabnäher und berechne die verkürzten Reihen wie ab Seite 83 beschrieben.			
L – Hüftumfang	Bitte miss deinen individuellen Hüftumfang und addiere die gewünschte Mehrweite					140 cm	Bitte miss deinen individuellen Hüftumfang und addiere die gewünschte Mehrweite			
M – Länge Armausschnitt bis Brustabnäher	Bitte miss deine individuelle Länge					11,5 cm	Bitte miss deine individuelle Länge			
N – Länge Armausschnitt bis Beginn der Hüfte	Bitte miss deine individuelle Länge					20 cm	Bitte miss deine individuelle Länge			
O – Gesamtlänge	Ich empfehle, eine Länge zu wählen, die mind. 5 cm vor der breitesten Stelle deiner Hüfte endet					61 cm	Ich empfehle, eine Länge zu wählen, die mind. 5 cm vor der breitesten Stelle deiner Hüfte endet			

Anleitung Mimose

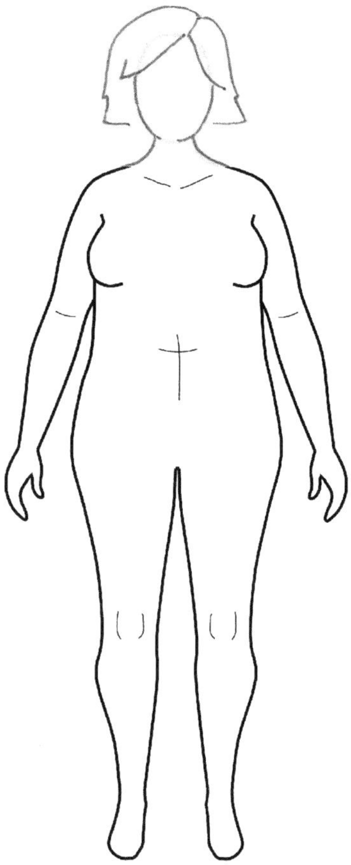

Mimose ist meiner lieben Freundin Dani gewidmet, die gelegentlich als Plus-Größe-Model arbeitet und deren Lieblingsfarbe Gelb ist. Also habe ich für sie einen Pullover entworfen, der ihre Kurven umspielt und nicht versteckt. Der Pullover wird nahtlos von oben nach unten gearbeitet. Die eingesetzten Ärmel werden gleichzeitig mit dem Körperteil gearbeitet. *Mimose* hat einen großzügigen V-Ausschnitt mit einer schmalen Ausschnittblende mit verkreuzten Maschen, die ebenfalls gleichzeitig mit dem Körperteil gearbeitet wird – so musst du später keine Maschen aufnehmen. Dani hat eine große Oberweite, was dazu führt, dass die Unterkante des Vorderteils höher sitzt als das Rückenteil. Deshalb habe ich mich entschieden, Brustabnäher mit verkürzten Reihen hinzuzufügen, um dieses Problem zu lösen. Die Länge des Pullovers endet, bevor die breiteste Stelle an der Hüfte erreicht wird, somit wird der Blick nicht auf die Hüfte, sondern auf das schöne Dekolleté gelenkt. Die dreiviertellangen Ärmel hören vor der Hüfte auf und treten somit optisch zurück.

Mimose beinhaltet Danis Pullover als Beispiel für eine individuelle angepasste Strickanleitung. Es gibt Erklärungen, die dir zeigen, wie ich die Anpassungen vorgenommen habe, damit du sie nachvollziehen und auf deine Maße anwenden kannst.

Größen

1 (2, 3, 4) (5, Dani, 6) (7, 8, 9) mit einem Fertigmaß von 83,5 (93,5, 103,5, 113,5) (123,5, 133,5, 133,5) (143,5, 153,5, 163,5) cm um die Brust

Ich habe Mimose für 0–5 cm Mehrweite um den Körper entworfen.

Danis Pullover hat die Schulterweite von Größe 4, die Armlochtiefe von Größe 6, sowie den Brustumfang von Größe 6 (mit 1 cm Mehrweite). Die übrigen Maße entsprechen auch Größe 6.

Garn

Mme. Benoir Deluxe Fingering, 100 % feine Merinowolle, 400 m/100 g

Danis Pullover ist in Farbe »ninety five« gestrickt.

Garnverbrauch

3 (3, 3, 3) (4, 4, 4) (4, 4, 5) Stränge oder ca. 940 (1010, 1080, 1160) (1240, 1250, 1320) (1420, 1540, 1660) m eines Wollgarnes, mit dem die angegebene Maschenprobe erreicht wird.

Jeder strickt unterschiedlich, deshalb ist die angegebene Lauflänge als Schätzung anzusehen.

Maschenprobe

24 M x 32 R = 10 cm glatt rechts und im Rippenmuster (dehnt sich beim Tragen) mit Nadelstärke 3,25 mm gestrickt, gewaschen und gespannt gemessen.

Es empfiehlt sich, die Maschenprobe zu überprüfen und gegebenenfalls die Nadelgröße anzupassen, um die angegebene Maschenprobe zu erhalten.

Stricknadeln

3,25-mm-Rundstricknadeln, 40 und 80 cm lang

3,25-mm-Nadelspiel für die Ärmel, wenn du nicht mit der Magic-Loop-Methode strickst

Zubehör

6 Maschenmarkierer, Wollnadel, Restgarn zum Maschenstilllegen, sowie Sicherheitsnadel und ein Schneidermaßband, um deine eigenen Maße zu nehmen

Verwendete Techniken

Kreuzanschlag, Maschen aufschlingen,
rechte und linke Maschen,
1 re-verschr, 1 li-verschr, 1 abh-Fdh, 2 abh-Fdv
Zunahmen: Qfd-L, Qfd-L(li), Qfd-R, Qfd-R(li)
Abnahmen: 2 re-zus, 2 re-verschr-zus
verkürzte Reihen mit Doppelmaschen (German Short Rows),
Unterarmmaschen aufnehmen, Standardabnahmemethode

Strickmuster

Glatt rechts (in Reihen)

R 1 (HR): Alle M re.

R 2 (RR): Alle M li.

Glatt rechts (in Runden)

Rd 1 und alle weiteren Rdn: Alle M re.

Rippenmuster (in Reihen), Maschenzahl teilbar durch 4

R 1 (HR): 1 li, 1 re-verschr, (3 li, 1 re-verschr) bis zu den letzten 2 M, 2 li.

R 2 (RR): 2 re, 1 li-verschr, (3 re, 1 li-verschr) bis zur letzten M, 1 re.

Rippenmuster (in Runden), Maschenzahl teilbar durch 4

Rd 1 und alle weiteren Rdn: 1 li, 1 re-verschr, (3 li, 1 re-verschr) bis zu den letzten 2 M, 2 li.

Anmerkungen

Bitte nimm deine Körpermaße, bevor du eine Größe auswählst.
Ich empfehle dir, mit einer Größe zu beginnen, die deiner Schulterbreite entspricht (bitte hier KEINE Mehrweite einrechnen), und dann die Strickanleitung auf der Grundlage deiner Armlochtiefe, deines Brustumfanges und deines Oberarmumfangs anzupassen. Du kannst auch einen aktuellen Pullover, der dir gut passt und die gleiche Konstruktion hat, als Vorlage verwenden, um deine Größe zu wählen. Du kannst die Mehrweite für deinen Pullover selbst bestimmen. Für die Armausschnitte ergeben 1,5–2,5 cm Mehrweite in der Regel eine gute Passform. Für die Ärmel sind 2,5–5 cm eine gute Faustregel, und für den Körper sind 5–15 cm Mehrweite sehr beliebt. Wenn ein Oberteil körpernäher entworfen wurde, ist das im Abschnitt Größen erwähnt.
Um die Passform anzupassen, miss bitte von der Schulter am Halsausschnitt bis zur Oberweite sowie bis zur schmalsten und breitesten Stelle zwischen linker und rechter Seite (Naht) am Körper. So erhältst du die Längen, die du benötigst, um individuelle Änderungen an der Strickanleitung vorzunehmen. Binde dir dann ein Band oder einen Faden um deine Taille, parallel zum Boden, und miss von der höchsten Stelle deiner Schulter den Rücken hinunter bis zu dieser Linie. Miss dann vom gleichen Punkt auf der Vorderseite über die Brust bis zu dieser Linie. Die Differenz zwischen diesen beiden Zahlen ist die Anzahl der Zentimeter, um die dein Vorderteil beim Tragen kürzer ist. Wenn du Brustabnäher hinzufügen möchtest, benötigst du ein weiteres Maß: Die Länge von der Seitennaht bis zur Brustwarze ist wichtig, um die Platzierung der Brustabnäher zu berechnen.

Anleitung

Der Pullover beginnt am hinteren Ausschnitt, und dann werden beidseitig Zunahmen für die Schulterschrägen gearbeitet. Als Nächstes werden die Vorderteilmaschen aus den schrägen Zunahmemaschen aufgenommen und gestrickt.

Rückenteil

Mit der 3,25-mm-Rundnadel 46 (44, 46, 46) (48, 46, 50) (50, 54, 54) M anschlagen. Ich habe den Kreuzanschlag verwendet.
Vorbereitungs-R (RR): Alle M li.
R 1 (Zun, HR): 1 re, Qfd-L, re bis zur letzten M, Qfd-R, 1 re. 48 (46, 48, 48) (50, 48, 52) (52, 56, 56) M.
R 2 (Zun, RR): 1 li, Qfd-R(li), li bis zur letzten M, Qfd-L(li), 1 li. 50 (48, 50, 50) (52, 50, 54) (54, 58, 58) M.
Nächste R: R 1–2 noch 6 (7, 8, 9) (10, 9, 11) (12, 12, 13)-mal wdh. 74 (76, 82, 86) (92, 86, 98) (102, 106, 110) M.
Faden abschneiden und Maschenstilllegen.

Rechtes Vorderteil

Drehe das Rückenteil so, dass die Anschlagskante mit der Vorderseite nach oben liegt. Setze den Faden am unteren rechten Ende der Schräge des Rückenteils wieder an und nimm 14 (16, 18, 20) (22, 20, 24) (26, 26, 28) M für die rechte Schulter auf, je 1 M aus jeder Reihe der Schräge. Die Arbeit wenden.

Vorbereitungs-R (RR): Alle M li.
R 1 (Zun, HR): 8 (10, 12, 14) (16, 14, 18) (20, 20, 22) re, Qfd-R, MMs, 1 li, 1 re-verschr, 2 li, 2 re. 15 (17, 19, 21) (23, 21, 25) (27, 27, 29) M.
R 2 (RR): 2 abh-Fdv, 2 re, 1 li-verschr, 1 re, MMv, li bis zum Ende.
R 3: Re bis MM, MMv, 1 li, 1 re-verschr, 2 li, 2 re.
R 4 (Zun): 2 abh-Fdv, 2 re, 1 li-verschr, 1 re, MMv, Qfd-R(li), li bis zum Ende: 16 (18, 20, 22) (24, 22, 26) (28, 28, 30) M.
R 5: Re bis MM, MMv, 1 li, 1 re-verschr, 2 li, 2 re.
R 6: 2 abh-Fdv, 2 re, 1 li-verschr, 1 re, MMv, li bis zum Ende.
R 7 (Zun): Re bis MM, Qfd-R, MMv, 1 li, 1 re-verschr, 2 li, 2 re. 17 (19, 21, 23) (25, 23, 27) (29, 29, 31) M.
R 8: 2 abh-Fdv, 2 re, 1 li-verschr, 1 re, MMv, li bis zum Ende.
Nächste R: R 3–8 noch 1 (1, 2, 2) (3, 2, 3) (3, 3, 3)-mal wdh. 19 (21, 25, 27) (31, 27, 33) (35, 35, 37) M.

Nur Größen 1, 2, 8 und 9

Nächste R: R 3–6 noch 1-mal wdh. 20 (22, -, -) (-, -, -) (-, 36, 38) M.

Faden abschneiden und Maschenstilllegen.

Nur Größen 3–5, Dani und 6

Faden abschneiden und Maschenstilllegen.

Nur Größe 7

Nächste R: R 3–4 noch 1-mal wdh. 36 M.

Faden abschneiden und Maschenstilllegen.

Linkes Vorderteil

Setze den Faden am oberen Ende der Schräge auf der linken Schulter wieder an und nehme 14 (16, 18, 20) (22, 20, 24) (26, 26, 28) M auf, 1 M aus jeder Reihe der Schräge. Die Arbeit wenden.

Vorbereitungs-R (RR): Alle M li.

R 1 (Zun, HR): 2 re, 2 li, 1 re-verschr, 1 li, MMv, Qfd-L, re bis zum Ende. 15 (17, 19, 21) (23, 21, 25) (27, 27, 29) M.

R 2: Li bis MM, MMv, 1 re, 1 li-verschr, 2 re, 2 abh-Fdv.

R 3: 2 re, 2 li, 1 re-verschr, 1 li, MMv, re bis zum Ende.

R 4 (Zun): Li bis MM, Qfd-L(li), MMv, 1 re, 1 li-verschr, 2 re, 2 abh-Fdv. 16 (18, 20, 22) (24, 22, 26) (28, 28, 30) M.

R 5: 2 re, 2 li, 1 re-verschr, 1 li, MMv, re bis zum Ende.

R 6: Li bis MM, MMv, 1 re, 1 li-verschr, 2 re, 2 abh-Fdv.

R 7 (Zun): 2 re, 2 li, 1 re-verschr, 1 li, MMv, Qfd-L, re bis zum Ende. 17 (19, 21, 23) (25, 23, 27) (29, 29, 31) M.

R 8: Li bis MM, MMv, 1 re, 1 li-verschr, 2 re, 2 abh-Fdv.

Nächste R: R 3–8 noch 1 (1, 2, 2) (3, 2, 3) (3, 3, 3)-mal wdh. 19 (21, 25, 27) (31, 27, 33) (35, 35, 37) M.

Nur Größen 1, 2, 8 und 9

Nächste R: R 3–6 noch 1-mal wdh. 20 (22, -, -) (-, -, -) (-, 36, 38) M.

Faden nicht abschneiden. Weiter mit »Rücken- und Vorderteile verbinden und Ärmelmaschen aufnehmen«.

Nur Größen 3–5, Dani und 6

Faden nicht abschneiden. Weiter mit »Rücken- und Vorderteile verbinden und Ärmelmaschen aufnehmen«.

Nur Größe 7

Nächste R: R 3–4 noch 1-mal wdh. 36 M.

Faden nicht abschneiden. Weiter mit »Rücken- und Vorderteile verbinden und Ärmelmaschen aufnehmen«.

Rücken- und Vorderteile verbinden und Ärmelmaschen aufnehmen

Nur Größen 1, 2, 8 und 9

Vorbereitungs-R 1 (Zun, HR): 2 re, 2 li, 1 re-verschr, 1 li, MMv, Qfd-L, re bis zum Ende, MMs, 14 (14, -, -) (-, -, -) (-, 24, 24) M aus der Kante des linken Vorderteil aufnehmen (ca. 3 M aus 4 R), MMs, die stillgelegten Rückenteil-M auf die Nadel nehmen und abstricken, MMs, 14 (14, -, -) (-, -, -) (-, 24, 24) M aus der Kante des rechten Vorderteils aufnehmen (ca. 3 M aus 4 R), MMs, die stillgelegten rechten Vorderteil-M auf die Nadel nehmen, re bis MM, Qfd-R, MMv, 1 li, 1 re-verschr, 2 li, 2 re.

144 (150, -, -) (-, -, -) (-, 228, 236) M.

Vorbereitungs-R 2 (RR): 2 abh-Fdv, 2 re, 1 li-verschr, 1 re, MMv, li bis MM, MMv, 1 re, 1 li-verschr, 2 re, 2 abh-Fdv.

Vorbereitungs-R 3 (Zun Ärmel): 2 re, 2 li, 1 re-verschr, 1 li, MMv, re bis MM, MMv, 1 re, Qfd-L, re bis 1 M vor MM, Qfd-R, 1 re, MMv, re bis MM, MMv, 1 re, Qfd-L, re bis 1 M vor MM, Qfd-R, 1 re, MMv, re bis MM, MMv, 1 li, 1 re-verschr, 2 li, 2 re.

148 (154, -, -) (-, -, -) (-, 232, 240) M.

Weiter mit »Alle Größen«.

Nur Größen 3–5, Dani und 6

Vorbereitungs-R (HR): 2 re, 2 li, 1 re-verschr, 1 li, MMv, re bis zum Ende, MMs, - (-, 16, 16) (20, 16, 20) (-, -, -) M aus der Kante des linken Vorderteils aufnehmen (ca. 3 M aus 4 R), MMs, die stillgelegten Rückenteil-M auf die Nadel nehmen und abstricken, MMs, - (-, 16, 16) (20, 16, 20) (-, -, -) M aus der Kante des rechten Vorderteils aufnehmen (ca. 3 M aus 4 R), MMs, die stillgelegten rechten Vorderteil-M auf die Nadel nehmen, re bis MM, MMv, 1 li, 1 re-verschr, 2 li, 2 re.

- (-, 164, 172) (194, 172, 204) (-, -, -) M.

Weiter mit »Alle Größen«.

Nur Größe 7

Vorbereitungs-R 1 (HR): 2 re, 2 li, 1 re-verschr, 1 li, MMv, re bis zum Ende, MMs, 22 M aus der Kante des linken Vorderteils aufnehmen (ca. 3 M aus 4 R), MMs, die stillgelegten Rückenteil-M auf die Nadel nehmen und abstricken, MMs, 22 M aus der Kante des rechten Vorderteils aufnehmen (ca. 3 M aus 4 R), MMs, die stillgelegten rechten Vorderteil-M auf die Nadel nehmen, re bis MM, MMv, 1 li, 1 re-verschr, 2 li, 2 re. 218 M.

Vorbereitungs-R 2 (RR): 2 abh-Fdv, 2 re, 1 li-verschr, 1 re, MMv, li bis zur letzten MM, MMv, 1 re, 1 li-verschr, 2 re, 2 abh-Fdv.
Vorbereitungs-R 3 (Zun Ärmel und Ausschnitt): 2 re, 2 li, 1 re-verschr, 1 li, MMv, Qfd-L, re bis MM, MMv, 1 re, Qfd-L, re bis 1 M vor MM, Qfd-R, 1 re, MMv, re bis MM, MMv, 1 re, Qfd-L, re bis 1 M vor MM, Qfd-R, 1 re, MMv, re bis MM, Qfd-R, MMv, 1 li, 1 re-verschr, 2 li, 2 re. - (-, -, -) (-, -, -) (224, -, -) M.
Vorbereitungs-R 4: 2 abh-Fdv, 2 re, 1 li-verschr, 1 re, MMv, li bis zur letzten MM, MMv, 1 re, 1 li-verschr, 2 re, 2 abh-Fdv.
Vorbereitungs-R 5 (Zun Ärmel): 2 re, 2 li, 1 re-verschr, 1 li, MMv, re bis MM, MMv, 1 re, Qfd-L, re bis 1 M vor MM, Qfd-R, 1 re, MMv, re bis MM, MMv, 1 re, Qfd-L, re bis 1 M vor MM, Qfd-R, 1 re, MMv, re bis MM, MMv, 1 li, 1 re-verschr, 2 li, 2 re.
- (-, -, -) (-, -, -) (228, -, -) M.
Weiter mit »Alle Größen«.

Alle Größen
R 1 (Zun Ausschnitt, RR): 2 abh-Fdv, 2 re, 1 li-verschr, 1 re, MMv, Qfd-R(li), li bis zur letzten MM, Qfd-L(li), MMv, 1 re, 1 li-verschr, 2 re, 2 abh-Fdv. 150 (156, 166, 174) (196, 174, 206) (230, 234, 242) M.
R 2 (Zun Ärmel): 2 re, 2 li, 1 re-verschr, 1 li, MMv, re bis MM, MMv, 1 re, Qfd-L, re bis 1 M vor MM, Qfd-R, 1 re, MMv, re bis MM, MMv, 1 re, Qfd-L, re bis 1 M vor MM, Qfd-R, 1 re, MMv, re bis MM, MMv, 1 li, 1 re-verschr, 2 li, 2 re.
154 (160, 170, 178) (200, 178, 210) (234, 238, 246) M.
R 3: 2 abh-Fdv, 2 re, 1 li-verschr, 1 re, MMv, li bis zur letzten MM, MMv, 1 re, 1 li-verschr, 2 re, 2 abh-Fdv.
R 4 (Zun Ärmel und Ausschnitt): 2 re, 2 li, 1 re-verschr, 1 li, MMv, Qfd-L, re bis MM, MMv, 1 re, Qfd-L, re bis 1 M vor MM, Qfd-R, 1 re, MMv, re bis MM, MMv, 1 re, Qfd-L, re bis 1 M vor MM, Qfd-R, 1 re, MMv, re bis MM, Qfd-R, MMv, 1 li, 1 re-verschr, 2 li, 2 re. 160 (166, 176, 184) (206, 184, 216) (240, 244, 252) M.
R 5: 2 abh-Fdv, 2 re, 1 li-verschr, 1 re, MMv, li bis zur letzten MM, MMv, 1 re, 1 li-verschr, 2 re, 2 abh-Fdv.
R 6 (Zun Ärmel): 2 re, 2 li, 1 re-verschr, 1 li, MMv, re bis MM, MMv, 1 re, Qfd-L, re bis 1 M vor MM, Qfd-R, 1 re, MMv, re bis MM, MMv, 1 re, Qfd-L, re bis 1 M vor MM, Qfd-R, 1 re, MMv, re bis MM, MMv, 1 li, 1 re-verschr, 2 li, 2 re.
164 (170, 180, 188) (210, 188, 220) (244, 248, 256) M.
R 7–30: R 1–6 noch 4-mal wdh. 228 (234, 244, 252) (274, 252, 284) (308, 312, 320) M.
R 31–34: R 1–4 noch 1-mal wdh. 240 (246, 256, 264) (286, 264, 296) (320, 324, 332) M.
R 35 (Zun Körperteil und Ausschnitt): 2 abh-Fdv, 2 re, 1 li-verschr, 1 re, MMv, Qfd-R(li), li bis MM, Qfd-L(li), MMv, li bis MM, MMv, Qfd-R(li), li bis MM, Qfd-L(li), MMv, li bis MM, MMv, Qfd-R(li), li bis MM, Qfd-L(li), MMv, 1 re, 1 li-verschr, 2 re, 2 abh-Fdv.
246 (252, 262, 270) (292, 270, 302) (326, 330, 338) M.

Nur Größen 1–5, Dani, 6 und 8–9
R 36 (Zun Ärmel und Ausschnitt): 2 re, 2 li, 1 re-verschr, 1 li, MMv, Qfd-L, re bis MM, MMv, 1 re, Qfd-L, re bis 1 M vor MM, Qfd-R, 1 re, MMv, re bis MM, MMv, 1 re, Qfd-L, re bis 1 M vor MM, Qfd-R, 1 re, MMv, re bis MM, Qfd-R, MMv, 1 li, 1 re-verschr, 2 li, 2 re. 252 (258, 268, 276) (298, 276, 308) (-, 336, 344) M.
R 37 (Zun Körperteil und Ausschnitt): 2 abh-Fdv, 2 re, 1 li-verschr, 1 re, MMv, Qfd-R(li), li bis MM, Qfd-L(li), MMv, li bis MM, MMv, Qfd-R(li), li bis MM, Qfd-L(li), MMv, li bis MM, MMv, Qfd-R(li), li bis MM, Qfd-L(li), MMv, 1 re, 1 li-verschr, 2 re, 2 abh-Fdv. 258 (264, 274, 282) (304, 282, 314) (-, 342, 350) M.

Nur Größe 7
R 36 (Zun Ärmel): 2 re, 2 li, 1 re-verschr, 1 li, MMv, re bis MM, MMv, 1 re, Qfd-L, re bis 1 M vor MM, Qfd-R, 1 re, MMv, re bis MM, MMv, 1 re, Qfd-L, re bis 1 M vor MM, Qfd-R, 1 re, MMv, re bis MM, MMv, 1 li, 1 re-verschr, 2 li, 2 re. 330 M.
R 37 (Zun Körperteil und Ausschnitt): 2 abh-Fdv, 2 re, 1 li-verschr, 1 re, MMv, Qfd-R(li), li bis MM, Qfd-L(li), MMv, Li bis MM, MMv, Qfd-R(li), li bis MM, Qfd-L(li), MMv, Li bis MM, MMv, Qfd-R(li), li bis MM, Qfd-L(li), MMv, 1 re, 1 li-verschr, 2 re, 2 abh-Fdv. 336 M.

Arbeit zur Runde schließen

Nur Größen 1, 3, 4, 6 und 8–9
Verbindungs-R (Zun Ärmel und Ausschnitt): 2 re, 2 li, 1 re-verschr, 1 li, MMe, Qfd-L, re bis MM, MMv, 1 re, Qfd-L, re bis 1 M vor MM, Qfd-R, 1 re, MMv, re bis MM, MMv, 1 re, Qfd-L, re bis 1 M vor MM, Qfd-R, 1 re, MMv, re bis MM, Qfd-R, MMe, 1 li, 1 re-verschr, 2 li, 1 re, 1 abh-Fdh, die Arbeit zur Runde schließen und die letzte M auf die linke Nadel heben, die zweite M auf der linken Nadel durch das hintere Maschenglied abstricken, dabei aufpassen, die erste Masche nicht fallen zu lassen, dann die erste M auf der Nadel stricken und beide M von der Nadel schieben, re bis MM, MMv, re bis MM, MMv (= neuer Rd-Beginn). 264 (-, 280, 288) (-, -, 320) (-, 348, 356) M.

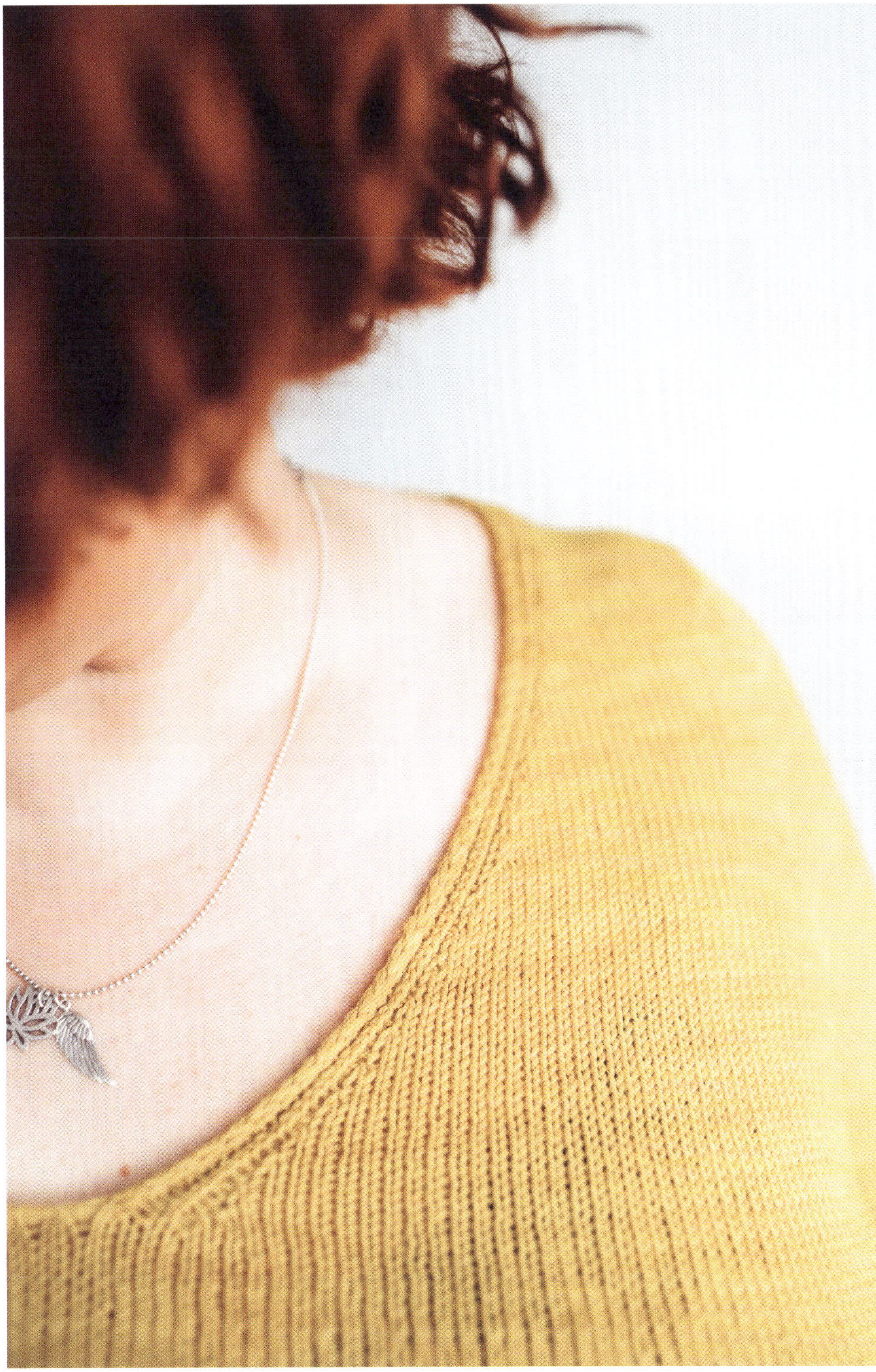

Nur Größen 2, 5 und 7

Verbindungs-R (Zun Ärmel): 2 re, 2 li, 1 re-verschr, 1 li, MMe, re bis MM, MMv, 1 re, Qfd-L, re bis 1 M vor MM, Qfd-R, 1 re, MMv, re bis MM, MMv, 1 re, Qfd-L, re bis 1 M vor MM, Qfd-R, 1 re, MMv, re bis MM, MMe, 1 li, 1 re-verschr, 2 li, 1 re, 1 abh-Fdh, die Arbeit zur Runde schließen und die letzte M auf die linke Nadel heben, die zweite M auf der linken Nadel durch das hintere Maschenglied abstricken, dabei aufpassen, die erste Masche nicht fallen zu lassen, dann die erste M auf der Nadel stricken und beide M von der Nadel schieben, re bis MM, MMv, re bis MM, MMv (= neuer Rd-Beginn). - (268, -, -) (308, -, -) (340, -, -) M.

Nur Größe Dani

Verbindungs-R (Zun Körperteil, Ärmel und Ausschnitt): 2 re, 2 li, 1 re-verschr, 1 li, MMe, Qfd-L, re bis MM, Qfd-R, MMv, 1 re, Qfd-L, re bis 1 M vor MM, Qfd-R, 1 re, MMv, Qfd-L, re bis MM, Qfd-R, MMv, 1 re, Qfd-L, re bis 1 M vor MM, Qfd-R, 1 re, MMv, Qfd-L, re bis MM, Qfd-R, MMe, 1 li, 1 re-verschr, 2 li, 1 re, 1 abh-Fdh, die Arbeit zur Runde schließen und die letzte M auf die linke Nadel heben, die zweite M auf der linken Nadel durch das hintere Maschenglied abstricken, dabei aufpassen, die erste Masche nicht fallen zu lassen, dann die erste M auf der Nadel stricken und beide M von der Nadel schieben, re bis MM, MMv, re bis MM, MMv (= neuer Rd-Beginn). 292 M.

Nur Größen 1–4 und 6–9

Rd 1 (Zun Körperteil): *Qfd-L, re bis MM, Qfd-R, MMv, re bis MM, MMv; ab * noch 1-mal wdh. 268 (272, 284, 292) (-, -, 324) (344, 352, 360) M.

Rd 2 (Zun Ärmel): *re bis MM, MMv, 1 re, Qfd-L, re bis 1 M vor MM, Qfd-R, 1 re, MMv; ab * noch 1-mal wdh. 272 (276, 288, 296) (-, -, 328) (348, 356, 364) M.

Nächste Rdn: Rd 1–2 noch 3 (2, 3, 2) (-, -, 2) (0, 3, 4)-mal wdh. 296 (292, 312, 312) (-, -, 344) (348, 380, 396) M.

Nur Größen 2–5, Dani, 6–9

Nächste Rd (Zun Körperteil): *Qfd-L, re bis MM, Qfd-R, MMv, re bis MM, MMv; ab * noch 1-mal wdh. - (296, 316, 316) (312, 296, 348) (352, 384, 400) M.

Nächste Rd (Zun Körperteil und Ärmel): *Qfd-L, re bis MM, Qfd-R, MMv, 1 re, Qfd-L, re bis 1 M vor MM, Qfd-R, 1 re, MMv; ab * noch 1-mal wdh. - (304, 324, 324) (320, 304, 356) (360, 392, 408) M.

Nächste Rdn: Die letzten beiden Rd noch - (1, 1, 3) (5, 7, 4) (7, 7, 7)-mal wdh. - (316, 336, 360) (380, 388, 404) (444, 476, 492) M.

Alle Größen

Nächste Rd (Zun Körperteil und Ärmel): *Qfd-L, re bis MM, Qfd-R, MMv, 1 re, Qfd-L, re bis 1 M vor MM, Qfd-R, 1 re, MMv; ab * noch 1-mal wdh. 304 (324, 344, 368) (388, 396, 412) (452, 484, 500) M.

Nächste Rdn: Die letzte Rd noch 2 (1, 2, 2) (3, 6, 4) (3, 3, 5)-mal wdh. 320 (332, 360, 384) (412, 444, 444) (476, 508, 540) M.

Nur Größen 2–5, Dani und 6–9

Nächste Rd (Zun Körperteil 2-mal und Ärmel): *Qfd-L, 1 re, Qfd-L, re bis 1 M vor MM, Qfd-R, 1 re, Qfd-R, MMv, 1 re, Qfd-L, re bis 1 M vor MM, Qfd-R, 1 re, MMv; ab * noch 1-mal wdh. - (344, 372, 396) (424, 456, 456) (488, 520, 552) M.

Körperteil und Ärmel trennen

Alle Größen

Nächste Rd (Zun Körperteil 2-mal): Qfd-L, 1 re, Qfd-L, re bis 1 M vor MM, Qfd-R, 1 re, Qfd-R, MMe, die nächsten 68 (70, 74, 76) (80, 86, 86) (92, 98, 104) M für den rechten Ärmel stilllegen, MMe, 2 (3, 4, 5) (6, 7, 7) (8, 9, 10) Unterarm-M aufschlingen, MMs, noch 2 (3, 4, 5) (6, 7, 7) (8, 9, 10) weitere Unterarm-M aufschlingen, Qfd-L, 1 re, Qfd-L, re bis MM, Qfd-R, 1 re, Qfd-R, MMe, die nächsten 68 (70, 74, 76) (80, 86, 86) (92, 98, 104) M für den linken Ärmel stilllegen, MMe, 2 (3, 4, 5) (6, 7, 7) (8, 9, 10) Unterarm-M aufschlingen, MMs, noch 2 (3, 4, 5) (6, 7, 7) (8, 9, 10) weitere Unterarm-M aufschlingen, re bis MM (= neuer Rd-Beginn an der rechten Seitennaht), MMv. 200 (224, 248, 272) (296, 320, 320) (344, 368, 392) M.

Körperteil

Der Pullover hat ein gerades Körperteil mit Brustabnähern und Hüftzunahmen. Natürlich kannst du jede beliebige Körperteilform stricken, z.B. eine Taillierung oder eine A-Linie.
40 (40, 39, 37) (40, 37, 39) (37, 33, 29) Runden oder bis zur gewünschten Länge vom Armausschnitt bis zum höchsten Punkt der Brust glatt rechts stricken.

Wenn du eine größere Oberweite hast, sitzt die untere Kante des Vorderteils deines Pullovers höher als beim Rückenteil. Brustabnäher beheben dieses Problem, indem sie das Vorderteil mit verkürzten Reihen verlängern. Deshalb findest du auf den Seiten 83 und 84 eine Beschreibung für die Berechnung der Brustabnäher für Danis Pulli und eine Anleitung, in der du deine eigenen gemessenen Werte eintragen kannst. Damit erhältst du deine individuellen Brustabnäher.

Nachdem die Brustabnäher beendet sind, stricke 27 Rd (das sind 9 cm, die Dani benötigt) oder bis zu der Stelle, an der die Zunahmen für die Hüfte beginnen sollen.

Danis Hüftumfang einschließlich Mehrweite ist 140 cm. Ihr Körperumfang einschließlich Mehrweite beträgt 133,5 cm. 140 cm – 133,5 cm = 6,5 cm. Bei 24 M/10 cm erhält man 6,5 cm x 24 M ÷ 10 cm = 15,6 M, die auf 16 M aufgerundet werden. Die Länge zwischen dem Ausgangspunkt für die Hüftzunahmen bis zum Punkt ohne weitere Zunahmen beträgt 7,5 cm x 32 Reihen ÷ 10 cm = 24 Runden. Für das Beispiel musst du die 16 M in 24 Runden zunehmen, das sind 4 Zunahmerunden (weil du in einer Runde an beiden Seitennähten vorn und hinten zunimmst = 4 Zunahme-M). Um die 4 Zunahmerunden in regelmäßigen Abständen zu arbeiten, rechnest du wie folgt: 24 Runden geteilt durch 4 ergibt 6 Runden, also arbeitest du jede 6. Runde eine Zunahmerunde.

Dies ist die Anleitung für Danis Maße:

Rd 1 (Zun): *2 re, Qfd-L, re 2 M bis MM, Qfd-R, 2 re, MMv; ab * noch 1-mal wdh. 324 M.

Rdn 2–6: Alle M re.

Rdn 7–24: Die Rdn 1–6 noch 3-mal wdh. 336 M.

Da das Rippenmuster für den Saum eine Maschenzahl benötigt, die ein Vielfaches von 4 Maschen ist, musst du zusätzliche Zunahmen arbeiten, wenn deine Maschenzahl davon abweicht. Du kannst die Hüftzunahmen leicht an deine individuellen Maße anpassen. Nimm das Maß deines Hüftumfangs (inkl. Mehrweite) und ziehe davon das Maß des Körperteilumfang ab und multipliziere das Ergebnis dann mit deiner Maschenprobe. Die Höhe zwischen diesen beiden Punkten multipliziert mit der Maschenprobe und geteilt durch 10 cm, ergibt die Anzahl der Runden die du für die Zunahmen brauchst.

Saum

Rdn 1–20: 1 li, 1 re-verschr, (3 li, 1 re-verschr) bis zu den 2 M, 2 li.
Alle M wie zum Rechtsstricken in der nächsten Runde abketten. Faden abschneiden.

Dreiviertel lange Ärmel (beide gleich)

Nimm die stillgelegten 68 (70, 74, 76) (80, 86, 86) (92, 98, 104) Ärmel-M auf die von dir für das Arbeiten von kurzen Umfängen bevorzugte 3,25-mm-Nadel. Setze den Faden am Körperteil in der Mitte der Unterarm-M an und nehme daraus 2 (3, 4, 5) (6, 7, 7) (8, 9, 10) M auf und stricke sie ab. Nimm dann mit der rechten Nadelspitze 1 M aus der Lücke zwischen Körperteil und Ärmel auf, hebe diese M auf die linke Nadel und stricke sie mit der ersten Ärmel-M rechts zusammen. Stricke dann die Ärmel-M bis auf die letzte, hebe diese von der rechten auf die linke Nadel, nimm dann mit der rechten Nadelspitze 1 M aus der Lücke zwischen Ärmel und Körperteil auf und stricke diese beiden Maschen in die hinteren Maschenbeine zusammen. Fahre fort und nimm weitere 2 (3, 4, 5) (6, 7, 7) (8, 9, 10) M aus den Unterarm-M des Körperteils auf und stricke sie ab. 72 (76, 82, 86) (92, 100, 100) (108, 116, 124) M.
Setze einen MM für den Rd-Beginn.

Stricke 16 (16, 23, 23) (16, 14, 14) (14, 16, 16) Runden glatt rechts.
Nächste Rd (Abn): 1 re, 2 re-zus, re bis 3 M vor MM, 2 re-verschr-zus, 1 re, MMv. 70 (74, 80, 84) (90, 98, 98) (106, 114, 122) M.
Stricke 6 (6, 6, 6) (6, 5, 5) (5, 4, 4) Runden glatt rechts.
Wiederhole die letzten 7 (7, 7, 7) (7, 6, 6) (6, 5, 5) Runden noch 9 (9, 8, 8) (9, 11, 11) (11, 13, 13)-mal. 52 (56, 64, 68) (72, 76, 76) (84, 88, 96) M.
Rdn 1–20: 1 li, 1 re-verschr, (3 li, 1 re-verschr) bis 2 M vor MM, 2 li, MMv.
Alle M wie zum Rechtsstricken in der nächsten Runde abketten. Faden abschneiden.

Fertigstellung

Alle Fäden vernähen.
Den Pullover ins Waschbecken oder eine Schüssel mit lauwarmem Wasser legen und entspannen lassen. Vorsichtig durchwaschen und überschüssiges Wasser abstreifen. Dann auf ein großes Badehandtuch legen, das Handtuch mit dem Pullover einrollen und ausdrücken. Den Pullover in Form ziehen, alle Kanten sanft glattstreichen und liegend trocknen lassen.

Dani und ihr Pullover mit eingesetzten Ärmeln

Was hast du gedacht, als ich dir mein Buchkonzept vorgestellt und dich gefragt habe, ob du dabei mitmachen möchtest?

Dani: Yeahh ... Endlich passende Oberteile und klar, mache ich mit.

Welche Erfahrungen hast du mit Oberteilen gemacht, die du zuvor für dich gestrickt hast?

Dani: Leider haben die Oberteile oft nicht hundertprozentig gepasst. Durch meine schmalen Schultern und der großen Oberweite hing ich immer zwischen den Größen.

Was bedeutet eine gute Passform für dich?

Dani: Der Pullover rutscht mir nicht von der Schulter und bildet keine großen Falten am Ärmel.

Inwiefern hat sich deine Einstellung zum Thema Passform geändert, nachdem du deinen Pullover nach der für dich entworfenen Anleitung gestrickt hast?

Dani: Ich kenne nun die für mich passende Passform und werde versuchen, die Tricks, die ich gelernt habe, mit in meine neuen Strickstücke einfließen zu lassen.

Wie fühlst du dich in deinem neuen Pullover?

Dani: Sehr wohl. Er sitzt genau richtig an der Schulter, ist nicht zu eng oder zu weit, er passt einfach.

Welche Reaktionen aus deinem Umfeld hast du zu deinem neuen Pullover bekommen?

Dani: »Der sitzt ja gut«, »Genau dein Schnitt« ... also bisher nur positive.

Was nimmst du für dich für das Stricken deiner nächsten Pullover mit?

Dani: Wie ich Anleitungen adaptieren und auf mich anpassen kann.

Welchen guten Rat kannst du den Leserinnen des Buches geben?

Dani: Traut euch. Habt Mut für etwas Neues – gerade für uns »große« Größen!

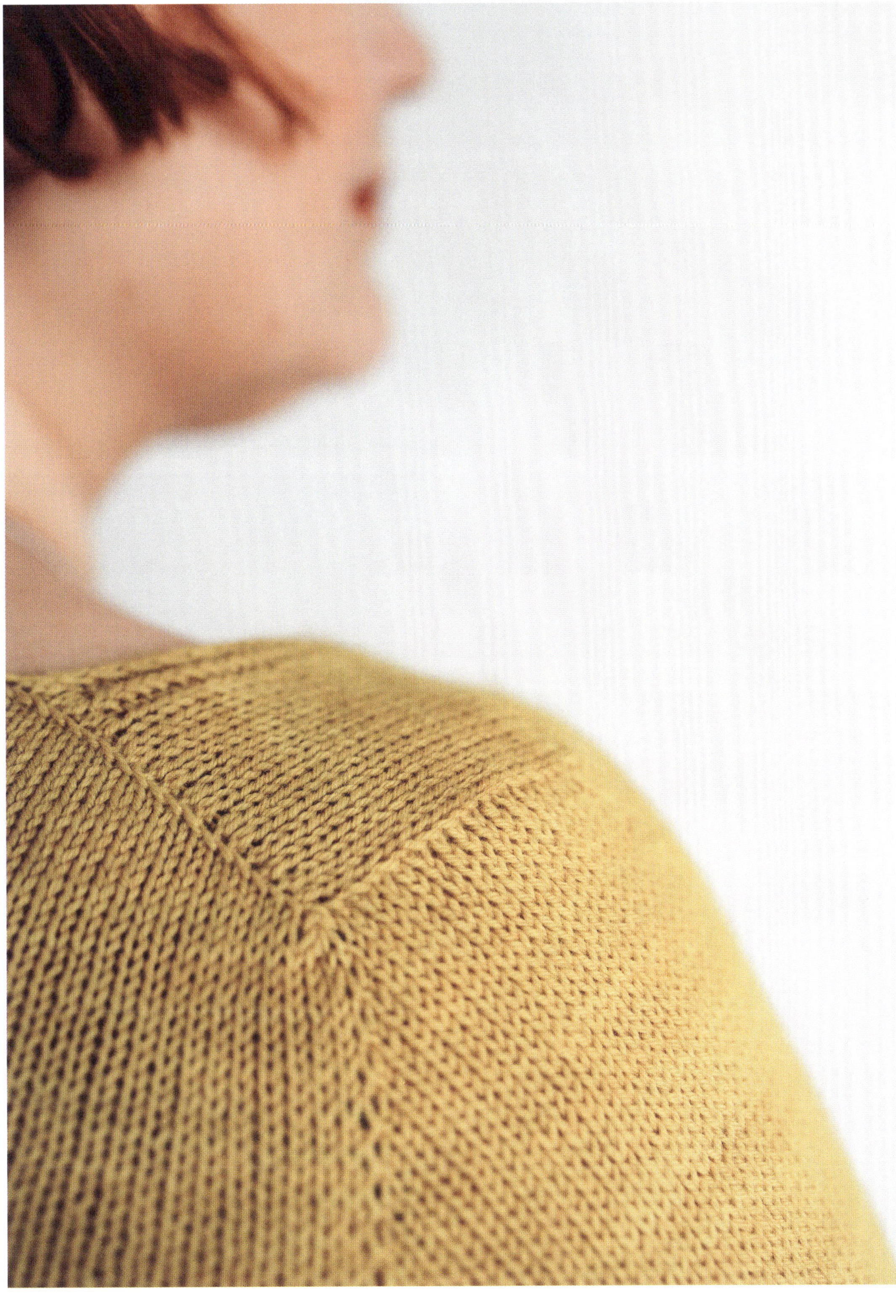

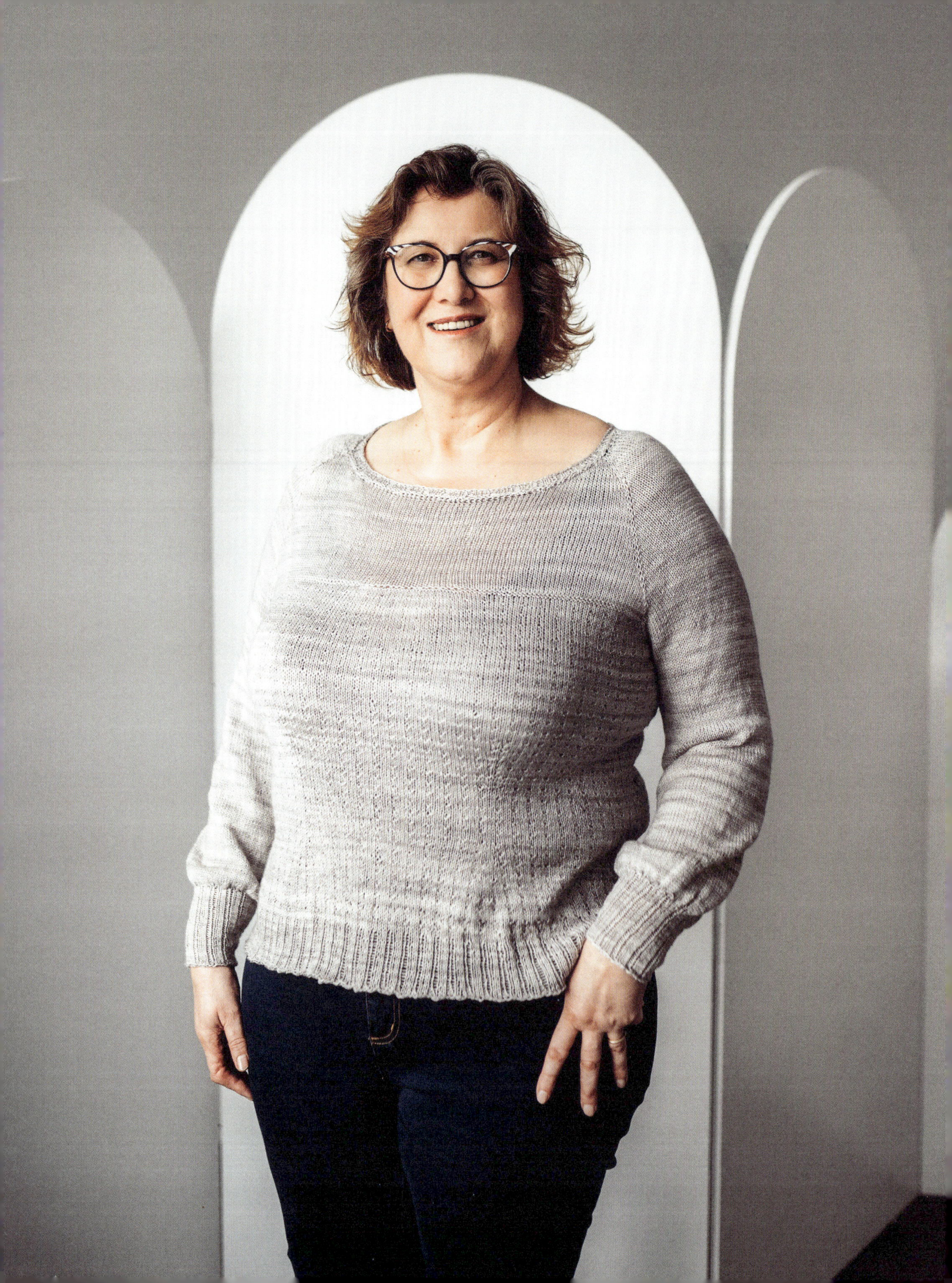

Modell Neottia

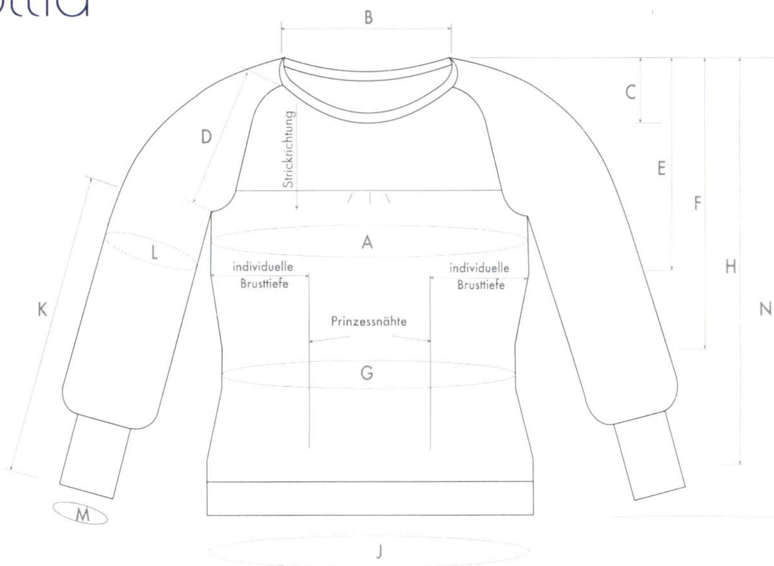

Größe Fertigmaße	1	2	3	4	5	6	Andrea	7	8	9
A – Brustumfang	83,5 cm	93,5 cm	103,5 cm	113,5 cm	123,5 cm	133,5 cm	133,5 cm	143,5 cm	153,5 cm	163,5 cm
B – Ausschnittweite (ohne Blende)	19 cm	19 cm	20 cm	20 cm	21 cm	21,5 cm	22,5 cm	23,5 cm	23,5 cm	25 cm
C – Ausschnitttiefe am Vorderteil (ohne Blende)	6 cm	6 cm	6 cm	6 cm	6,5 cm	6,5 cm	6,5 cm	6,5 cm	7 cm	7 cm
D – Raglanlinie (gerade Linie von Halsloch bis Achsel)	18 cm	19,5 cm	21 cm	23 cm	24,5 cm	26,5 cm	27,5 cm	28,5 cm	31 cm	32 cm
E – Länge Schulter bis größter Brustumfang	Bitte miss deine individuelle Länge						34 cm	Bitte miss deine individuelle Länge		
F – Länge Schulter bis Taille	Bitte miss deine individuelle Länge						40 cm	Bitte miss deine individuelle Länge		
G – Taillenumfang	Bitte miss deinen individuellen Taillenumfang und füge deine gewünschte Mehrweite hinzu						120 cm	Bitte miss deinen individuellen Taillenumfang und füge deine gewünschte Mehrweite hinzu		
H – Länge Schulter bis Hüfte	Bitte miss deine individuelle Länge						51,5 cm	Bitte miss deine individuelle Länge		
J – Hüftumfang	Bitte miss deinen individuellen Hüftumfang und füge deine gewünschte Mehrweite hinzu						136,5 cm	Bitte miss deinen individuellen Hüftumfang und füge deine gewünschte Mehrweite hinzu		
K – Ärmellänge	45,5 cm	45,5 cm	45,5 cm	45,5 cm	45,5 cm	45,5 cm	48 cm	45,5 cm	45,5 cm	45,5 cm
L – Oberarmumfang	30 cm	32 cm	34 cm	36 cm	38 cm	41,5 cm	41,5 cm	45 cm	48,5 cm	51,5 cm
M – Umfang am Ärmelbündchen	18,5 cm	19 cm	19 cm	20 cm	20 cm	21 cm	20 cm	24 cm	26 cm	27,5 cm
N – Gesamtlänge	Ich empfehle, eine Länge zu wählen, die mindestens 5 cm vor der breitesten Stelle deiner Hüfte endet						60 cm	Ich empfehle, eine Länge zu wählen, die mind. 5 cm vor der breitesten Stelle deiner Hüfte endet		

Anleitung Neottia

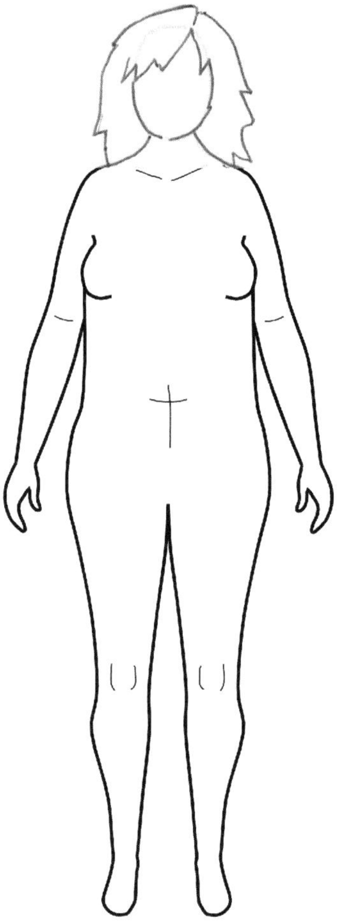

Neottia ist meiner lieben Freundin Andrea gewidmet. Ich hatte Andrea bei einem Stricktreffen in ihrem Lieblingswollgeschäft kennengelernt, das auch mein Lieblingswollgeschäft wurde. Andrea ist eine schnelle Strickerin und hat schon viele Pullover gestrickt, aber fast alle sind weit und lang – sie reichen ihr bis über die Hüften. Ich habe für sie einen Pullover mit Prinzessnähten entworfen, um ihre Kurven zu betonen und den Saum oberhalb der breitesten Stelle ihrer Hüfte enden zu lassen – und sie liebt ihren neuen Pullover. *Neottia* ist ein zusammengesetzter Raglan, der das Problem eines klassischen Raglans mit zu weiten Ärmeln und zu tiefen Armausschnitten löst, besonders in höheren Größen. Die glatt rechts gestrickte Passe geht nur am Körperteil über zwei linke Reihen in ein strukturiertes Muster über. Prinzessnähte, die das Körperteil formen, und ein Saummuster, das zum Strukturmuster passt, verleihen *Neottia* einen romantischen Look. Die geraden Ärmel, die weiterhin glatt rechts gestrickt werden und in nur einer einzigen Abnahmerunde in das Bündchen übergehen, haben das gleiche Muster wie der Saum. Die Maschen für die Ausschnittblende werden rund um den Halsausschnitt aufgenommen und vervollständigen das Erscheinungsbild. Die Anleitung zu *Neottia* enthält den Pullover von Andrea als gestricktes Beispiel für ein individuelles Muster. Es gibt Erklärungen, die dir zeigen, wie die Anpassung an deine eigenen Maße vorgenommen werden kann. Du kannst ihn aber auch mit einem geraden Körperteil stricken.

Größen

1 (2, 3, 4) (5, 6, Andrea) (7, 8, 9) mit einem Fertigmaß von 83,5 (93,5, 103,5, 113,5) (123,5, 133,5, 133,5) (143,5, 153,5, 163,5) cm um die Brust

Ich habe Neottia für 0–5 cm Mehrweite um den Körper entworfen.

Andreas Pullover hat eine Schulterweite und Raglanlinie zwischen den Größen 6 und 7 und den Brustumfang von Größe 6 (mit 1 cm Mehrweite). Die übrigen Maße entsprechen auch Größe 6.

Garn

Frida Fuchs Steppke, 100 % Wolle, 400 m/100 g

Andreas Pullover ist in der Farbe Sandstein gestrickt.

Garnverbrauch

3 (3, 4, 4) (4, 4, 4) (5, 5, 5) Stränge oder ca. 1000 (1100, 1210, 1320) (1430, 1540, 1560) (1620, 1740, 1880) m eines Wollgarnes, mit dem die angegebene Maschenprobe erreicht wird.

Jeder strickt unterschiedlich, deshalb ist die angegebene Lauflänge als Schätzung anzusehen.

Maschenprobe

24 M x 32 R = 10 cm glatt rechts, im Struktur- und im Rippenmuster mit Nadelstärke 3,25 mm gestrickt, gewaschen und gespannt gemessen.

Es empfiehlt sich, die Maschenprobe zu überprüfen und gegebenenfalls die Nadelgröße anzupassen, um die angegebene Maschenprobe zu erhalten.

Stricknadeln

3,25-mm-Rundstricknadeln, 40 und 80 cm lang

3-mm-Rundstricknadel, 40 cm lang für die Ausschnittblende

3,25-mm-Nadelspiel für die Ärmel, wenn du nicht mit der Magic-Loop-Methode strickst

Zubehör

6 Maschenmarkierer, Wollnadel, Restgarn zum Maschenstilllegen

Verwendete Techniken

Kreuzanschlag, Maschen aufschlingen, rechte und linke Maschen.

Zunahmen: Qfd-L, Qfd-L(li), Qfd-R, Qfd-R(li), kfb, pbfb

Abnahmen: 2 re-zus, 2 re-verschr-zus

Ausschnitt- und Unterarmmaschen aufnehmen, Standardabnahmemethode

Strickmuster

Glatt rechts (in Reihen)

R 1 (HR): Alle M re.

R 2 (RR): Alle M li.

Glatt rechts (in Runden)

Rd 1 und alle weiteren Rdn: Alle M re.

Strukturmuster (in Reihen), Maschenzahl teilbar durch 4

R 1 (RS): Alle M re.

R 2 (WS): Alle M li.

R 3: Alle M re

R 4: (1 li, 1 re, 2 li) bis zum Ende

R 1–4 wdh.

Strukturmuster (in Runden), Maschenzahl teilbar durch 4

Rdn 1–3: Alle M re

Rd 4: (2 re, 1 li, 1 re) bis zum Ende.

Rdn 1–4 wdh.

Rippenmuster (in Runden)

Rd 1 und alle weiteren Rdn: (2 re, 1 li, 1 re) bis zum Ende.

Anmerkungen

Bitte nimm deine Körpermaße, bevor du eine Größe auswählst.

Ich empfehle dir, mit einer Größe zu beginnen, die deiner Schulterweite entspricht (bitte hier keine Mehrweite einrechnen), und dann die Strickanleitung auf der Grundlage deiner Armlochtiefe, deines Brustumfanges und deines Oberarmumfangs anzupassen. Du kannst auch einen aktuellen Pullover, der dir gut passt und die gleiche Konstruktion hat, als Vorlage verwenden, um deine Größe zu wählen. Du kannst die Mehrweite für deinen Pullover selbst bestimmen. Für die Armausschnitte ergeben 1,5–2,5 cm Mehrweite in der Regel eine gute Passform. Für die Ärmel sind 2,5–5 cm eine gute Faustregel, und für den Körper sind 5–15 cm Mehrweite sehr beliebt. Wenn ein Oberteil körpernäher entworfen wurde, ist das im Abschnitt Größen erwähnt.

Um die Passform anzupassen, miss bitte von der Schulter bis zur Oberweite sowie bis zur Taille und Hüfte. So erhältst du die Längen, die du benötigst, um individuelle Änderungen an der Strickanleitung vorzunehmen. Um das Körperteil mit Prinzessnähten zu formen, brauchst du noch ein weiteres Maß: Die Länge von der Seitennaht bis zur Mitte deiner Brust ist wichtig, um die Platzierung der Prinzessnähte zu berechnen.

Anleitung

Der Pullover wird nahtlos gestrickt, aber du strickst zunächst in Hin-und Rückreihen, bis der Halsausschnitt fertig ist. Dann schließt du deine Arbeit zur Runde.

Später nimmst du M um den Halsausschnitt herum auf und strickst eine Ausschnittblende.

Mit der 3-mm-Rundstricknadel 66 (66, 72, 72) (78, 80, 82) (84, 88, 92) M anschlagen. Ich habe den Kreuzanschlag verwendet.

Vorbereitungs-R (RR): 10 (10, 12, 12) (14, 14, 14) (14, 16, 16) li, MMs, 46 (46, 48, 48) (50, 52, 54) (56, 56, 60) li, MMs, li bis zum Ende.

Du hast noch keine Vorderteil-M auf deiner Nadel.

Zur kurzen 3,25-mm-Rundstricknadel wechseln.

R 1 (Zun Rückenteil und Ärmel, HR): 1 re, Qfd-L, re bis 1 M vor MM, Qfd-R, 1 re, MMv, Qfd-L, re bis MM, Qfd-R, MMv, 1 re, Qfd-L, re bis zur letzten M, Qfd-R, 1 re. 72 (72, 78, 78) (84, 86, 88) (90, 94, 98) M.

R 2 (Zun Rückenteil, RR): Li bis MM, MMv, Qfd-R(li), li bis MM, Qfd-L(li), MMv, li bis zum Ende. 74 (74, 80, 80) (86, 88, 90) (92, 96, 100) M.

R 3–4: R 1–2 noch 1-mal wdh. 82 (82, 88, 88) (94, 96, 98) (100, 104, 108) M.

R 5 (Zun Rückenteil, Ärmel und erste Vorderteil-M): 1 re, Qfd-L, re bis 1 M vor MM, Qfd-R, 1 re, MMv, Qfd-L, re bis MM, Qfd-R, MMv, 1 re, Qfd-L, re bis zur letzten M, Qfd-R, kfb. 89 (89, 95, 95) (101, 103, 105) (107, 111, 115) M.

Du strickst Zunahmen am Rückenteil und dem Ärmel und beginnst mit Zunahmen am Vorderteil.

R 6 (Zun Körperteil): 1 li, Qfd-L(li), MMs, li bis MM, MMv, Qfd-R(li), li bis MM, Qfd-L(li), MMv, li bis zur letzten M, pbfb. 94 (94, 100, 100) (106, 108, 110) (112, 116, 120) M.

Wechsle zur längeren Rundstricknadel, wenn dir das leichter fällt.

R 7 (Zun Ärmel und Vorderteilausschnitt): 1 re, Qfd-L, 1 re, MMs, 1 re, Qfd-L, re bis 1 M vor MM, Qfd-R, 1 re, MMv, re bis MM, MMv, 1 re, Qfd-L, re bis 1 M vor MM, Qfd-R, 1 re, MMv, 1 re, Qfd-R, 1 re. 100 (100, 106, 106) (112, 114, 116) (118, 122, 126) M.

R 8 (Zun Körperteil und Vorderteilausschnitt): 1 li, Qfd-R(li), li bis MM, Qfd-L(li), MMv, li bis MM, MMv, Qfd-R(li), li bis MM, Qfd-L(li), MMv, li bis zum letzten MM, MMv, Qfd-R(li), li bis zur letzten M, Qfd-L(li), 1 li. 106 (106, 112, 112) (118, 120, 122) (124, 128, 132) M.

R 9 (Zun Ärmel und Vorderteilausschnitt): 1 re, Qfd-L, re bis MM, MMv, 1 re, Qfd-L, re bis 1 M vor MM, Qfd-R, 1 re, MMv, re bis MM, MMv, 1 re, Qfd-L, re bis 1 M vor MM, Qfd-R, 1 re, MMv, re bis zur letzten M, Qfd-R, 1 re. 112 (112, 118, 118) (124, 126, 128) (130, 134, 138) M.

R 10 (Zun Körperteil und Vorderteilausschnitt): 1 li, Qfd-R(li), li bis MM, Qfd-L(li), MMv, li bis MM, MMv, Qfd-R(li), li bis MM, Qfd-L(li), MMv, li bis zum letzten MM, MMv, Qfd-R(li), li bis zur letzten M, Qfd-L(li), 1 li. 118 (118, 124, 124) (130, 132, 134) (136, 140, 144) M.

R 11–17: R 9–10 noch 2-mal wdh, R 9 noch 1-mal wdh. 160 (160, 166, 166) (172, 174, 176) (178, 182, 186) M.

Nicht wenden, sondern zusätzliche M für das Vorderteil aufschlingen und die Arbeit zur Rd schließen.

Verbindungs-R (Vorderteil-M aufschlingen, HR): 31 (31, 33, 33) (35, 37, 39) (41, 41, 45) aufschlingen, die Arbeit zur Rd schließen, 1 re, Qfd-L, re bis MM, MMv (= Rd-Beginn). 192 (192, 200, 200) (208, 212, 216) (220, 224, 232) M.

Jeweils 28 (28, 30, 30) (32, 32, 32) (32, 34, 34) Ärmel-M und jeweils 68 (68, 70, 70) (72, 74, 76) (78, 78, 82) M am Vorder- und Rückenteil.

Rd 1: Alle M re.

Rd 2 (Zun Ärmel): *1 re, Qfd-L, re bis 1 M vor MM, Qfd-R, 1 re, MMv, re bis MM, MMv; ab * noch 1-mal wdh. 196 (196, 204, 204) (212, 216, 220) (224, 228, 236) M.

Rd 3 (Zun Körperteil): *Re bis MM, MMv, Qfd-L, re bis MM, Qfd-R, MMv; ab * noch 1-mal wdh. 200 (200, 208, 208) (216, 220, 224) (228, 232, 240) M.

Rd 4 (Zun Ärmel): *1 re, Qfd-L, re bis 1 M vor MM, Qfd-R, 1 re, MMv, re bis MM, MMv; ab * noch 1-mal wdh. 204 (204, 212, 212) (220, 224, 228) (232, 236, 244) M.

Nächste Rdn: Rdn 1–4 noch 7 (6, 6, 5) (5, 5, 6) (5, 5, 4)-mal wdh. 288 (276, 284, 272) (280, 284, 300) (292, 296, 292) M.

Nur Größe 1

Weiter mit »Alle Größen«.

Nur Größen 2–6, Andrea und 7–9

Nächste Rdn: Rdn 3–4 noch - (3, 4, 6) (5, 7, 8) (8, 9, 12)-mal wdh. - (300, 316, 320) (320, 340, 364) (356, 368, 388) M.

Nur Größen 2 und 3

Weiter mit »Alle Größen«.

Nur Größe Andrea

Nächste Rd (Zun Körperteil): *Re bis MM, MMv, Qfd-L, re bis MM, Qfd-R, MMv; ab * noch 1-mal wdh. 368 M.

Weiter mit »Alle Größen«.

Nur Größen 4–6 und 7–9

Nächste Rd (Zun Körperteil): *Re bis MM, MMv, Qfd-L, re bis MM, Qfd-R, MMv; ab * noch 1-mal wdh.
- (-, -, 324) (324, 344, -) (360, 372, 392) M.

Nächste Rd (Zun Körperteil und Ärmel): *1 re, Qfd-L, re bis 1 M vor MM, Qfd-R, 1 re, MMv, Qfd-L, re bis MM, Qfd-R, MMv; ab * noch 1-mal wdh. - (-, -, 332) (332, 352, -) (368, 380, 400) M.

Nächste Rdn: Die letzten beiden Rdn noch - (-, -, -) (2, 1, -) (1, 3, 2)-mal wdh. - (-, -, -) (356, 364, -) (380, 416, 424) M.

Nur Größen 4, 5, 8 und 9

Weiter mit »Alle Größen«.

Nur Größen 6 und 7

Nächste Rd (Zun Körperteil): *Re bis MM, MMv, Qfd-L, re bis MM, Qfd-R, MMv; ab * noch 1-mal wdh. - (-, -, -) (-, 368, -) (384, -, -) M.

Weiter mit »Alle Größen«.

Alle Größen

Nächste Rd: Re bis MM, MMv, li bis MM, MMv; ab * noch 1-mal wdh.

Die letzte Rd noch 1-mal wdh.

In der nächsten Runde nimmst du jeweils 10 (10, 12, 14) (16, 16, 16) (18, 20, 20) M am Rücken- und Vorderteil zu. Am Rückenteil nimmst du sie gleichmäßig verteilt zu, während du sie beim Vorderteil in der Mitte der Brust zunimmst. Gleichzeitig beginnst du nur am Körperteil ein einfaches 4-Runden-Strukturmuster zu stricken – die ersten 3 Runden sind glatt rechts gestrickt, während in jeder 4. Rd eine linke M zwischen 3 rechten M gestrickt wird: 2 re, 1 li, 1 re (siehe auch Seite 109, Strickmuster). Das Muster wird in den ersten vier Runden für jede Größe ausgeschrieben und sollte danach fortgesetzt werden, einschließlich der Zunahme der Maschen, wo es nötig ist. Gleichzeitig strickst du am Ärmel glatt rechts mit Ärmelzunahmen, bis du das Bündchen erreichst.

Nur Größe 1

Rd 1 (Zun, Rd 1 des Strukturmusters): 1 re, Qfd-L, re bis 1 M vor MM, Qfd-R, 1 re, MMv, 6 re, Qfd-L, (8 re, Qfd-L) 9-mal, 6 re, MMv, 1 re, Qfd-L, re bis 1 M vor MM, Qfd-R, 1 re, MMv, 3 re, Qfd-L, (1 re, Qfd-L)-9 mal wdh, 38 re, MMv. 312 M.

Rd 2 (Zun Körperteil, Rd 2 des Strukturmusters): *Re bis MM, MMv, Qfd-L, re bis MM, Qfd-R, MMv; ab * noch 1-mal wdh. 316 M.

Rd 3 (Zun Ärmel, Rd 3 des Strukturmusters): *1 re, Qfd-L, re bis 1 M vor MM, Qfd-R, 1 re, MMv, re bis MM, MMv; ab * noch 1-mal wdh. 320 M.

Rd 4 (Rd 4 des Strukturmusters): *Re bis MM, MMv, 2 re, 1 li, (3 re, 1 li) bis 1 M vor MM, 1 re; ab * noch 1-mal wdh.

Rdn 5–6: Wie Rd 3, Strukturmuster am Körperteil fortführen. 328 M.

Weiter mit »Körperteil und Ärmel trennen«.

Nur Größe 2

Rd 1 (Zun, Rd 1 des Strukturmusters): 1 re, Qfd-L, re bis 1 M vor MM, Qfd-R, 1 re, MMv, (8 re, Qfd-L) 10-mal wdh, 8 re, MMv, 1 re, Qfd-L, re bis 1 M vor MM, Qfd-R, 1 re, MMv, 39 re, Qfd-L, (1 re, Qfd-L) 9-mal wdh, 40 re, MMv. 324 M.

Rd 2 (Zun Körperteil, Rd 2 des Strukturmusters): *Re bis MM, MMv, Qfd-L, re bis MM, Qfd-R, MMv; ab * noch 1-mal wdh. 328 M.

Rd 3 (Zun Ärmel, Rd 3 des Strukturmusters): *1 re, Qfd-L, re bis 1 M vor MM, Qfd-R, 1 re, MMv, re bis MM, MMv; ab * noch 1-mal wdh. 332 M.

Rd 4 (Zun Körperteil, Rd 4 des Strukturmusters): *Re bis MM, MMv, Qfd-L, 2 re, 1 li, (3 re, 1 li) bis 1 M vor MM, 1 re, Qfd-R, MMv; ab * noch 1-mal wdh. 336 M.

Rdn 5–6 (Zun Körperteil und Ärmel): *1 re, Qfd-L, re bis 1 M vor MM, Qfd-R, 1 re, MMv, Qfd-L, Strukturmuster fortführen bis MM, Qfd-R, MMv; ab * noch 1-mal wdh. 352 M.

Weiter mit »Körperteil und Ärmel trennen«.

Nur Größe 3

Rd 1 (Zun, Rd 1 des Strukturmusters): 1 re, Qfd-L, re bis 1 M vor MM, Qfd-R, 1 re, MMv, 2 re, Qfd-L, (8 re, Qfd-L) 11-mal wdh, 2 re, MMv, 1 re, Qfd-L, re bis 1 M vor MM, Qfd-R, 1 re, MMv, 40 re, Qfd-L, (1 re, Qfd-L) 11-mal wdh, 41 re, MMv. 344 M.

Rd 2 (Zun Körperteil, Rd 2 des Strukturmusters): *Re bis MM, MMv, Qfd-L, re bis MM, Qfd-R, MMv; ab * noch 1-mal wdh. 348 M.

Rd 3 (Zun Körperteil und Ärmel, Rd 3 des Strukturmusters): *1 re, Qfd-L, re bis 1 M vor MM, Qfd-R, 1 re, MMv, Qfd-L, re bis MM, Qfd-R, MMv; ab * noch 1-mal wdh. 356 M.

Rd 4 (Zun Körperteil, Rd 4 des Strukturmusters): *Re bis MM, MMv, Qfd-L, 2 re, 1 li, (3 re, 1 li) bis 1 M vor MM, 1 re, Qfd-R, MMv; ab * noch 1-mal wdh. 360 M.

Rd 5 (Zun Körperteil und Ärmel): *1 re, Qfd-L, re bis 1 M vor MM, Qfd-R, 1 re, MMv, Qfd-L, Strukturmuster fortführen bis MM, Qfd-R, MMv; ab * noch 1-mal wdh. 368 M.

Rd 6 (Zun Körperteil 2-mal und Ärmel): *1 re, Qfd-L, re bis 1 M vor MM, Qfd-R, 1 re, MMv, Qfd-L, 1 re, Qfd-L, Strukturmuster fortführen bis 1 M vor MM, Qfd-R, 1 re, Qfd-R, MMv; ab * noch 1-mal wdh. 380 M.

Weiter mit »Körperteil und Ärmel trennen«.

Nur Größe 4

Rd 1 (Zun, Rd 1 des Strukturmusters): 1 re, Qfd-L, re bis 1 M vor MM, Qfd-R, 1 re, MMv, 3 re, Qfd-L, (7 re, Qfd-L) 13-mal wdh, 4 re, MMv, 1 re, Qfd-L, re bis 1 M vor MM, Qfd-R, 1 re, MMv, 42 re, Qfd-L, (1 re, Qfd-L) 13-mal wdh, 43 re, MMv – 364 M.

Rd 2 (Zun Körperteil, Rd 2 des Strukturmusters): *Re bis MM, MMv, Qfd-L, re bis MM, Qfd-R, MMv; ab * noch 1-mal wdh. 368 M.

Rd 3 (Zun Körperteil und Ärmel, Rd 3 des Strukturmusters): *1 re, Qfd-L, re bis 1 M vor MM, Qfd-R, 1 re, MMv, Qfd-L, re bis MM, Qfd-R, MMv; ab * noch 1-mal wdh. 376 M.

Rd 4 (Zun Körperteil, Rd 4 des Strukturmusters): *Re bis MM, MMv, Qfd-L, 2 re, 1 li, (3 re, 1 li) bis 1 M vor MM, 1 re, Qfd-R, MMv; ab * noch 1-mal wdh. 380 M.

Rdn 5–6 (Zun Körperteil 2-mal und Ärmel): *1 re, Qfd-L, re bis 1 M vor MM, Qfd-R, 1 re, MMv, Qfd-L, 1 re, Qfd-L, Strukturmuster fortführen bis 1 M vor MM, Qfd-R, 1 re, Qfd-R, MMv; ab * noch 1-mal wdh. 404 M.

Weiter mit »Körperteil und Ärmel trennen«.

Nur Größe 5

Rd 1 (Zun, Rd 1 des Strukturmusters): 1 re, Qfd-L, re bis 1 M vor MM, Qfd-R, 1 re, MMv, Qfd-L, (7 re, Qfd-L) 15-mal wdh, 1 re, MMv, 1 re, Qfd-L, re bis 1 M vor MM, Qfd-R, 1 re, MMv, 45 re, Qfd-L, (1 re, Qfd-L) 15-mal wdh, 46 re, MMv. 392 M.

Rd 2 (Zun Körperteil, Rd 2 des Strukturmusters): *Re bis MM, MMv, Qfd-L, re bis MM, Qfd-R, MMv; ab * noch 1-mal wdh. 396 M

Rd 3 (Zun Körperteil und Ärmel, Rd 3 des Strukturmusters): *1 re, Qfd-L, re bis 1 M vor MM, Qfd-R, 1 re, MMv, Qfd-L, re bis MM, Qfd-R, MMv; ab * noch 1-mal wdh. 404 M.

Rd 4 (Zun Körperteil, Rd 4 des Strukturmusters): *Re bis MM, MMv, Qfd-L, 1 re, 1 li, (3 re, 1 li) bis MM, Qfd-R, MMv; ab * noch 1-mal wdh. 408 M.

Rdn 5–6 (Zun Körperteil 2-mal und Ärmel): *1 re, Qfd-L, re bis 1 M vor MM, Qfd-R, 1 re, MMv, Qfd-L, 1 re, Qfd-L, Strukturmuster fortführen bis 1 M vor MM, Qfd-R, 1 re, Qfd-R, MMv; ab * noch 1-mal wdh. 432 M.

Weiter mit »Körperteil und Ärmel trennen«.

Nur Größe 6

Rd 1 (Zun, Rd 1 des Strukturmusters): 1 re, Qfd-L, re bis 1 M vor MM, Qfd-R, 1 re, MMv, 2 re, Qfd-L, (7 re, Qfd-L) 15-mal wdh, 3 re, MMv, 1 re, Qfd-L, re bis 1 M vor MM, Qfd-R, 1 re, MMv, 47 re, Qfd-L, (1 re, Qfd-L) 15-mal wdh, 48 re, MMv. 404 M.

Rd 2 (Zun Körperteil, Rd 2 des Strukturmusters): *Re bis MM, MMv, Qfd-L, re bis MM, Qfd-R, MMv; ab * noch 1-mal wdh. 408 M

Rd 3 (Zun Körperteil und Ärmel, Rd 3 des Strukturmusters): *1 re, Qfd-L, re bis 1 M vor MM, Qfd-R, 1 re, MMv, Qfd-L, re bis MM, Qfd-R, MMv; ab * noch 1-mal wdh. 416 M.

Rd 4 (Zun Körperteil, Rd 4 des Strukturmusters): *Re bis MM, MMv, Qfd-L, 1 re, 1 li, (3 re, 1 li) bis MM, Qfd-R, MMv; ab * noch 1-mal wdh. 420 M.

Rd 5 (Zun Körperteil und Ärmel): *1 re, Qfd-L, re bis 1 M vor MM, Qfd-R, 1 re, MMv, Qfd-L, Strukturmuster fortführen bis MM, Qfd-R, MMv; ab * noch 1-mal wdh. 428 M.

Rdn 6–7 (Zun Körperteil 2-mal und Ärmel): *1 re, Qfd-L, re bis 1 M vor MM, Qfd-R, 1 re, MMv, Qfd-L, 1 re, Qfd-L, Strukturmuster fortführen bis 1 M vor MM, Qfd-R, 1 re, Qfd-R, MMv; ab * noch 1-mal wdh. 452 M.

Rd 8 (Zun Körperteil 2-mal und Ärmel): *1 re, Qfd-L, re bis 1 M vor MM, Qfd-R, 1 re, MMv, Qfd-L, 1 li, Qfd-L, Strukturmuster fortführen bis 1 M vor MM, Qfd-R, 1 re, Qfd-R(li), MMv; ab * noch 1-mal wdh. 464 M.

Weiter mit »Körperteil und Ärmel trennen«.

Nur Größe Andrea

Rd 1 (Zun, Rd 1 des Strukturmusters): 1 re, Qfd-L, re bis 1 M vor MM, Qfd-R, 1 re, MMv, 1 re, Qfd-L, (7 re, Qfd-L) 15-mal wdh, 2 re, MMv, 1 re, Qfd-L, re bis 1 M vor MM, Qfd-R, 1 re, MMv, 46 re, Qfd-L, (1 re, Qfd-L) 15-mal wdh, 47 re, MMv. 404 M.

Rd 2 (Zun Körperteil, Rd 2 des Strukturmusters): *Re bis MM, MMv, Qfd-L, re bis MM, Qfd-R, MMv; ab * noch 1-mal wdh. 408 M

Rd 3 (Zun Körperteil und Ärmel, Rd 3 des Strukturmusters): *1 re, Qfd-L, re bis 1 M vor MM, Qfd-R, 1 re, MMv, Qfd-L, re bis MM, Qfd-R, MMv; ab * noch 1-mal wdh. 416 M.

Rd 4 (Zun Körperteil, Rd 4 des Strukturmusters): *Re bis MM, MMv, Qfd-L, 2 re, 1 li, (3 re, 1 li) bis 1 M vor MM, 1 re, Qfd-R, MMv; ab * noch 1-mal wdh. 420 M.

Rd 5 (Zun Körperteil und Ärmel): *1 re, Qfd-L, re bis 1 M vor MM, Qfd-R, 1 re, MMv, Qfd-L, Strukturmuster fortführen bis MM, Qfd-R, MMv; ab * noch 1-mal wdh. 428 M.

Rd 6 (Zun Körperteil): *Re bis MM, MMv, Qfd-L, Strukturmuster fortführen bis MM, Qfd-R, MMv; ab * noch 1-mal wdh. 432 M.

Rd 7 (Zun Körperteil und Ärmel): Wie Rd 3. 440 M.

Rd 8 (Zun Körperteil): *Re bis MM, MMv, Qfd-L, Strukturmuster fortführen bis MM, Qfd-R, MMv; ab * noch 1-mal wdh. 444 M.

Rd 9 (Zun Körperteil 2-mal und Ärmel): *1 re, Qfd-L, re bis 1 M vor MM, Qfd-R, 1 re, MMv, Qfd-L, 1 re, Qfd-L, Strukturmuster fortführen bis 1 M vor MM, Qfd-R, 1 re, Qfd-R, MMv; ab * noch 1-mal wdh. 456 M.

Rd 10 (Zun Körperteil 2-mal): *Re bis MM, MMv, Qfd-L, 1 re, Qfd-L, Strukturmuster fortführen bis 1 M vor MM, Qfd-R, 1 re, Qfd-R, MMv; ab * noch 1-mal wdh. 464 M.

Weiter mit »Körperteil und Ärmel trennen«.

Nur Größe 7

Rd 1 (Zun, Rd 1 des Strukturmusters): 1 re, Qfd-L, re bis 1 M vor MM, Qfd-R, 1 re, MMv, 7 re, Qfd-L, (6 re, Qfd-L) 17-mal wdh, 7 re, MMv, 1 re, Qfd-L, re bis 1 M vor MM, Qfd-R, 1 re, MMv, 49 re, Qfd-L, (1 re, Qfd-L) 17-mal wdh, 50 re, MMv. 424 M.

Rd 2 (Zun Körperteil, Rd 2 des Strukturmusters): *Re bis MM, MMv, Qfd-L, re bis MM, Qfd-R, MMv; ab * noch 1-mal wdh. 428 M

Rd 3 (Zun Körperteil und Ärmel, Rd 3 des Strukturmusters): *1 re, Qfd-L, re bis 1 M vor MM, Qfd-R, 1 re, MMv, Qfd-L, re bis MM, Qfd-R, MMv; ab * noch 1-mal wdh. 436 M.

Rd 4 (Zun Körperteil, Rd 4 des Strukturmusters): *Re bis MM, MMv, Qfd-L, 1 re, 1 li, (3 re, 1 li) bis MM, Qfd-R, MMv; ab * noch 1-mal wdh. 440 M.

Rdn 5–8 (Zun Körperteil und Ärmel): *1 re, Qfd-L, re bis 1 M vor MM, Qfd-R, 1 re, MMv, Qfd-L, Strukturmuster fortführen bis MM, Qfd-R, MMv; ab * noch 1-mal wdh. 472 M.

Rdn 9–10 (Zun Körperteil 2-mal und Ärmel): *1 re, Qfd-L, re bis 1 M vor MM, Qfd-R, 1 re, MMv, Qfd-L, 1 re, Qfd-L, Strukturmuster fortführen bis 1 M vor MM, Qfd-R, 1 re, Qfd-R, MMv; ab * noch 1-mal wdh. 496 M.

Weiter mit »Körperteil und Ärmel trennen«.

Nur Größe 8

Rd 1 (Zun, Rd 1 des Strukturmusters): 1 re, Qfd-L, re bis 1 M vor MM, Qfd-R, 1 re, MMv, 5 re, Qfd-L, (6 re, Qfd-L) 19-mal wdh, 5 re, MMv, 1 re, Qfd-L, re bis 1 M vor MM, Qfd-R, 1 re, MMv, 52 re, Qfd-L, (1 re, Qfd-L) 19-mal wdh, 53 re, MMv. 460 M.

Rd 2 (Zun Körperteil, Rd 2 des Strukturmusters): *Re bis MM, MMv, Qfd-L, re bis MM, Qfd-R, MMv; ab * noch 1-mal wdh. 464 M

Rd 3 (Zun Körperteil und Ärmel, Rd 3 des Strukturmusters): *1 re, Qfd-L, re bis 1 M vor MM, Qfd-R, 1 re, MMv, Qfd-L, re bis MM, Qfd-R, MMv; ab * noch 1-mal wdh. 472 M.

Rd 4 (Zun Körperteil, Rd 4 des Strukturmusters): *Re bis MM, MMv, Qfd-L, 1 li, (3 re, 1 li) bis 3 M vor MM, 3 re, Qfd-R(li), MMv; ab * noch 1-mal wdh. 476 M.

Rd 5 (Zun Körperteil und Ärmel): *1 re, Qfd-L, re bis 1 M vor MM, Qfd-R, 1 re, MMv, Qfd-L, Strukturmuster fortführen bis MM, Qfd-R, MMv; ab * noch 1-mal wdh. 484 M.

Rd 6 (Zun Körperteil): *Re bis MM, MMv, Qfd-L, Strukturmuster fortführen bis MM, Qfd-R, MMv; ab * noch 1-mal wdh. 488 M

Rd 7 (Zun Körperteil und Ärmel): *1 re, Qfd-L, re bis 1 M vor MM, Qfd-R, 1 re, MMv, Qfd-L, Strukturmuster fortführen bis MM, Qfd-R, MMv; ab * noch 1-mal wdh. 496 M.

Rd 8 (Zun Körperteil und Ärmel): *1 re, Qfd-L, re bis 1 M vor MM, Qfd-R, 1 re, MMv, Qfd-L, Strukturmuster fortführen bis MM, Qfd-R, MMv; ab * noch 1-mal wdh. 504 M.

Rdn 9–10 (Zun Körperteil 2-mal und Ärmel): *1 re, Qfd-L, re bis 1 M vor MM, Qfd-R, 1 re, MMv, Qfd-L, 1 re, Qfd-L, Strukturmuster fortführen bis 1 M vor MM, Qfd-R, 1 re, Qfd-R, MMv; ab * noch 1-mal wdh. 528 M.

Weiter mit »Körperteil und Ärmel trennen«.

Nur Größe 9

Rd 1 (Zun, Rd 1 des Strukturmusters): 1 re, Qfd-L, re bis 1 M vor MM, Qfd-R, 1 re, MMv, 7 re, Qfd-L, (6 re, Qfd-L) 19-mal wdh, 7 re, MMv, 1 re, Qfd-L, re bis 1 M vor MM, Qfd-R, 1 re, MMv, 54 re, Qfd-L, (1 re, Qfd-L) 19-mal wdh, 55 re, MMv. 468 M.

Rd 2 (Zun Körperteil, Rd 2 des Strukturmusters): *Re bis MM, MMv, Qfd-L, re bis MM, Qfd-R, MMv; ab * noch 1-mal wdh. 472 M

Rd 3 (Zun Körperteil und Ärmel, Rd 3 des Strukturmusters): *1 re, Qfd-L, re bis 1 M vor MM, Qfd-R, 1 re, MMv, Qfd-L, re bis MM, Qfd-R, MMv; ab * noch 1-mal wdh. 480 M.

Rd 4 (Zun Körperteil, Rd 4 des Strukturmusters): *Re bis MM, MMv, Qfd-L, 1 li, (3 re, 1 li) bis 3 M vor MM, 3 re, Qfd-R(li), MMv; ab * noch 1-mal wdh. 484 M.

Rdn 5–9 (Zun Körperteil und Ärmel): *1 re, Qfd-L, re bis 1 M vor MM, Qfd-R, 1 re, MMv, Qfd-L, Strukturmuster fortführen bis MM, 1 re, Qfd-R, MMv; ab * noch 1-mal wdh. 524 M.

Rdn 10–11 (Zun Körperteil 2-mal und Ärmel): *1 re, Qfd-L, re bis 1 M vor MM, Qfd-R, 1 re, MMv, Qfd-L, 1 re, Qfd-L, Strukturmuster fortführen bis 1 M vor MM, Qfd-R, 1 re, Qfd-R, MMv; ab * noch 1-mal wdh. 548 M.

Rd 12 (Zun Körperteil 2-mal und Ärmel): *1 re, Qfd-L, re bis 1 M vor MM, Qfd-R, 1 re, MMv, Qfd-L, 1 li, Qfd-L, Strukturmuster fortführen bis 1 M vor MM, Qfd-R, 1 re, Qfd-R, MMv; ab * noch 1-mal wdh. 560 M.

Weiter mit »Körperteil und Ärmel trennen«.

Körperteil und Ärmel trennen

Vorbereitungs-Rd: Die nächsten 68 (70, 74, 76) (80, 86, 86) (92, 98, 104) M für den linken Ärmel stilllegen, MMe, 2 (3, 4, 5) (6, 7, 7) (8, 9, 10) Unterarm-M aufschlingen, MMs, weitere 2 (3, 4, 5) (6, 7, 7) (8, 9, 10) Unterarm-M aufschlingen, über die (106, 116, 126) (136, 146, 146) (156, 166, 176) Rückenteil-M stricken, MMe, die nächsten 68 (70, 74, 76) (80, 86, 86) (92, 98, 104) M für den rechten Ärmel stilllegen, MMe, 2 (3, 4, 5) (6, 7, 7) (8, 9, 10) Unterarm-M aufschlingen, MMs, weitere 2 (3, 4, 5) (6, 7, 7) (8, 9, 10) Unterarm-M aufschlingen, über die 96 (106, 116, 126) (136, 146, 146) (156, 166, 176) Vorderteil-M stricken, re bis MM, MMv. 200 (224, 248, 272) (296, 320, 320) (344, 368, 392) M.

Körperteil

Option Gerades Körperteil

Wenn du ein gerades Körperteil bevorzugst, stricke das Körperteil weiter ohne Formgebung und führe das Strukturmuster fort bis 6 cm vor deiner gewünschten Länge. Weiter ab »Saum«.

Körperteil mit Prinzessnähten geformt

Du beginnst mit der Runde unter der linken Achsel und strickst zunächst über die Rückenteil-M. Stricke das Körperteil weiter und führe das Strukturmuster fort, bis du die erforderliche Länge von der Schulter bis zu deiner vollen Oberweite plus 2,5 cm erreicht hast.

Das Anpassen der Taillierung erfordert Planung. Ein Kleidungsstück mit einer Taillierung wird von der Brust bis zur Taille schmaler und dann von der Taille bis zu den Hüften wieder weiter. Du brauchst drei Breiten- oder Umfangsmaße und zwei Längenmaße. Daraus kannst du dann die Maschenzahlen an der Brust, an der Taille und an den Hüften und die Reihenzahlen zwischen Brust und Taillenabnäher sowie zwischen Taille und Hüfte ausrechnen.

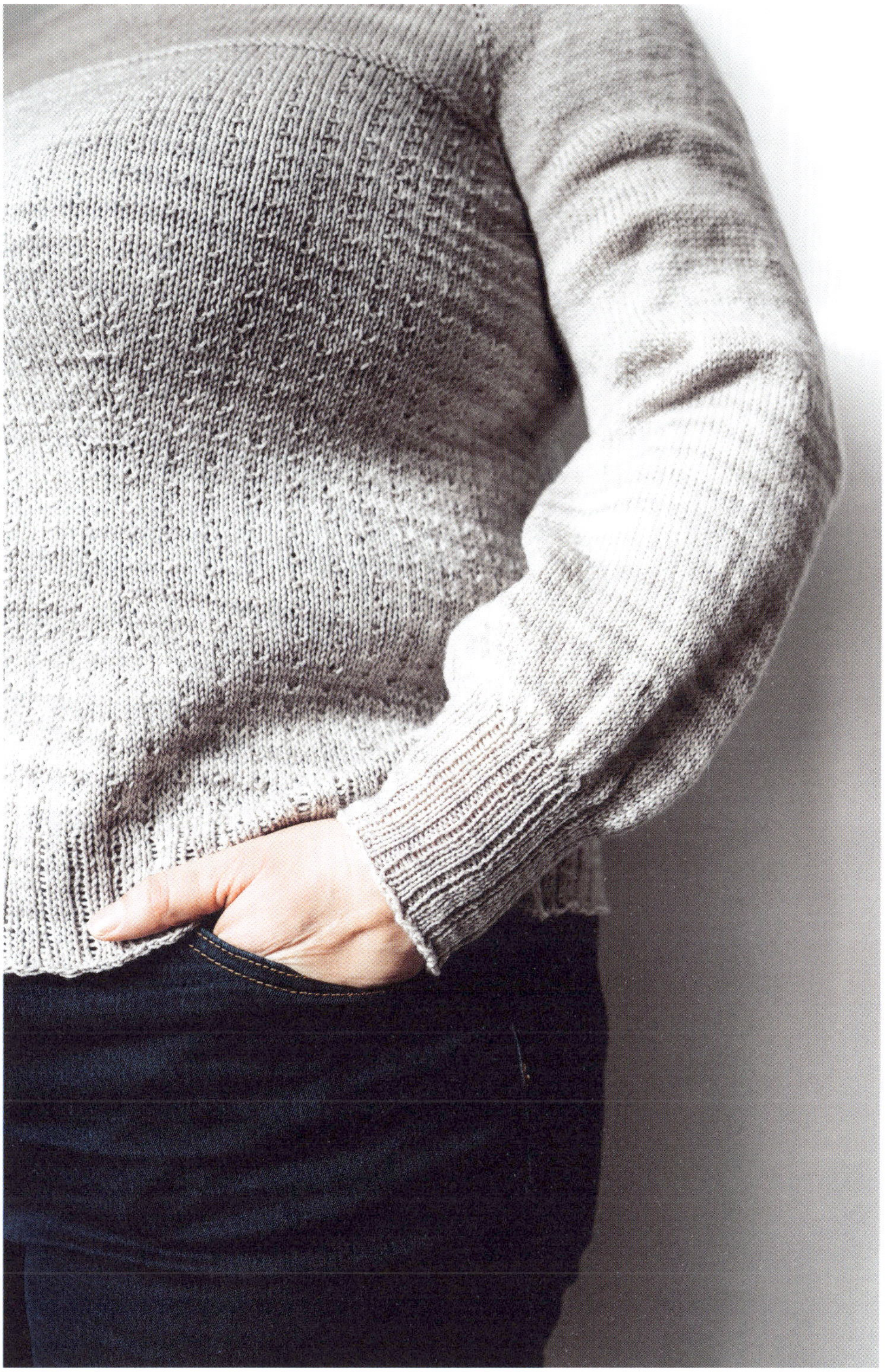

Für die Platzierung der Prinzessnähte musst du auch am Vorderteil die Länge von der Seitennaht bis zur Mitte deiner Brust messen. Lass dir von einer Freundin helfen, waagerecht zu messen, während du deinen Arm zur Seite hältst.

Du musst planen, wie dein Pullover von der Brust bis zur Taille innerhalb der Reihenzahl zwischen diesen beiden Maßen schmaler und von der Taille bis zur Hüfte innerhalb der Reihenzahl zwischen diesen beiden Maßen wieder breiter werden soll.

Platzierung der Prinzessnähte

Prinzessnähte werden mit doppelten Zunahmen und doppelten Abnahmen gestrickt, die 2,5 cm unterhalb der Mitte deiner Brust am Vorderteil und auf gleicher Höhe (= gleiche Runde), ⅓ der Rückenbreite entfernt von jeder Seitennaht am Rückenteil begonnen. Die formgebenden Runden liegen deutlich weiter auseinander, als wenn du sie an den Seitennähten stricken würdest. Wenn du die doppelten Abnahmen gestrickt hast, strickst du in der Taille 5 cm gerade und beginnst dann mit den doppelten Zunahmen entlang der gleichen Linie wie die doppelten Abnahmen bis 8,5 cm vor Erreichen deiner gewünschten Länge. Arbeite danach noch 2,5 cm ohne Formgebung, bevor du den Saum strickst. Die Anzahl der doppelten Abnahmen und doppelten Zunahmen hängt von deinen Maßen ab. Stricke sie in regelmäßigen Abständen.

Planung der Prinzessnähte

Ausgehend von einer Maschenprobe von 24 M x 32 R = 10 cm multiplizierst du deine Maschenprobe mit dem Maß von der Seitennaht bis zur Brustmitte (= individuelle Brusttiefe), um die Platzierung der Prinzessnähte am Vorderteil zu berechnen.
Damit die Erklärungen der Berechnungen für deine Maße einfacher sind, gebe ich den berechneten Zahlen Großbuchstaben als Referenz.
Das folgende Beispiel ist mit den Maßen von Andrea berechnet: Ihre individuelle Brusttiefe beträgt 23 cm (= O), und sie hat an Vorder- und Rückenteil jeweils 160 M (= P).
Um die Anzahl der M zu berechnen: 23 cm (= O) x 24 M ÷ 10 = 55,2 M. Wenn du keine ganze Zahl erhältst, rundest du einfach auf die nächste ganze Zahl, sodass wir 55 M (= Q) erhalten.

Beim Vorderteil haben wir 160 M (= P), links und rechts hast du 55 M (= Q) berechnet. Die Maschen dazwischen berechnest du wie folgt: 160 M – (2 x 55 M) = 50 M (= R).
Für das Rückenteil teilst du einfach die 160 M durch 3 = 53,33 M, in ganzen Zahlen: 53 M (= S) links und rechts und 54 (= T) in der Mitte.

Nun müssen wir die Intervalle für das Abnehmen und Zunehmen anhand der beiden angegebenen Längen berechnen: Schulter bis Taille (= F) und Schulter bis Hüfte (= H) und die beiden Umfänge (Taillenumfang = G und Hüftumfang = J für unser Beispiel).

Der Abnahmeteil für den Pullover von Andrea

Länge Schulter bis Taille (= F) minus Länge Schulter bis größter Brustumfang (= E): 40 cm – 34 cm = 6 cm.
Das ergibt 6 cm x 32 R ÷ 10 cm = 19,2, abgerundet auf 19 Runden (= U), in denen du die Abnahmen stricken musst.
Brustumfang (= A) minus Taillenumfang (= G):
133,5 cm – 120 cm = 13,5 cm. Das ergibt 13,5 cm x 24 M ÷ 10 cm = 32,4, abgerundet auf 32 M.
Du musst jetzt durch 8 teilen, weil du 4 Prinzessnähte mit jeweils doppelten Abnahmen hast: 32 M ÷ 8 M = 4. Dies ist die Anzahl der doppelten Abnahmen (= V).
Wir müssen 4 Abnahmerunden auf 19 Runden (= U) aufteilen: 3 (= V minus 1) Abnahmerunden und 5 Runden (= W) jeweils nach jeder Abnahmerunde macht 3 x 6 = 18 Runden.
In der nächsten Runde = 19. Rd strickst du die 4. Abnahmerunde.

Der Zunahmeteil für den Pullover von Andrea

Schulter bis Hüfte (= H) minus Schulter bis Taille (= F) (+ 5 cm ohne Formgebung gestrickt) = 51,5 cm – (40 + 5) = 6,5 cm. 6,5 cm x 32 Reihen ÷ 10 cm = 20,8, aufgerundet auf 21 Runden (= X). Hüftumfang (= J) minus Taillenumfang (= G):
136,5 cm – 120 cm = 16,5 cm.
16,5 cm x 24 M ÷ 10 cm = 39,6, aufgerundet auf 40 M.
40 M ÷ 8 M = 5. Dies ist die Zahl für die doppelten Zunahmen (= Y).
5 Zunahmerunden müssen wir auf 21 Runden aufteilen: 4 Zunahmerunden und 4 Runden (= Z) jeweils nach jeder Zunahmerunde macht 4 x 5 = 20 Runden. In der nächsten Runde = 21. Runde strickst du die 5. Zunahmerunde. In jeder Abnahmerunde nimmst du 8 M ab.

Abkürzungen für Berechnungen

A = Brustumfang in cm
E = Länge Schulter bis größter Brustumfang in cm
F = Länge Schulter bis Taille in cm
G = Taillenumfang in cm
H = Länge Schulter bis Hüfte im cm
J = Hüftumfang in cm
O = individuelle Brusttiefe in cm
P = Anzahl Maschen des Vorder- bzw. Rückenteils von A
Q = Anzahl Maschen der individuellen Brusttiefe
R = Anzahl Maschen zwischen den beiden Prinzessnähten am Vorderteil
S = Anzahl Maschen zwischen Seitennaht und Prinzessnaht am Rückenteil
T = Anzahl Maschen zwischen den beiden Prinzessnähten am Rückenteil
U = Anzahl Runden zwischen Brust- und Taillenlinie
V = Anzahl doppelte Abnahmen
W = Anzahl Runden ohne Formgebung zwischen zwei Abnahmerunden
X = Anzahl Runden zwischen Taillen- und Hüftlinie
Y = Anzahl doppelte Zunahmen
Z = Anzahl Runden ohne Formgebung zwischen zwei Zunahmerunden

Hier ist ein Rezept, dem du folgen kannst, setze einfach deine Zahlen für die Buchstaben ein:

Vorbereitungs-Rd (sollte eine Runde ohne li M sein): S re , MMs, T re, MMs, re bis MM, MMv, Q re, MMs, R re, MMs, bis MM, MMv.
Nächste Rd (Abn): Strukturmuster fortführen, *re bis 2 M vor MM, 2 re-verschr-zus, MMv, 1 re, 2 re-zus, re bis 2 M vor MM, 2 re-verschr-zus, re bis MM, MMv; ab * noch 1-mal wdh. (P – 8) M.
Nächste W-Rdn: Strukturmuster über alle M fortführen.
Nächste Rdn: Die letzten (W + 1) Rdn noch (V – 2)-mal wdh, die Abn-Rdn noch 1-mal wdh. (P – 32) M.

Stricke im Strukturmuster ohne Formgebung für 5 cm = 16 Rdn.

Du strickst jetzt die Zunahmen an denselben 4 Positionen, an denen du auch die Abnahmen gestrickt hast. In jeder Zunahmerunde nimmst du 8 M zu.
Nächste Rd (Zun): Strukturmuster fortführen, *stricke bis MM, Qfd-L, MMv, 1 re, Qfd-R, stricke bis MM, Qfd-L, MMv, 1 re, Qfd-R, re bis MM, MMv; ab * noch 1-mal wdh. (P – 32 + 8) = (P – 24) M.
Nächste Z-Rdn: Strukturmuster über alle M fortführen.
Nächste Rdn: Die letzten (Z + 1) Runden noch (Y – 2)-mal wdh, die Abn noch 1-mal wdh und dabei alle MM außer den beiden Seitenmarkern in der letzten Rd entfernen. (P + 8) M.
Strukturmuster fortführen, noch eine weitere Rd (oder individuelle Anzahl Runden, je nach gewünschter Länge) stricken, bevor du mit dem Saum beginnst. Weiter mit »Saum«.

Nur Andreas Pullover

Vorbereitungs-Rd (sollte eine Runde ohne li M sein): 53 re, MMs, 54 re, MMs, re bis MM, MMv, 55, re MMs, 50 re, MMs, re bis MM, MMv.

Nächste Rd (Abn): Strukturmuster fortführen, *re bis 2 M vor MM stricken, 2 re-verschr-zus, re bis MM stricken, 2 re-verschr-zus, re bis MM stricken, MMv; ab * noch 1-mal wdh. 312 M.

Nächste 5 Rdn: Strukturmuster über alle M fortführen.

Nächste Rdn: Die letzten 6 Rdn noch 2-mal wdh, Abn-Rd noch 1-mal wdh. 288 M.

Stricke im Muster ohne Formgebung für 5 cm = 16 Rdn.

Du strickst jetzt die Zunahmen an denselben 4 Positionen, an denen du auch die Abnahmen gestrickt hast. In jeder Zunahmerunde nimmst du 8 M zu.

Nächste Rd (Zun): Strukturmuster fortführen, *stricke bis MM, Qfd-L, MMv, 1 re, Qfd-R, stricke bis MM, Qfd-L, MMv, 1 re, Qfd-R, re bis MM, MMv; ab * noch 1-mal wdh. 296 M.

Nächste 4 Rdn: Strukturmuster über alle M fortführen.

Nächste Rdn: Die letzten 5 Rdn noch 3-mal wdh, Abn-Rd noch 1-mal wdh, dabei alle MM außer den beiden Seitenmarkern der letzten Runde entfernen. 328 M.

Strukturmuster fortführen, weitere 6 Rdn stricken, bevor du mit dem Saum beginnst.

Weiter ab »Saum«.

Saum

Du strickst jetzt den Saum deines Pullovers. Behalte die Spalten mit den linken Maschen bei und stricke nur die Rd 4 des Strukturmusters.

Rd 1–20: Stricke die linken M weiter wie bisher und arbeite dazwischen die rechten M.

Alle M wie zum Rechtsstricken in der nächsten Runde abketten. Faden abschneiden.

Ärmel (beide gleich)

Mit einer Nadel für kleine Umfänge beginne in der Mitte des Unterarms, 1 M aus jeder Unterarm-M aufnehmen und stricken. Die stillgelegten Ärmel-M auf die linke Nadel nehmen, 1 M zwischen Unterarm und Ärmel aufnehmen, die aufgenommene M mit der ersten Ärmel-M zusammenstricken. Über die Ärmel-M bis zur letzten M stricken, 1 M abheben, 1 M zwischen Ärmel und Unterarm aufnehmen, die abgehobene M auf die linke Nadel zurückheben und diese 2 M durch das hintere Maschenglied zusammenstricken. Nimm 1 M aus jeder Unterarm-M bis zur Mitte des Unterarms auf und stricke sie, MMs am Rd-Beginn setzen. 72 (76, 82, 86) (92, 100, 100) (108, 116, 124) M.

Rdn 1–117: Alle M re, MMv.

Nur Größe 1

Rd 118 (Abn): 1 re, (2 re-verschr-zus, 2 re-zus, 1 re) bis 1 M vor MM, 1 re, MMv. 52 M.

Weiter mit »Ärmelbündchen«.

Nur Größe 2

Rd 118 (Abn): 3 re, (2 re-verschr-zus, 2 re, 2 re-zus, 1 re) bis 3 M vor MM, 3 re, MMv. 56 M.

Weiter mit »Ärmelbündchen«.

Nur Größe 3

Rd 118 (Abn): 2 re, (2 re-verschr-zus, 1 re, 2 re-zus, 1 re) bis 2 M vor MM, 2 re, MMv. 56 M.

Weiter mit »Ärmelbündchen«.

Nur Größe 4

Rd 118 (Abn): 2 re, (1 re, 2 re-verschr-zus, 1 re, 3 re-zentr-zus, 1 re, 2 re-zus) bis MM, MMv. 56 M.

Weiter mit »Ärmelbündchen«.

Nur Größe 5

Rd 118 (Abn): 1 re, (2 re-verschr-zus, 1 re, 3 re-zentr-zus, 1 re, 2 re-zus) bis MM, MMv. 56 M.

Weiter mit »Ärmelbündchen«.

Nur Größen 6 und Andrea

Rd 118 (Abn): (1 re, 2 re-verschr-zus, 1 re, 3 re-zentr-zus, 1 re, 2 re-zus) bis MM, MMv. - (-, -, -) (-, 60, 60) (-, -, -) M.

Weiter mit »Ärmelbündchen«.

Nur Größe 7

Rd 118 (Abn): 2 re, 2 re-zus, (1 re, 3 re-zentr-zus, 1 re, 2 re-zus, 1 re) bis MM, MMv. 68 M.

Weiter mit »Ärmelbündchen«.

Nur Größe 8

Rd 118 (Abn): 2 re-zus, (1 re, 3 re-zentr-zus, 1 re, 2 re-zus, 1 re) bis 2 M vor MM, 2 re-verschr-zus, MMv. 72 M.

Weiter mit »Ärmelbündchen«.

Nur Größe 9

Rd 118 (Abn): 2 re, (2 re-verschr-zus, 1 re, 3 re-zentr-zus, 1 re, 2 re-zus, 1 re) bis 2 M vor MM, 2 re, MMv. 76 M.

Weiter mit »Ärmelbündchen«.

Ärmelbündchen

Nur Größen 1, 4 und 5

Rd 119–126: 2 re, 1 li, (3 re, 1 li) bis 1 M vor MM, 1 re, MMv.

Rd 127 (Abn): 1 re, 2 re-zus, Strukturmuster fortführen bis zu den letzten beiden M, 2 re-verschr-zus, MMv. 50 (-, -, -) (54, 54, -) (-, -, -) M.

Rdn 128–146: Rdn 123–127 noch 3-mal wdh, Rd 123–126 noch 1-mal wdh. 44 (-, -, 48) (48, -, -) (-, -, -) M.

Alle M wie zum Rechtsstricken in der nächsten Runde abketten. Faden abschneiden.

Nur Größen 2, 3, 6, und 7-9

Rdn 119–122: 2 re, 1 li, (3 re, 1 li) bis 1 M vor MM, 1 re, MMv.

Rd 123 (Abn): 1 re, 2 re-zus, Strukturmuster fortführen bis zu den letzten beiden M, 2 re-verschr-zus, MMv. - (54, 54, -) (-, 58, -) (66, 70, 74) M.

Rdn 124–146: Rdn 119–123 noch 4-mal wdh, Rdn 119–122 noch 1-mal wdh. - (46, 46, -) (-, 50, -) (58, 62, 66) M.

Alle M wie zum Rechtsstricken in der nächsten Runde abketten. Faden abschneiden.

Nur Größe Andrea

Rdn 119–122: 2 re, 1 li, (3 re, 1 li) bis 1 M vor MM, 1 re, MMv.

Rd 123 (Abn): 1 re, 2 re-zus, Strukturmuster fortführen bis zu den letzten beiden M, 2 re-verschr-zus, MMv. 58 M.

Rdn 124–154: Rdn 119–123 noch 5-mal wdh, Rdn 119–122 noch 1-mal wdh. 48 M.

Alle M wie zum Rechtsstricken in der nächsten Runde abketten. Faden abschneiden.

Ausschnittblende

Setze den Faden an der Ausschnittkante zu Beginn des rechten Ärmels an und nimm mit der 3,25-mm-Rundstricknadel 10 (10, 12, 12) (14, 14, 14) (14, 16, 16) M entlang des rechten Ärmels auf und stricke sie rechts ab, nimm weitere 46 (46, 48, 48) (50, 52, 54) (56, 56, 60) M entlang der Rückenausschnittkante auf, weitere 10 (10, 12, 12) (14, 14, 14) (14, 16, 16) M entlang des linken Ärmels und 54 (54, 56, 56) (58, 60, 62) (64, 64, 68) aus der Kante des Vorderteilausschnittes auf und stricke sie rechts ab, MMs, schließe die Arbeit zur Runde. 120 (120, 128, 128) (136, 140, 144) (148, 152, 160) M.

Rd 1: Alle M li, MMv.

Rd 2: 0 (0, 4, 4) (4, 4, 0) (4, 4, 4) li, *2 li-zus, 8 (8, 8, 8) (9, 9, 10) (10, 10, 11) li; ab * bis zu den letzten 0 (0, 4, 4) (0, 4, 0) (0, 4, 0) M, dann die letzten 0 (0, 4, 4) (0, 4, 0) (0, 4, 0) M li, MMv.

108 (108, 116, 116) (124, 128, 132) (136, 140, 148) M.

Rdn 3–5: (3 re, 1 li) bis MM, MMv.

Rdn 6–8: Zur 3-mm-Rundstricknadel wechseln und die Rdn 3–5 noch 1-mal wdh.

Kontrolliere die Fadenspannung und kette in der nächsten Runde alle M rechts ab. Prüfe, ob die Ausschnittblende über deinen Kopf passt. Wenn ja, schneide den Faden ab. Wenn nicht, kette lockerer ab und prüfe erneut.

Fertigstellung

Alle Fäden vernähen.

Den Pullover ins Waschbecken oder eine Schüssel mit lauwarmem Wasser legen und entspannen lassen. Vorsichtig durchwaschen und überschüssiges Wasser abstreifen.

Dann auf ein großes Badehandtuch legen, das Handtuch mit dem Pullover einrollen und vorsichtig ausdrücken. Den Pullover sanft in Form ziehen, alle Kanten glattstreichen und liegend trocknen lassen.

Andrea und ihr zusammengesetzter Raglanpullover

Was hast du gedacht, als ich dir mein Buchkonzept vorgestellt und dich gefragt habe, ob du dabei mitmachen möchtest?

Andrea: Spannend, da möchte ich mitmachen! Das ist ja mal ein interessantes Konzept.

Welche Erfahrungen hast du mit Oberteilen gemacht, die du zuvor für dich gestrickt hast?

Andrea: Dass es schwierig ist, alle Maße in eine Konfektionsgröße zu packen. Passen sie mir an der Brust, fallen die Schultern meistens runter, die Gesamtlänge passt nicht zu meinem Oberkörper, der ist irgendwie länger.

Was bedeutet eine gute Passform für dich?

Andrea: Es fällt nichts von den Schultern herunter; ich freue mich, wenn ich mich im Spiegel sehe; es fällt locker auch bei körperbetonten bzw. der Körperform nachgehenden Schnitten; Rücken und Oberarme werden nicht gepresst, wenn ich die Arme vorn zusammenführe.

Inwiefern hat sich deine Einstellung zum Thema Passform geändert, nachdem du deinen Pullover nach der für dich entworfenen Anleitung gestrickt hast?

Andrea: Brustabnäher sind klasse. Auch ein weiter Ausschnitt kann so geformt sein, dass er nicht von den Schultern rutscht.

Wie fühlst du dich in deinem neuen Pullover?

Andrea: Leicht, gemütlich, chic!

Welche Reaktionen aus deinem Umfeld hast du zu deinem neuen Pullover bekommen?

Andrea: »Oh, der ist aber schön!«

Was nimmst du für dich für das Stricken deiner nächsten Pullover mit?

Andrea: Ich habe direkt einen neuen Pulli mit anderer Wolle genau mit dem Schnitt und Muster angefangen. Und ich werde viel öfter Abnäher einbauen. Generell hat sich mein Blickwinkel auf eine bessere Passform eingestellt.

Welchen guten Rat kannst du den Leserinnen des Buches geben?

Andrea: Hat man mal ein, zwei Pullis mit einer guten Passform gefunden, kann man meist bestimmte Abschnitte auf andere Anleitungen übertragen. In meinem Fall baue ich öfter Brustabnäher ein und schaue, ob ich die Schulterschrägen für mich anpasse. Keine Anleitung muss absolut in allen Punkten so nachgestrickt werden, wie sie geschrieben ist.

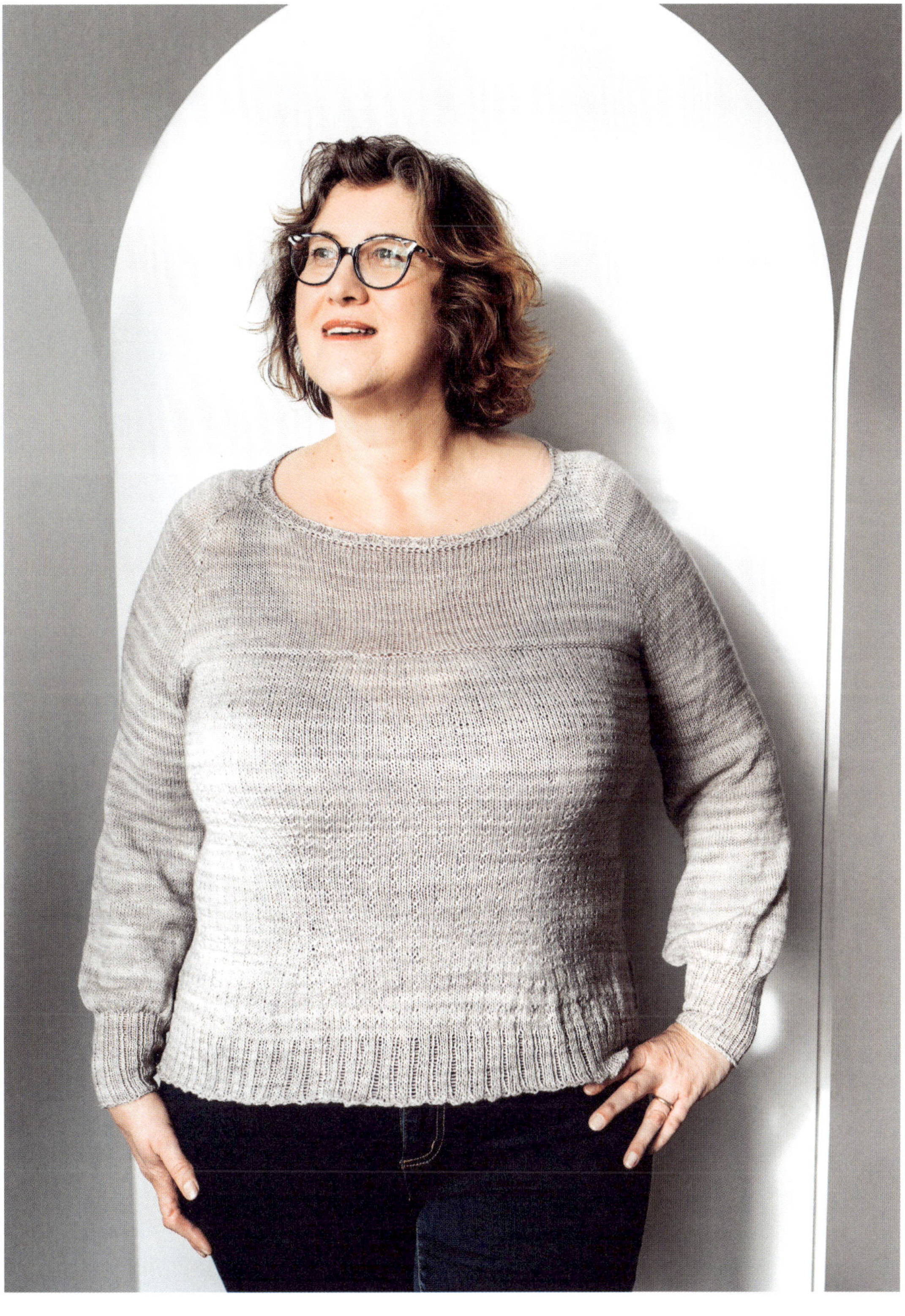

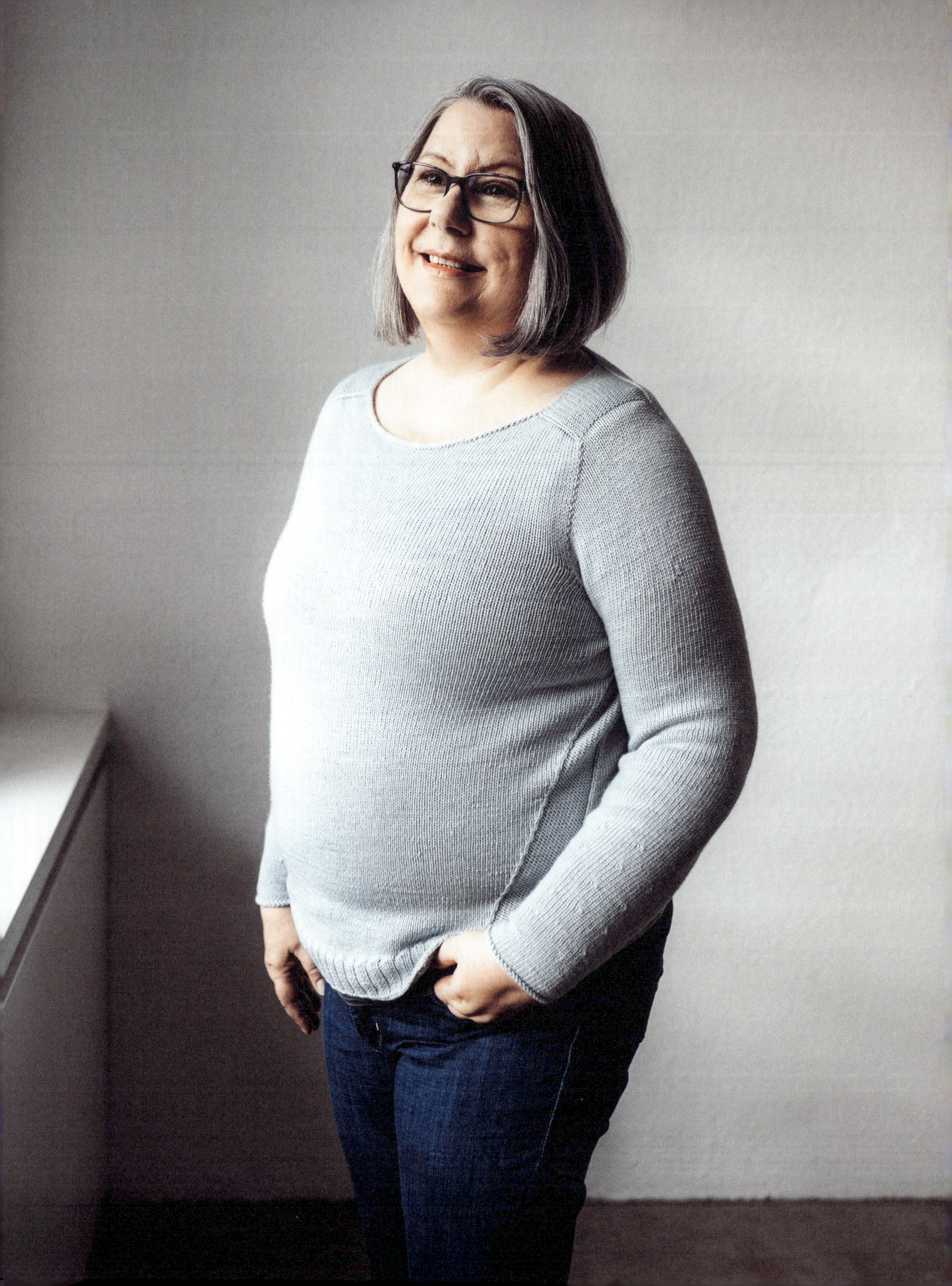

Modell Hortensie

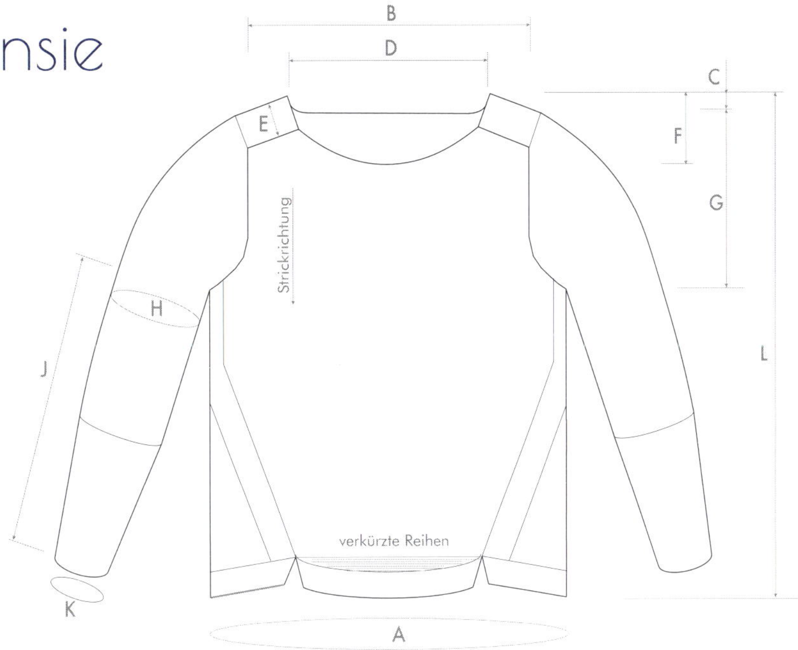

Größe Fertigmaße	1	2	3	4	Claudia	5	6	7	8	9
A – Brustumfang	83,5 cm	93,5 cm	103,5 cm	113,5 cm	123,5 cm	123,5 cm	133,5 cm	143,5 cm	153,5 cm	163,5 cm
B – Schulterweite	31 cm	31,5 cm	34 cm	36 cm	38 cm	38 cm	41 cm	42,5 cm	44 cm	46 cm
C – Tiefe der Schulterschräge	3,5 cm	4 cm	5 cm	5,5 cm	6 cm	6 cm	7 cm	7 cm	7,5 cm	8 cm
D – Ausschnittweite	18,5 cm	18,5 cm	18,5 cm	18,5 cm	19 cm	19 cm	19 cm	20 cm	21 cm	21,5 cm
E – ½ Sattelbreite	3 cm	3 cm	3,5 cm	3,5 cm	4 cm	4 cm	4 cm	4,5 cm	5 cm	5 cm
F – Tiefe des Vorderteilausschnittes	6,5 cm	7 cm	8,5 cm	9 cm	10 cm	10 cm	11 cm	11,5 cm	12,5 cm	13 cm
G – Tiefe des Armlochs	19 cm	20 cm	20,5 cm	21 cm	22 cm	22 cm	23 cm	25 cm	27 cm	28 cm
H – Umfang des Oberarms	30 cm	32 cm	34 cm	36 cm	36 cm	38 cm	41,5 cm	45 cm	48 cm	51,5 cm
J – Ärmellänge	45 cm	45 cm	45 cm	45 cm	48 cm	45 cm	45 cm	45 cm	45 cm	45 cm
K – Umfang des Ärmelbündchens	18,5 cm	18,5 cm	20 cm	22,5 cm	21 cm	23,5 cm	25 cm	26,5 cm	28,5 cm	30 cm
L - Gesamtlänge	63,5 cm	64 cm	64,5 cm	65 cm	66 cm	66 cm	67 cm	69 cm	71 cm	72 cm
M – Umfang am Ärmelbündchen	18,5 cm	19 cm	19 cm	20 cm	20 cm	21 cm	20 cm	24 cm	26 cm	27,5 cm
N – Gesamtlänge	Ich empfehle, eine Länge zu wählen, die mindestens 5 cm vor der breitesten Stelle deiner Hüfte endet						60 cm	Ich empfehle, eine Länge zu wählen, die mind. 5 cm vor der breitesten Stelle deiner Hüfte endet		

Anleitung Hortensie

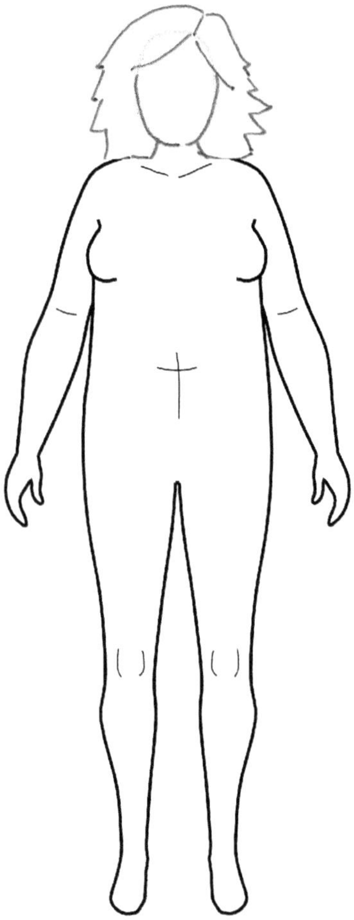

Hortensie ist ein Pullover in meinem Lieblingsstil. Er hat Details auf der Vorderseite, die zu meiner Körperform passen und zu jeder anderen Person, die eine ähnliche Körperform wie ich hat. Ich habe diesen Pullover für mich selbst entworfen, mit einer Sattelschulter, einem geraden Körper und glatt links gestrickten schrägen Streifen, die vom Unterarm in Richtung der Mitte des Vorderteils verlaufen. Der Pullover wird nahtlos von oben nach unten gestrickt. Meiner Meinung nach ist ein von oben nach unten gestrickter Sattelschulter-Pullover ideal für Strickanfänger und sorgt für eine gute Passform um die Schultern. Mein Pullover hat einen geteilten Saum, der Vorder- und Rückenteil nicht an den Seitennähten, sondern näher zur Mitte des Vorderteils hin voneinander trennt. Meine größere Oberweite und mein Bauch verursachen das Problem, dass die untere Kante des Vorderteils höher sitzt als die des Rückenteils. Deshalb habe ich mich entschlossen, verkürzte Reihen vor dem Saum zu arbeiten, um dies auszugleichen. Die Länge des Körperteils endet nach der breitesten Stelle meines Körpers und hat ein gutes Verhältnis zur Länge meiner Beine. Die langen Ärmel sind gerade und beginnen, erst in der Mitte meines Unterarms schmaler zu werden, und enden auf der Höhe meiner Hüfte.

Hortensie beinhaltet meinen (Claudias) Pullover als Beispiel für eine individuell angepasste Strickanleitung. Es gibt Erklärungen, die dir zeigen, wie ich die Anpassungen vorgenommen habe, damit du sie nachvollziehen und auf deine Maße anwenden kannst.

Größen

1 (2, 3, 4) (Claudia, 5, 6) (7, 8, 9) mit einem Fertigmaß von 83,5 (93,5, 103,5, 113,5) (123,5, 123,5, 133.5) (143,5, 153,5, 163,5) cm um die Brust

Ich habe Hortensie für 2,5–5 cm Mehrweite um den Körper entworfen.

Claudias Pullover hat den Brustumfang der Größe 5 mit 3,5 cm Mehrweite, sowie längere Ärmel in Größe 4 und verkürzte Reihen in der Mitte vor dem Saum. Die übrigen Maße entsprechen ansonsten Größe 5.

Garn

Das Mondschaf Libra, 100 % Wolle, 320 m/100 g

Claudias Pullover ist der Farbe »Seven of Nine« gestrickt.

Garnverbrauch

4 (5, 5, 5) (5, 5, 6) (6, 7, 7) Stränge oder ca. 1200 (1300, 1400, 1500) (1550, 1600, 1720) (1840, 1960, 2080) m eines Wollgarnes, mit dem die angegebene Maschenprobe erreicht wird. Jeder strickt unterschiedlich, deshalb ist die angegebene Lauflänge als Schätzung anzusehen.

Maschenprobe

24 M x 32 R = 10 cm in glatt rechts und im Rippenmuster mit Nadelstärke 3,25 mm gestrickt, gewaschen und glattgestrichen gemessen.

Es empfiehlt sich die Maschenprobe zu überprüfen und gegebenenfalls die Nadelgröße anzupassen, um die angegebene Maschenprobe zu erhalten.

Stricknadeln

3-mm-Rundstricknadel, 40 cm lang

3,25-mm-Rundstricknadeln, 40 cm und 80 cm lang

3,25-mm-Nadelspiel für die Ärmel, wenn du nicht mit der Magic-Loop-Methode strickst

Zubehör

5 Maschenmarkierer (einer in einer anderen Farbe, um ihn als MM3 zu verwenden), Wollnadel, Restgarn zum Maschenstilllegen

Verwendete Techniken

Kreuzanschlag, Maschen aufschlingen, rechte und linke Maschen

Zunahmen: Qfd-L, Qfd-L(li), Qfd-R, Qfd-R(li)

Abnahmen: 2 re-zus, 2 re-verschr-zus,

verkürzte Reihen mit Doppelmaschen (German Short Rows, Unterarmmaschen aufnehmen, Standardabnahmemethode

Strickmuster

Glatt rechts (in Reihen):

R 1 (HR): Alle M re.

R 2 (RR): Alle M li.

Glatt rechts (in Runden):

Rd 1 und alle weiteren Rdn: Alle M re.

Rippenmuster (in Reihen): Maschenzahl teilbar durch 4

R 1 und alle weiteren Reihen: (2 re, 2 li) bis zum Ende.

Anmerkungen

Bitte nimm deine Körpermaße, bevor du eine Größe auswählst. Für weitere Empfehlungen schaue auf Seite 71 im Baukasten nach.

Anleitung

Dieser Pullover wird nahtlos in der Runde gestrickt und hat eine Sattelschulter. Der Halsausschnitt wird mit verkürzten Reihen geformt. Beachte bitte, dass die beiden Beinchen jeder Doppelmasche (DM) in der nächsten Reihe als eine Masche gestrickt werden.

Mit der 3-mm-Rundstricknadel 126 (126, 130, 130) (142, 142, 142) (150, 158, 162) M anschlagen. Ich habe den Kreuzanschlag verwendet.

Stricke eine Rückreihe mit linken Maschen – das wird dir helfen, die Arbeit zur Runde zu schließen, ohne die M zu verdrehen. Die Arbeit zur Runde schließen, einen MM für den Rd-Beginn setzen und 1 Rd linke Maschen stricken.

Vorbereitungs-Rd: 44 (44, 44, 44) (46, 46, 46) (48, 50, 52) re, MM1s, 1 re, 12 (12, 14, 14) (18, 18, 18) (20, 22, 22) li, 1 re, MM2s, 54 (54, 54, 54) (56, 56, 56) (58, 60, 62) re, MM3s, 1 re, li bis zur letzten M, 1 re, MMv (das ist jetzt MM4).

Zur kurzen 3,25-mm-Rundstricknadel wechseln.

Im ersten Abschnitt mit verkürzten R nimmst du nur am Rückenteil M zu.

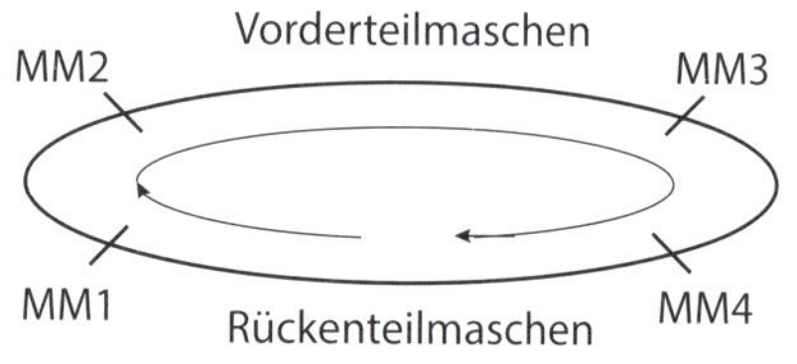

Verkürzte R 1 (HR): Re bis MM1, MMv1, 1 re, 7 (7, 9, 9) (13, 13, 13) (15, 17, 17) li, wenden.

Verkürzte R 2 (RR): Abh+anz, re bis 1 M vor MM1, 1 li, MMv1, Qfd-R(li), li bis MM4, Qfd-L(li), MMv4, 1 li, 7 (7, 9, 9) (13, 13, 13) (15, 17, 17) re, wenden – 128 (128, 132, 132) (144, 144, 144) (152, 160, 164) M.

Verkürzte R 3: Abh+anz, li bis 1 M vor MM4, 1 re, MMv4, Qfd-L, re bis MM1, Qfd-R, MMv1, 1 re, li bis 4 M nach DM, wenden. 130 (130, 134, 134) (146, 146, 146) (154, 162, 166) M.

Verkürzte R 4: Abh+anz, re bis 1 M vor MM1, 1 li, MMv1, Qfd-R(li), li bis MM4, Qfd-L(li), MMv4, 1 li, re bis 4 M nach DM, wenden. 132 (132, 136, 136) (148, 148, 148) (156, 164, 168) M.

Verkürzte R 5: Abh+anz, li bis 1 M vor MM4, 1 re, MMv4, Qfd-L, re bis MM1, Qfd-R, MMv1, 1 re, li bis 1 M vor MM2, 1 re, MMv2, 2 re, wenden. 134 (134, 138, 138) (150, 150, 150) (158, 166, 170) M.

Verkürzte R 6: Abh+anz, 1 li, MMv2, 1 li, re bis 1 M vor MM1, 1 li, MMv1, Qfd-R(li), li bis MM4, Qfd-L(li), MMv4, 1 li, re bis 1 M vor MM3, 1 li, MMv3, 2 li, wenden. 136 (136, 140, 140) (152, 152, 152) (160, 168, 172) M.

Du hast nun am Rückenteil die gleiche Anzahl von M wie am Vorderteil. Im zweiten Abschnitt mit verkürzten R nimmst du sowohl am Rückteil als auch am Vorderteil Maschen zu.

Verkürzte R 7: Abh+anz, re bis MM3, Qfd-R, MMv3, 1 re, li bis 1 M vor MM4, 1 re, MMv4, Qfd-L, re bis MM1, Qfd-R, MMv1, 1 re, li bis 1 M vor MM2, 1 re, MMv2, Qfd-L, re bis 3 M nach DM, wenden. 140 (140, 144, 144) (156, 156, 156) (164, 172, 176) M.

Verkürzte R 8: Abh+anz, li bis MM2, Qfd-L(li), MMv2, 1 li, re bis 1 M vor MM1, 1 li, MMv1, Qfd-R(li), li bis MM4, Qfd-L(li), MMv4, 1 li, re bis 1 M vor MM3, 1 li, MMv3, Qfd-R(li), li bis 3 M nach DM, wenden. 144 (144, 148, 148) (160, 160, 160) (168, 176, 180) M.

Verkürzte R 9–12: Verkürzte R 7–8 noch 2-mal wdh. 160 (160, 164, 164) (176, 176, 176) (184, 192, 196) M.

Nächste R: Abh+anz, re bis MM3, Qfd-R, MMv3, 1 re, li bis 1 M vor MM4, 1 re, MMv4, Qfd-L, re bis MM1, Qfd-R, MMv1, 1 re, li bis 1 M vor MM2, 1 re, MMv2, Qfd-L, re bis MM3, Qfd-R, MMv3, 1 re, li bis 1 M vor MM4, 1 re, MMv4. 165 (165, 169, 169) (181, 181, 181) (189, 197, 201) M.

Der Rd-Beginn liegt beim Tragen am linken Schulterblatt.

Wechsle zur längeren Rundstricknadel, wenn dir das leichter fällt.

Rd 1 (Zun Körperteil): *Qfd-L, re bis MM, Qfd-R, MMv, re bis MM, MMv; ab * noch 1-mal wdh. 169 (169, 173, 173) (185, 185, 185) (193, 201, 205) M.

Nächste Rdn: Rd 1 noch 1 (2, 5, 7) (9, 9, 12) (13, 14, 15)-mal wdh. 173 (177, 193, 201) (221, 221, 233) (245, 257, 265) M.

Nächste Rd (Zun Körperteil minus 1 Zun vor MM3): Qfd-L, re bis MM1, Qfd-R, MMv1, re bis MM2, MMv2, Qfd-L, re bis MM3, MMv3, re bis MM4, MMv4. 176 (180, 196, 204) (**224,** 224, 236) (248, 260, 268) M.

74 (76, 82, 86) (**92,** 92, 98) (102, 106, 110) M jeweils am Vorder- und Rückenteil und jeweils 14 (14, 16, 16) (**20,** 20, 20) (22, 24, 24) Sattel-M.

Rd 1 (Zun Ärmel): *Re bis MM, MMv, 1 re, Qfd-L, re bis 1 M vor MM, Qfd-R, 1 re, MMv; ab * noch 1-mal wdh. 180 (184, 200, 208) (**228,** 228, 240) (252, 264, 272) M.

Rd 2: Alle M re.

Nächste Rdn: Rdn 1–2 noch 18 (18, 16, 16) (**16,** 16, 16) (16, 16, 16)-mal wdh. 252 (256, 264, 272) (**292,** 292, 304) (316, 328, 336) M.

Nächste Rd (Zun Ärmel): *Re bis MM, MMv, 1 re, Qfd-L, re bis 1 M vor MM, Qfd-R, 1 re, MMv; ab * noch 1-mal wdh. 256 (260, 268, 276) (**296,** 296, 308) (320, 332, 340) M.

Nächste Rd (Zun Körperteil): *Qfd-L, re bis MM, Qfd-R, MMv, re bis MM, MMv; ab * noch 1-mal wdh. 260 (264, 272, 280) (**300,** 300, 312) (324, 336, 344) M.

Nächste Rdn: Die letzten beiden Rdn noch 2 (2, 4, 3) (**1,** 1, 3) (4, 5, 8)-mal wdh. 276 (280, 304, 304, 308) (336, 356, 376, 408) M.

Nächste Rd (Zun Körperteil und Ärmel): *Qfd-L, re bis MM, Qfd-R, MMv, 1 re, Qfd-L, re bis 1 M vor MM, Qfd-R, 1 re, MMv; ab * noch 1-mal wdh. 284 (288, 312, 312) (**316,** 316, 344) (364, 384, 416) M.

Nächste Rd (Zun Körperteil): *Qfd-L, re bis MM, Qfd-R, MMv, re bis MM, MMv; ab * noch 1-mal wdh. 288 (292, 316, 316) (**320,** 320, 348) (368, 388, 420) M.

Nächste Rdn: Die letzten beiden Rdn noch 2 (3, 2, 4) (**6,** 6, 5) (6, 7, 7)-mal wdh. 312 (328, 340, 364) (**392,** 392, 408) (440, 472, 504) M.

Nur Größen 1, 3, 4, Claudia und 5–9

Nächste Rd (Zun Körperteil und Ärmel): *Qfd-L, re bis MM, Qfd-R, MMv, 1 re, Qfd-L, re bis 1 M vor MM, Qfd-R, 1 re, MMv; ab * noch 1x wdh. 320 (-, 348, 372) (**400,** 400, 416) (448, 480, 512) M.

Nächste Rd(s): Die letzte Rd noch 1 (-, 1, 1) (**0,** 1, 3) (3, 3, 3)-mal wdh. 328 (-, 356, 380) (**400,** 408, 440) (472, 504, 536) M.

Nur Größe 1

Weiter ab »Körperteil und Ärmel trennen«.

Nur Größe Claudia

Nächste Rd (Zun Körperteil): *Qfd-L, re bis MM, Qfd-R, MMv, re bis MM, MMv; ab * noch 1-mal wdh. 404 M.

Nächste Rd (Zun Körperteil x2): *Qfd-L, 1 re, Qfd-L, re bis 1 M vor MM, Qfd-R, 1 re, Qfd-R, MMv, re bis MM, MMv; ab * noch 1-mal wdh. 412 M.

Nächste Rd: Die letzte Rd noch 1-mal wdh. 420 M.

Weiter ab »Körperteil und Ärmel trennen«.

Nur Größen 2–4 und 5–9

Nächste Rd (Zun Körperteil 2-mal und Ärmel): *Qfd-L, 1 re, Qfd-L, re bis 1 M vor MM, Qfd-R, 1 re, Qfd-R, MMv, 1 re, Qfd-L, re bis 1 M vor MM, Qfd-R, 1 re, MMv; ab * noch 1-mal wdh. – (340, 368, 392) (**-,** 420, 452) (484, 516, 548) M.

Nächste Rd: Die letzte Rd noch - (1, 1, 1) (**-,** 1, 1) (1, 1, 1)-mal wdh. - (352, 380, 404) (**-,** 432, 464) (496, 528, 560) M.

Weiter ab »Körperteil und Ärmel trennen«.

Körperteil und Ärmel trennen

Vorbereitungs-Rd: Re bis MM, MMv, die nächsten 68 (70, 74, 76) (**74,** 80, 86) (92, 98, 104) M für den rechten Ärmel stilllegen, 4 (6, 8, 10) (**12,** 12, 14) (16, 18, 20) Unterarm-M aufschlingen, MMs, die 96 (106, 116, 126) (**136,** 136, 146) (156, 166, 176) Vorderteil-M re stricken, MMv, die nächsten 68 (70, 74, 76) (**74,** 80, 86) (92, 98, 104) M für den linken Ärmel stilllegen, 4 (6, 8, 10) (**12,** 12, 14) (16, 18, 20) Unterarm-M aufschlingen, MMv, über die 96 (106, 116, 126) (**136,** 136, 146) (156, 166, 176) Rückenteil-M re stricken, MMv, (= neuer Rd-Beginn). 200 (224, 248, 272) (**296,** 296, 320) (344, 368, 392) M.

Körperteil

Nur Größe 1

Rd 1: 4 li, MMe, 4 li, MMs, re bis 4 M vor MM, MMs, 4 li, MMe, 4 li, MMv, re bis MM.

Rd 2–26: *Li bis MM, MMv, re bis MM, MMv; ab * noch 1-mal wdh.

Rd 27: Li bis MM, MMv, 2 re-verschr-zus, re bis 2 M vor MM, 2 re-zus, MMv, li bis MM, MMv, 1 re, Qfd-R, re bis 1 M vor MM, Qfd-L, 1 re, MMv.

Rdn 28–32: Alle M stricken, wie sie erscheinen.

Rdn 33–122: Rdn 27–32 noch 15-mal wdh.

Weiter ab »Alle Größen«.

Nur Größe 2

Rd 1: 6 li, MMe, 2 li, MMs, re bis 2 M vor MM, MMs, 2 li, MMe, 6 li, MMv, re bis MM.

Rdn 2–14: *Li bis MM, MMv, re bis MM, MMv; ab * noch 1-mal wdh.

Rd 15: Li bis MM, MMv, 2 re-verschr-zus, re bis 2 M vor MM, 2 re-zus, MMv, li bis MM, MMv, 1 re, Qfd-R, re bis 1 M vor MM, Qfd-L, 1 re, MMv.

Rdn 16–20: Alle M stricken, wie sie erscheinen.

Rdn 21–122: Rdn 15–20 noch 17-mal wdh.

Weiter ab »Alle Größen«.

Nur Größe 3

Rdn 1-2: * Li bis MM, MMv, re bis MM, MMv; ab * noch 1-mal wdh.

Rd 3: Li bis MM, MMv, 2 re-verschr-zus, re bis 2 M vor MM, 2 re-zus, MMv, Li bis MM, MMv, 1 re, Qfd-R, re bis 1 M vor MM, Qfd-L, 1 re, MMv.

Rdn 4–8: Alle M stricken, wie sie erscheinen.

Rdn 9–122: Rdn 3–8 noch 19-mal wdh.

Weiter ab »Alle Größen«.

Nur Größen 4, Claudia und 5–6

Rdn 1–22: *Li bis MM, MMv, re bis MM, MMv; ab * noch 1-mal wdh.

Rd 23: Li bis MM, MMv, 2 re-verschr-zus, re bis 2 M vor MM, 2 re-zus, MMv, li bis MM, MMv, 1 re, Qfd-R, re bis 1 M vor MM, Qfd-L, 1 re, MMv.

Rdn 24–26: Alle M stricken, wie sie erscheinen.

Rdn 27–122: Rdn 23–26 noch - (-, -, 24) (24, 24, 24) (-, -, -)-mal wdh.

Weiter ab »Alle Größen«.

Nur Größen 7–9

Rdn 1–2: *Li bis MM, MMv, re bis MM, MMv; ab * noch 1-mal wdh.

Rd 3: Li bis MM, MMv, 2 re-verschr-zus, re bis 2 M vor MM, 2 re-zus, MMv, li bis MM, MMv, 1 re, Qfd-R, re bis 1 M vor MM, Qfd-L, 1 re, MMv.

Rdn 4–6: Alle M stricken, wie sie erscheinen.

Rdn 7–122: Rdn 3–6 noch 29-mal wdh.

Weiter ab »Alle Größen«.

Alle Größen

Li bis MM, MMv, der nächste Abschnitt wird über die nächsten 56 (66, 76, 76) (86, 86, 96) (96, 106, 116) M des Vorderteils zwischen den beiden links gestrickten Streifen gearbeitet.

Du teilst nun deine Arbeit in diese 56 (66, 76, 76) (86, 86, 96) (96, 106, 116) M und 144 (158, 172, 196) (210, 210, 224) (248, 262, 276) M.

Verkürzte Reihen vor dem Saum stricken

Wenn du eine größere Oberweite hast, sitzt die untere Kante am Vorderteil deines Pullovers höher als am Rückenteil. Verkürzte Reihen am Vorderteil, bevor du den Saum strickst, lösen dieses Problem. Wie du diese berechnest und planst, kannst du im »Mix 'n' Match«-Baukasten auf Seite 85 nachlesen.

Zum Beispiel ist Claudias Vorderteilmaß 45 cm, und ihr Rückenteilmaß ist 40 cm, was eine Differenz von 5 cm ergibt.

5 cm x 32 R ÷ 10 = 16 R (auf die nächste ganze Zahl gerundet). Halbiere diese Zahl, denn jede verkürzte Reihe wird mit einem Paar Reihen gearbeitet 16 ÷ 2 = 8 Paare verkürzte Reihen. (Wenn du keine ganze Zahl erhältst,, runde einfach auf die nächste ganze Zahl ab.) Dies ist die Anzahl der verkürzten Reihenpaare, die du stricken musst, um das Vorderteil um 5 cm zu verlängern.

Wähle für den mittleren Teil der verkürzten Reihen eine Anzahl von M, die mindestens ⅓ der vorderen Breite entsprechen. Bei mehr als 100 M kannst du bis auf ½ der vorderen Breite hochgehen. In unserem Beispiel mit 86 M, die wir verlängern wollen, würde ich 30 M in der Mitte und je 28 M links und rechts wählen.

Die verkürzten Reihen planen

In unserem Beispiel gibt es auf jeder Seite 8 Wendepunkte, und du musst dir überlegen, wie du die 28 Maschen, die du auf jeder Seite der mittleren 30 M hast, verteilst. Teile die Anzahl der Maschen (28) durch die Anzahl der Wendepunkte (8). Das Ergebnis ist wahrscheinlich keine ganze Zahl. In unserem Beispiel mit 28 Maschen sind das 28 M ÷ 8 Reihen = 3,5 M. Sie kannst du entweder abrunden oder du beginnst mit dem Aufrunden für die ersten zwei oder vier verkürzten Reihen und gehst dann um 1 M für die restlichen verkürzten Reihen runter. Du strickst zunächst über fast alle M, und deine Reihen werden jedes Mal um die von dir berechnete Anzahl kürzer, bis nur noch die gewählte Anzahl M in der Mitte bleibt.

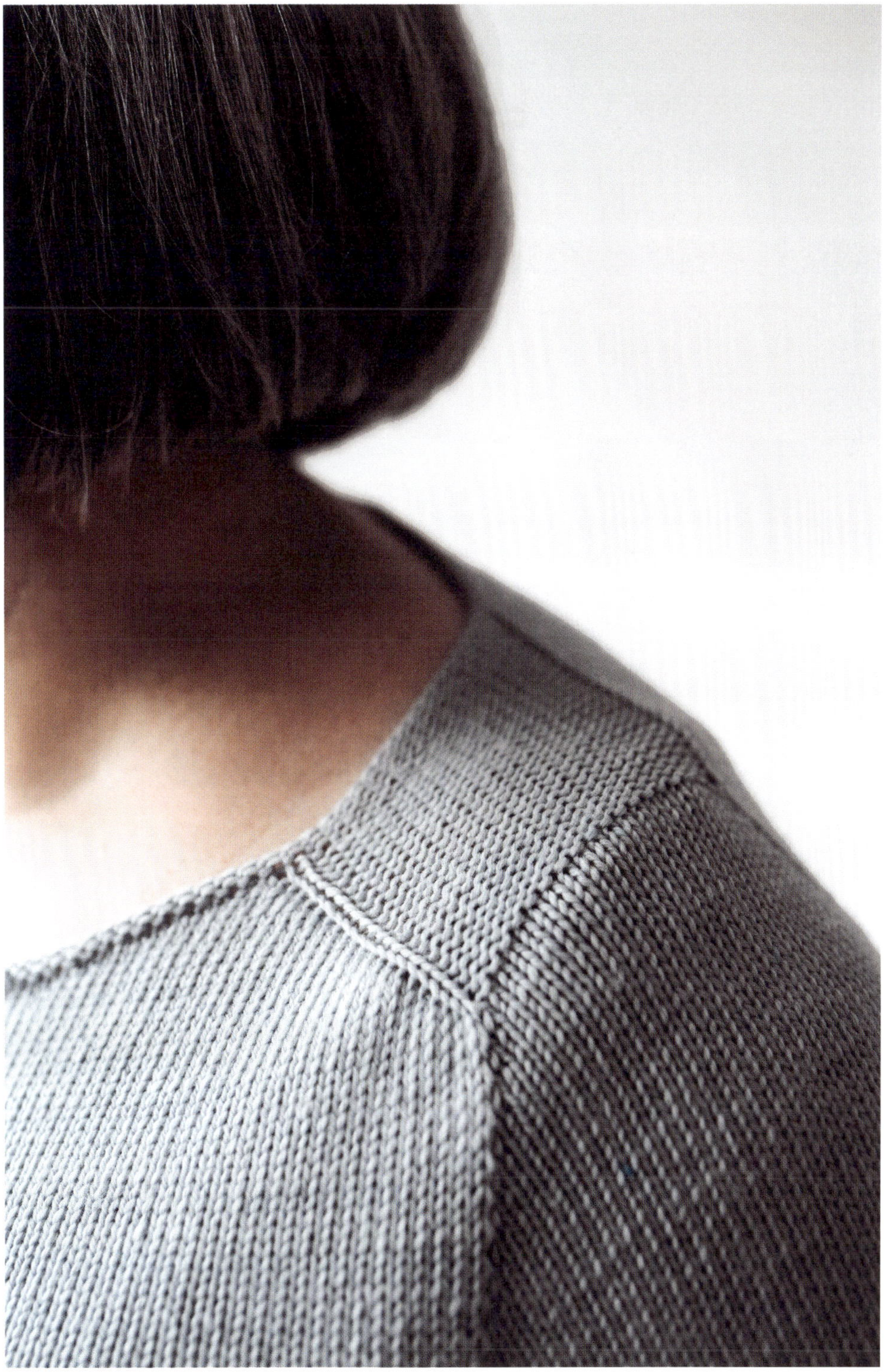

Dann strickst du über alle M, wobei du die beiden »Beinchen« jeder Doppelmasche (DM) als eine M zusammenstrickst.

Hier ist die Anleitung, um 16 Reihen (5cm) zu deinem Vorderteil hinzuzufügen. Für andere Anpassungen berechne deine eigene Anzahl anhand der obigen Anleitung.

Vorbereitungs-R: Re bis 3 (3, 4, 4) (4, 4, 5) (5, 5, 5) M vor MM, wenden.

Verkürzte R 1 (RR): Abh+anz, li bis 3 (3, 4, 4) (4, 4, 5) (5, 5, 5) M vor MM, wenden.

Verkürzte R 2 (HR): Abh+anz, re bis 2 (2, 3, 3) (3, 3, 4) (4, 4, 4) M vor DM, wenden.

Verkürzte R 3: Abh+anz, li bis 2 (2, 3, 3) (3, 3, 4) (4, 4, 4) M vor DM wenden.

Verkürzte R 4: Abh+anz, re bis 2 (2, 3, 3) (3, 3, 3) (3, 4, 4) M vor DM, wenden.

Verkürzte R 5: Abh+anz, li bis 2 (2, 3, 3) (3, 3, 3) (3, 4, 4) M vor DM, wenden.

Verkürzte R 6: Abh+anz, re bis 2 (2, 2, 2) (3, 3, 3) (3, 4, 4) M vor DM, wenden.

Verkürzte R 7: Abh+anz, li bis 2 (2, 2, 2) (3, 3, 3) (3, 4, 4) M vor DM, wenden.

Verkürzte R 8: Abh+anz, re bis 1 (2, 2, 2) (3, 3, 3) (3, 3, 3) M vor DM, wenden.

Verkürzte R 9: Abh+anz, li bis 1 (2, 2, 2) (3, 3, 3) (3, 3, 3) M vor DM, wenden.

Verkürzte R 10: Abh+anz, re bis 1 (2, 2, 2) (3, 3, 3) (3, 3, 3) M vor DM, wenden.

Verkürzte R 11–14: R 9–10 noch 2-mal wdh.

Verkürzte R 15: R 9 noch 1-mal wdh.

Verkürzte R 16: Abh+anz, stricke jede DM als 1 M, re bis MM, MMe.

R 17: Stricke jede DM als 1 M, li bis MM, MMe.

Vorderer Saum

Stricke nur über die Vorderteil-M in der Mitte.

R 1 (HR): 3 (2, 3, 3) (2, 2, 3) (3, 2, 3) re, (2 li, 2 re) bis zu den letzten 1 (0, 1, 1) (0, 0, 1) (1, 0, 1) M, 1 (0, 1, 1) (0, 0, 1) (1, 0, 1) re.

R 2: Alle M stricken, wie sie erscheinen.

R 3 (Abn): 1 (0, 1, 1) (0, 0, 1) (1, 0, 1) re, 2 re-verschr-zus, die M stricken, wie sie erscheinen, bis zu den letzten 3 (2, 3, 3) (2, 2, 3) (3, 2, 3) M, 2 re-zus, 1 (0, 1, 1) (0, 0, 1) (1, 0, 1) re. 54 (64, 74, 74) (84, 84, 94) (94, 104, 114) M.

R 4–6: Alle M stricken, wie sie erscheinen.

R 7–18: R 3–6 noch 3-mal wdh. 48 (58, 68, 68) (78, 78, 88) (88, 98, 108) M.

R 19: Alle M li.

In der nächsten R (= RR) alle M re abketten. Faden abschneiden.

Hinterer Saum

Den Faden auf der Vorderseite der Arbeit ansetzen.

Stricke den anderen Teil des Saums wie folgt:

R 1 (HR): 3 (2, 3, 3) (2, 2, 3) (3, 2, 3) re, (2 li, 2 re) bis zu den letzten 1 (0, 1, 1) (0, 0, 1) (1, 0, 1) M, 1 (0, 1, 1) (0, 0, 1) (1, 0, 1) re.

R 2–18: Alle M stricken, wie sie erscheinen.

R 19: Alle M li.

In der nächsten R (= RR) alle M re abketten. Faden abschneiden.

Ärmel (beide gleich)

Nimm die stillgelegten 68 (70, 74, 76) (74, 80, 86) (92, 98, 104) Ärmel-M auf die von dir für das Arbeiten von kurzen Umfängen bevorzugte 3,25-mm-Nadel. Setze den Faden am Körperteil in der Mitte der Unterarm-M an und nehme daraus 2 (3, 4, 5) (6, 6, 7) (8, 9, 10) M auf und stricke sie ab, nimm dann mit der rechten Nadelspitze 1 M aus der Lücke zwischen Körperteil und Ärmel auf, hebe diese M auf die linke Nadel und stricke sie mit der ersten Ärmel-M rechts zusammen.

Stricke dann die Ärmel-M bis auf die letzte, hebe diese von der rechten auf die linke Nadel, nimm dann mit der rechten Nadelspitze 1 M aus der Lücke zwischen Ärmel und Körperteil auf und stricke diese beiden Maschen in die hinteren Maschenbeine zusammen. Fahre fort und nimm weitere 2 (3, 4, 5) (6, 6, 7) (8, 9, 10) M aus den Unterarm-M des Körperteils auf und stricke sie ab. 72 (76, 82, 86) (92, 100, 100) (108, 116, 124) M. Setze einen MM für den Rd-Beginn.

Rdn 1–91: Alle M re.

Hinweis: In den folgenden Abn-Rdn (ab Rd 92) sind bei manchen Größen keine re M mehr vor dem MM, dann einfach nur MMv.

Rd 92 (Abn): (8 re, 2 re-zus) 7-mal wdh, (7, 8, 8) (8, 9, 10) (10, 11, 12), re bis MM, MMv. 65 (69, 74, 78) (78, 83, 90) (98, 105, 112) M.

Rdn 93–101: Rd 1 noch 9-mal wdh.

Rd 102 (Abn): (7 re, 2 re-zus) 7-mal wdh, (7, 8, 8) (8, 9, 10) (10, 11, 12), re bis MM, MMv. 58 (62, 66, 70) (70, 74, 80) (88, 94, 100) M.

Rdn 103–111: Rd 1 noch 9-mal wdh.

Rd 112 (Abn): (6 re, 2 re-zus) 7-mal wdh, (7, 8, 8) (8, 9, 10) (11, 11, 12), re bis MM, MMv. 51 (55, 58, 62) (62, 65, 70) (77, 83, 88) M.

Rdn 113–121: Rd 1 noch 9-mal wdh.

Rd 122 (Abn): (5 re, 2 re-zus) 7-mal wdh, (7, 8, 8) (8, 9, 10) (11, 11, 12), re bis MM, MMv. 44 (48, 50, 54) (54, 56, 60) (66, 72, 76) M.

Nächste Rdn: Alle M re für weitere 20 (9, 9, 20) (9, 20, 20) (9, 9, 9) Rdn.

Nur Größen 1, 4 und 5–6

Weiter ab »Alle Größen«.

Nur Größen 2 und 8–9

Rd 132 (Abn): [4 re, 2 re-zus, - (6, -, -) (-, -, -) (-, 12, 12) re] 4-mal wdh, - (0, -, -) (-, -, -) (-, 6, 12) re, MMv.
- (44, -, -) (-, -, -) (-, 68, 72) M.

Rdn 133–142: Alle M re. Weiter ab »Alle Größen«.

Nur Größen 3 und 7

Rd 132 (Abn): [- (-, 23, -) (-, -, -) (31, -, -) re, 2 re-zus] 2-mal wdh, MMv. - (-, 48, -) (-, -, -) (64, -, -) M.

Rdn 133–142: Alle M re. Weiter ab »Alle Größen«.

Nur Größe Claudia

Rd 132 (Abn): 6 re, (4 re, 2 re-zus, 6 re) 4-mal, MMv. 50 M.

Rdn 133–152: Alle M re. Weiter ab »Alle Größen«.

Alle Größen

Nächste Rd: Alle M li.

In der nächsten Rd alle M li abketten. Faden abschneiden.

Fertigstellung

Alle Fäden vernähen.

Den Pullover ins Waschbecken oder eine Schüssel mit lauwarmem Wasser legen und entspannen lassen. Vorsichtig durchwaschen und überschüssiges Wasser abstreifen.

Dann auf ein großes Badehandtuch legen, das Handtuch mit dem Pullover einrollen und vorsichtig ausdrücken. Den Pullover sanft in Form ziehen, alle Kanten glattstreichen und liegend trocknen lassen.

Claudia und ihr Sattelschulterpullover

Wie bist du auf die Idee gekommen, statt Figurtypen deine Freundinnen als Beispiele zu verwenden?

Claudia: Die Idee, befreundete Stricker:innen mit ganz unterschiedlichen Körperformen zu fragen, ob sie Teil meines Buches werden wollen, kam mir während des Schreibens an diesem Buch. Und ich bin super happy, dass sie alle gerne mitgemacht haben und dass ich dir mit praxisnahen Anleitungen das Thema »Anleitungen auf deine Körperform anpassen« näherbringen kann.

Welche Erfahrungen hast du mit Oberteilen gemacht, die du zuvor für dich gestrickt hast?

Claudia: Alle Erfahrungen, die ich bis jetzt gemacht habe, sind in dieses Buch eingeflossen. Ich zeige dir damit eine Abkürzung auf dem Weg zu deiner perfekten Passform.

Was bedeutet eine gute Passform für dich?

Claudia: Ein Oberteil anziehen zu können, in dem ich mich einfach wohlfühle und ich es beim Tragen nicht mehr spüre, weil es einfach zu meiner Körperform und mir passt.

Inwiefern hat sich deine Einstellung zum Thema Passform geändert, nachdem du deinen Pullover nach der für dich entworfenen Anleitung gestrickt hast?

Claudia: Gar nicht. Ich habe nur festgestellt, dass ich während der Coronazeit nicht auf mich geachtet habe und auch öfter meine Maße kontrollieren sollte ;)

Wie fühlst du dich in deinem neuen Pullover?

Claudia: Ich liebe ihn, er hätte nur etwas lockerer sein können.

Welche Reaktionen aus deinem Umfeld hast du zu deinem neuen Pullover bekommen?

Claudia: Ich habe ihn noch nicht in der Öffentlichkeit getragen, da er ja vor der Veröffentlichung des Buches noch etwas geheim bleiben sollte.

Was nimmst du für dich für das Stricken deiner nächsten Pullover mit?

Claudia: Einfach mit meinem eigenen Konzept, Pullover zu entwerfen weitermachen und gut sitzende und lange tragbare Pullover designen, die mehr als eine Saison überleben, aber trotzdem nicht langweilig sind.

Welchen guten Rat kannst du den Leserinnen des Buches geben?

Claudia: Lass dich inspirieren, probiere Neues aus, liebe deinen Körper und stricke ihm den Pullover, den er verdient, damit du dich wohlfühlst.

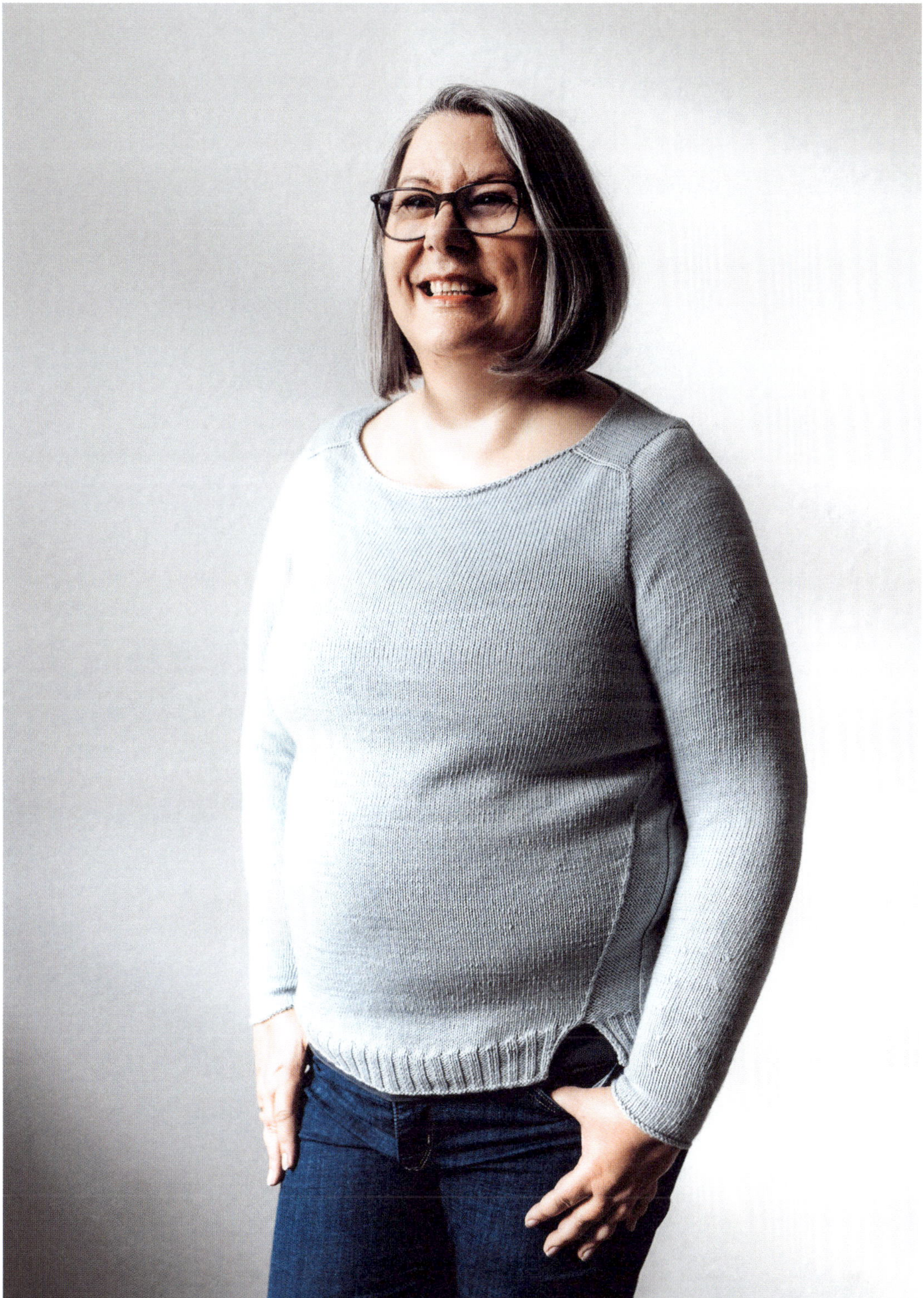

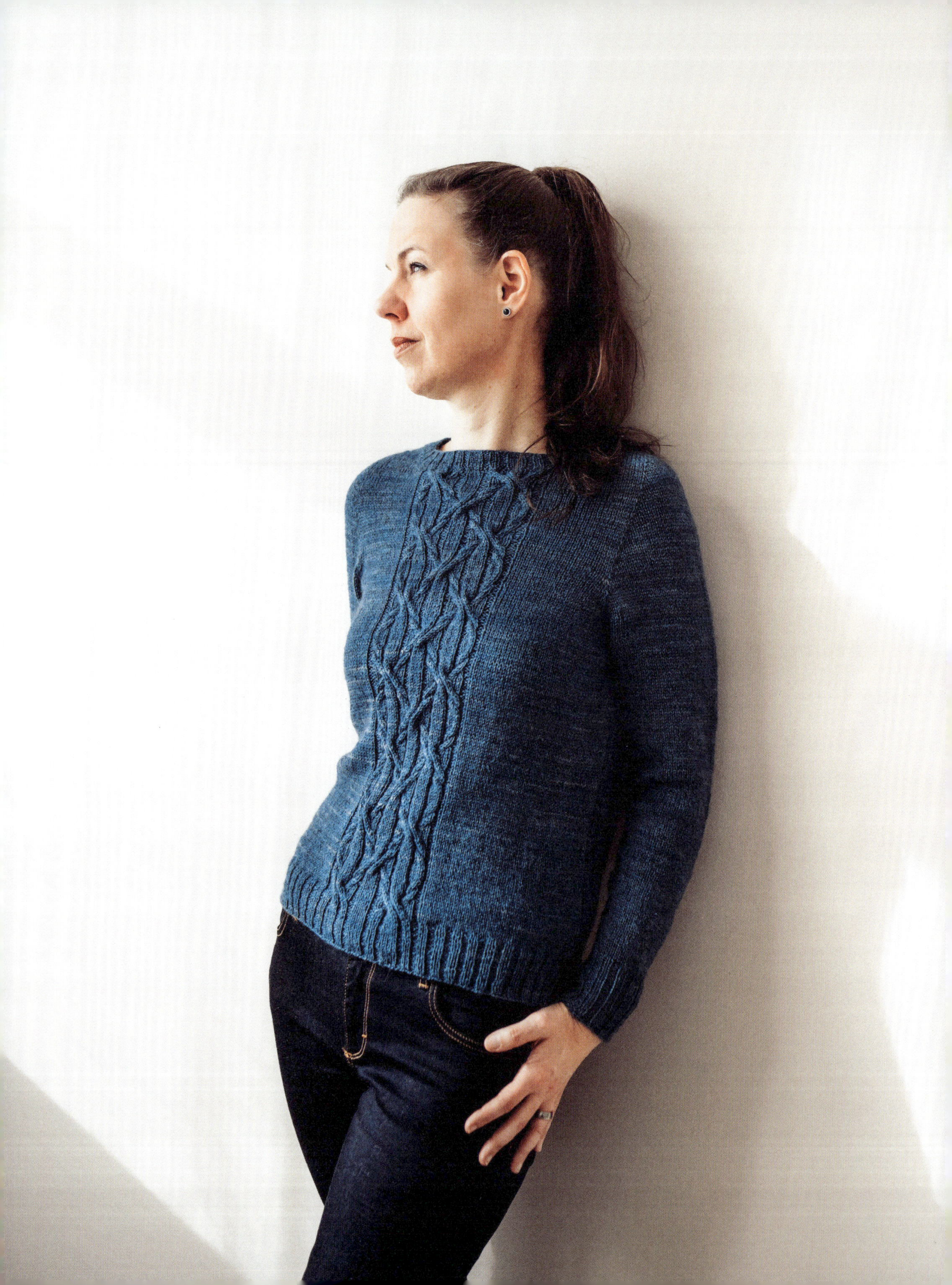

Modell Enzian

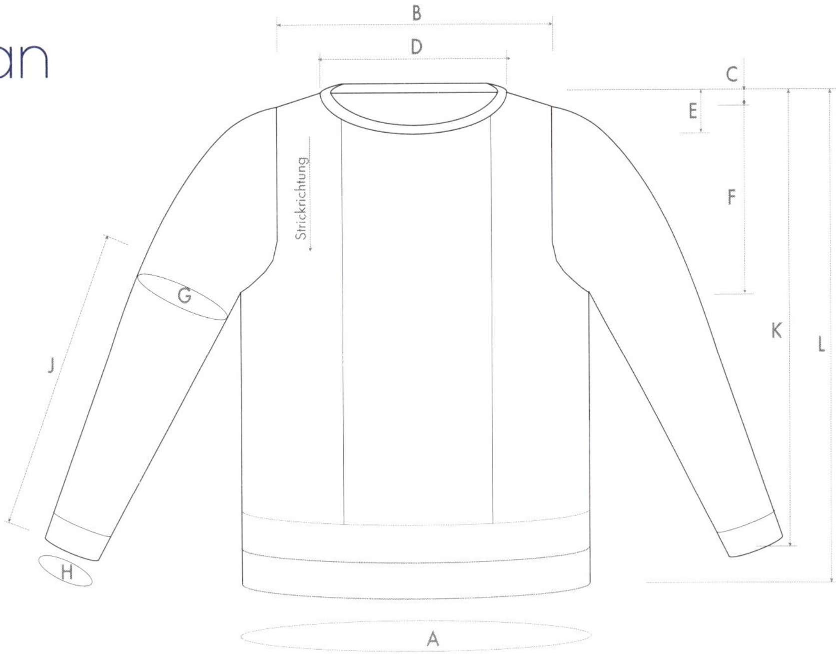

Größe Fertige Maße	1	2	Ani	3	4	5	6	7	8	9
A – Brustumfang	83,5 cm	93,5 cm	103,5 cm	103,5 cm	113,5 cm	123,5 cm	133,5 cm	143,5 cm	153,5 cm	163,5 cm
B – Schulterweite	31 cm	31,5 cm	31,5 cm	34 cm	36 cm	38 cm	41 cm	42,5 cm	44 cm	46 cm
C – Höhe der Schulterschräge	2 cm	2,5 cm	2,5 cm	3 cm	3 cm	3,5 cm	4 cm	4 cm	4cm	4,5 cm
D – Ausschnittbreite (ohne Blende)	21,5 cm	22,5 cm	22,5 cm	23,5 cm	25 cm	26 cm	26 cm	26 cm	26 cm	26 cm
E – Ausschnitttiefe (ohne Blende)	5,5 cm	5,5 cm	5,5 cm	6,5 cm	6,5 cm	8 cm	8,5 cm	8,5 cm	9 cm	9 cm
F – Armlochtiefe	19 cm	20 cm	20 cm	20,5 cm	21 cm	22 cm	23 cm	25 cm	27 cm	28 cm
G – Oberarmumfang	30 cm	32 cm	32 cm	34 cm	36 cm	38 cm	41,5 cm	45 cm	48 cm	51,5 cm
H – Umfang am Ärmelbündchen	18,5 cm	18,5 cm	18,5 cm	20 cm	21,5 cm	23,5 cm	25 cm	27 cm	28,5 cm	30 cm
J – Ärmellänge	46 cm	46 cm	46 cm	46 cm	46 cm	46 cm	46 cm	46 cm	46 cm	46 cm
K – Vorderteillänge	54,5 cm	54,5 cm	54,5 cm	54,5 cm	54,5 cm	56 cm	56 cm	62 cm	63,5 cm	63,5 cm
L – Gesamtlänge am Rückenteil	56,5 cm	56,5 cm	56,5 cm	56,5 cm	56,5 cm	58 cm	58 cm	64 cm	65,5 cm	65,5 cm
M – Umfang am Ärmelbündchen	18,5 cm	19 cm	19 cm	20 cm	20 cm	21 cm	20 cm	24 cm	26 cm	27,5 cm
N – Gesamtlänge	Ich empfehle, eine Länge zu wählen, die mindestens 5 cm vor der breitesten Stelle deiner Hüfte endet						60 cm	Ich empfehle, eine Länge zu wählen, die mind. 5 cm vor der breitesten Stelle deiner Hüfte endet		

Anleitung Enzian

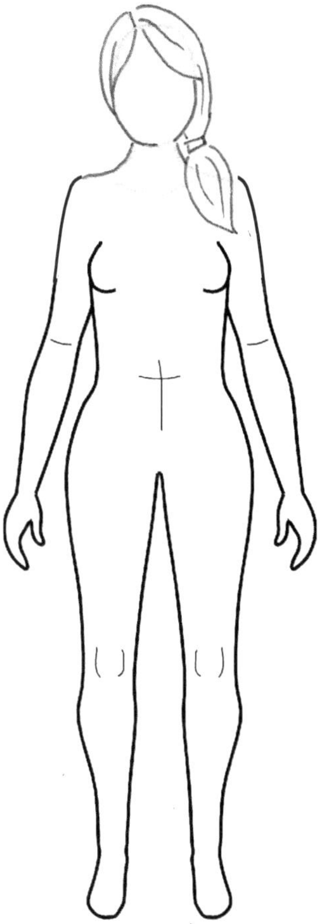

Enzian ist meiner lieben Freundin Ani gewidmet. Ani ist eine ehemalige Teststrickerin für meine Strickanleitungen, aber inzwischen ist auch sie eine Strickdesignerin geworden. Ani hat eine gerade Schulterlinie, und was liegt da näher, als die Contiguous-Konstruktion zu wählen. Da der Ärmel nur mit den zwei Maschen der Schulterlinie beginnt, muss das Armloch dementsprechend tiefer sein. Ich habe ein schönes Medaillon-Muster für die Mitte des vorderen Körperteils ausgesucht und mich für ein gerades Körperteil entschieden. Die Länge für Anis Pullover ist bewusst kurz gehalten und bedeckt nur die Gürtelschlaufen. Ein geteilter Saum, der hinten etwas länger ist, gibt durch den Schlitz den Blick auf den Gürtel und Anis schmale Taille frei. Dadurch wird der Blick auf die Taille gelenkt, nicht auf die breiteren Hüften. Das Medaillon-Muster läuft am Saum und am Ausschnitt in einem 2-re-2-li-Rippenmuster aus. Die Ärmel werden gleichmäßig vom Oberarm bis zum Ärmelbündchen schmaler, um ein schönes Gleichgewicht zum breiteren Körperteil zu schaffen.

Enzian beinhaltet Anis Pullover als Beispiel für eine individuell angepasste Strickanleitung.

Größen

1 (2, Ani, 3) (4, 5, 6) (7, 8, 9) mit einem Fertigmaß von 83,5 (93,5, 103,5, 103,5) (113,5, 123,5, 133,5) (143,5, 153,5, 163,5) cm. Ich habe Enzian für 5–12,5 cm Mehrweite um den Körper entworfen
Anis Pullover hat den Brustumfang von Größe 3 (mit 12,5 cm Mehrweite) und die Schulterweite und Ärmel von Größe 2.

Garn

Bohei Yarn Blaugesicht mit Marsham, 75 % Bluefaced Leicester Wolle, 25 % Marsham-Wolle, 400 m/100 g
Anis Pullover ist in einem individuell gefärbten Blauton gestrickt, den es nur einmal gibt.

Garnverbrauch

3 (3, 3, 3) (4, 4, 4) (5, 5, 5) Stränge oder ca. 900 (980, 1020, 1100) (1240, 1390, 1540) (1690, 1840, 1990) m eines Wollgarnes, mit dem die angegebene Maschenprobe erreicht wird.
Jeder strickt unterschiedlich, deshalb ist die angegebene Lauflänge als Schätzung anzusehen.

Maschenprobe

24 M x 32 R = 10 cm glatt rechts mit Nadelstärke 3,25 mm gestrickt, gewaschen und gespannt.
44 M x 32 R = 15 cm breit und 10 cm hoch im Medaillon-Muster mit Nadelstärke 3,25 mm gestrickt, gewaschen und gespannt.
Es empfiehlt sich, die Maschenprobe zu überprüfen und gegebenenfalls die Nadelgröße anzupassen, um die angegebene Maschenprobe zu erhalten.

Stricknadeln

3,25-mm-Rundstricknadeln, 40 cm und 80 cm lang
3,25-mm-Nadelspiel für die Ärmel, wenn du nicht mit der Magic-Loop-Methode strickst

Zubehör

Zopfnadel, 6 Maschenmarkierer, Wollnadel und Restgarn zum Maschenstilllegen

Verwendete Techniken

Kreuzanschlag, Maschen aufschlingen,
rechte und linke Maschen
Zunahmen: Qfd-L, Qfd-L(li), Qfd-R, Qfd-R(li)
Abnahmen: 2 re-zus, 2 re-verschr-zus, 2 li-zus, 2 li-verschr-zus.
Zöpfe: 2/2 LZ, 2/2 RZ
Maschen für die Ausschnittblende und aus den Unterarmmaschen aufnehmen, Standardabkettmethode

Strickmuster

Glatt rechts (in Reihen)
R 1 (HR): Alle M re.
R 2 (RR): Alle M li.

Glatt rechts (in Runden)
Rd 1 und alle weiteren Rdn: Alle M re.

Medaillon-Muster
Für die Strickschrift und den ausgeschriebenen Text siehe bitte Seite 140.

Anmerkungen

Bitte nimm deine Körpermaße, bevor du eine Größe auswählst.
Ich empfehle dir, mit einer Größe zu beginnen, die deiner Schulterweite entspricht (bitte hier keine Mehrweite einrechnen), und dann die Strickanleitung auf der Grundlage deiner Armlochtiefe, deines Brustumfanges und deines Oberarmumfangs anzupassen.
Du kannst auch einen aktuellen Pullover, der dir gut passt und die gleiche Konstruktion hat, als Vorlage verwenden, um deine Größe zu wählen.
Du kannst die Mehrweite für deinen Pullover selbst bestimmen.
Für die Armausschnitte ergeben 1,5–2,5 cm Mehrweite in der Regel eine gute Passform. Für die Ärmel sind 2,5–5 cm eine gute Faustregel, und für den Körper sind 5–15 cm Mehrweite sehr beliebt.

Anleitung

Diese Contiguous-(zusammenhängende)-Schulterkonstruktion nutzt die Prinzipien von Susie Myers, um einen Pullover von oben nach unten in der Runde zu stricken. Nach der Fertigstellung des Pullovers werden M am Halsausschnitt aufgenommen, um die Ausschnittblende zu stricken.

Mit der 3,25-mm-Rundstricknadel 58 (60, 60, 62) (66, 68, 68) (68, 68, 68) M anschlagen. Ich habe den Kreuzanschlag verwendet.

Vorbereitungs-R (RR): 1 li, MMs, 2 li, MMs, li bis zu den letzten 3 M, MMs, 2 li, MMs, 1 li.

Du nimmst in jeder R vor und nach beiden Schultermaschenpaaren zu.

Nur Größen 1–2, Ani und 3–5

R 1 (Zun Körperteil, HR): *Re bis MM, Qfd-R, MMv, 2 re, MMv, Qfd-L; ab * noch 1-mal wdh, 1 re. 62 (64, 64, 66) (70, 72, -) (-, -, -) M.

R 2 (Zun Körperteil, RR): *Li bis MM, Qfd-L(li), MMv, 2 li, MMv, Qfd-R(li); ab * noch 1-mal wdh, li bis zum Ende. 66 (68, 68, 70) (74, 76, -) (-, -, -) M.

Weiter ab »Alle Größen«.

Nur Größe 6

R 1 (Zun Körperteil und Rückenteilausschnitt, HR): 1 re, Qfd-R, MMv, 2 re, MMv, Qfd-L, 14 re, Qfd-L, 34 re, Qfd-R, re bis MM, Qfd-R, MMv, 2 re, MMv, Qfd-L, 1 re. 74 M.

R 2 (Zun Körperteil, RR): *Li bis MM, Qfd-L(li), MMv, 2 li, MMv, Qfd-R(li); ab * noch 1-mal wdh, li bis zum Ende. 78 M.

Weiter ab »Alle Größen«.

Nur Größe 7

R 1 (Zun Körperteil und Rückenteilausschnitt, HR): Re bis MM, Qfd-R, MMv, 2 re, MMv, Qfd-L, 14 re, MMs, Qfd-L, 34 re, Qfd-R, MMs, re bis MM, Qfd-R, MMv, 2 re, MMv, Qfd-L, re bis zum Ende. 74 M.

R 2 (Zun Körperteil und Rückenteilausschnitt, RR): Li bis MM, Qfd-L(li), MMv, 2 li, MMv, Qfd-R(li), li bis MM, MMv, Qfd-R(li), li bis MM, Qfd-L(li), MMv, li bis MM, Qfd-L(li), MMv, 2 li, MMv, Qfd-R(li), li bis zum Ende. 80 M.

R 3 (Zun Körperteil und Rückenteilausschnitt): Re bis MM, Qfd-R, MMv, 2 re, MMv, Qfd-L, re bis MM, MMe, Qfd-L, re bis MM, Qfd-R, MMe, re bis MM, Qfd-R, MMv, 2 re, MMv, Qfd-L, re bis zum Ende. 86 M.

R 4 (Zun Körperteil): *Li bis MM, Qfd-L(li), MMv, 2 li, MMv, Qfd-R(li); ab * noch 1-mal wdh, li bis zum Ende. 90 M.

Weiter ab »Alle Größen«.

Nur Größen 8–9

R 1 (Zun Körperteil und Rückenteilausschnitt, HR): Re bis MM, Qfd-R, MMv, 2 re, MMv, Qfd-L, 14 re, MMs, Qfd-L, 34 re, Qfd-R, MMs, re bis MM, Qfd-R, MMv, 2 re, MMv, Qfd-L, re bis zum Ende. - (-, -, -) (-, -, -) (-, 74, 74) M.

R 2 (Zun Körperteil und Rückenteilausschnitt, RR): Li bis MM, Qfd-L(li), MMv, 2 li, MMv, Qfd-R(li), li bis MM, MMv, Qfd-R(li), li bis MM, Qfd-L(li), MMv, li bis MM, Qfd-L(li), MMv, 2 li, MMv, Qfd-R(li), li bis zum Ende. - (-, -, -) (-, -, -) (-, 80, 80) M.

R 3 (Zun Körperteil und Rückenteilausschnitt): Re bis MM, Qfd-R, MMv, 2 re, MMv, Qfd-L, re bis MM, MMv, Qfd-L, re bis MM, Qfd-R, MMv, re bis MM, Qfd-R, MMv, 2 re, MMv, Qfd-L, re bis zum Ende. - (-, -, -) (-, -, -) (-, 86, 86) M.

R 4 (Zun Körperteil und Rückenteilausschnitt): Li bis MM, Qfd-L(li), MMv, 2 li, MMv, Qfd-R(li), li bis MM, MMv, Qfd-R(li), li bis MM, Qfd-L(li), MMv, li bis MM, Qfd-L(li), MMv, 2 li, MMv, Qfd-R(li), li bis zum Ende. - (-, -, -) (-, -, -) (-, 92, 92) M.

Nächste R: R 3–4 noch - (-, -, -) (-, -, -) (-, 0, 1)-mal wdh. - (-, -, -) (-, -, -) (-, 92, 104) M.

Nächste R (Zun Körperteil und Rückenteilausschnitt): Re bis MM, Qfd-R, MMv, 2 re, MMv, Qfd-L, re bis MM, MMe, Qfd-L, re bis MM, Qfd-R, MMe, re bis MM, Qfd-R, MMv, 2 re, MMv, Qfd-L, re bis zum Ende - (-, -, -) (-, -, -) (-, 98, 110) M.

Nächste R (Zun Körperteil): *Li bis MM, Qfd-L(li), MMv, 2 li, MMv, Qfd-R(li); ab * noch 1-mal wdh, li bis zum Ende. - (-, -, -) (-, -, -) (-, 102, 114) M.

Weiter ab »Alle Größen«.

Alle Größen

Nächste R (Zun Körperteil): *Re bis MM, Qfd-R, MMv, 2 re, MMv, Qfd-L; ab * noch 1-mal wdh, re bis zum Ende. 70 (72, 72, 74) (78, 80, 82) (94, 106, 118) M.

Nächste R (Zun Körperteil): *Li bis MM, Qfd-L(li), MMv, 2 li, MMv, Qfd-R(li); ab * noch 1-mal wdh, li bis zum Ende. 74 (76, 76, 78) (82, 84, 86) (98, 110, 122) M.

Nächste R: Die letzten beiden R noch 3 (3, 3, 4) (4, 5, 6) (5, 4, 3)-mal wdh. 98 (100, 100, 110) (114, 124, 134) (138, 142, 146) M.

Du arbeitest jetzt die letzten Zunahmen am Körperteil und beginnst mit den Zunahmen am Vorderteilausschnitt.

Nächste R (Zun Körperteil und Vorderteilausschnitt): 1 re, Qfd-L, *re bis MM, Qfd-R, MMv, 2 re, MMv, Qfd-L; ab * noch 1-mal wdh, re bis zur letzten M, Qfd-R, 1 re. 104 (106, 106, 116) (120, 130, 140) (144, 148, 152) M.

Die 2 M entlang der Schulterlinie sind die ersten beiden Ärmel-M. Du beginnst nun mit den Zunahmen der Ärmel-M und setzt die Zunahmen am Vorderteilausschnitt weiter fort.

Nächste R (Zun Ärmel und Vorderteilausschnitt, RR): 1 li, Qfd-R(li), *li bis MM, MMv, Qfd-R(li), li bis MM, Qfd-L(li), MMv; ab * noch 1-mal wdh, li bis zur letzten M, Qfd-L(li), 1 li. 110 (112, 112, 122) (126, 136, 146) (150, 154, 158) M.

Nächste R (Zun Ärmel und Vorderteilausschnitt, HR): 1 re, Qfd-L, *re bis MM, MMv, Qfd-L, re bis MM, Qfd-R, MMv; ab * noch 1-mal wdh, re bis zur letzten M, Qfd-R, 1 re. 116 (118, 118, 128) (132, 142, 152) (156, 160, 164) M.

Nächste R: Die letzten beiden R noch 2 (2, 2, 3) (3, 4, 4) (4, 5, 5)-mal wdh. 140 (142, 142, 164) (168, 190, 200) (204, 220, 224) M.

Nicht wenden, sondern Vorderteil-M aufschlingen und die Arbeit zur Rd schließen. Das Medaillon-Muster benötigt mehr M als glatt rechts, deshalb nimmst du 8 zusätzliche M auf. Dadurch hast du eine unterschiedliche Maschenzahl an Vorder- und Rückenteil.

Verbindungs-R (Vorderteil-M anschlagen, HR): 43 (45, 45, 43) (47, 45, 47) (51, 51, 55) M aufschlingen, zur Runde schließen, 1 re, Qfd-L, re bis MM, MMv (= Rd-Beginn). 184 (188, 188, 208) (216, 236, 248) (256, 272, 280) M.

Jeweils 14 (14, 14, 18) (18, 22, 22) (22, 26, 26) Ärmel-M, 82 (84, 84, 90) (94, 100, 106) (110, 114, 118) Vorderteil-M und 74 (76, 76, 82) (86, 92, 98) (102, 106, 110) Rückenteil-M.

Du beginnst jetzt mit dem Medaillon-Muster in der Mitte des Vorderteils:

Rd 1 (Medaillon-Muster mit Rd 1 der Strickschrift beginnen): Re bis zum dritten MM, MMv, 19 (20, 20, 23) (25, 28, 31) (33, 35, 37) re, MMs, 2 li, (4 re, 2 li) 7-mal wdh, MMs, re bis MM, MMv.

Rd 2 (Zun Ärmel): *Qfd-L, re bis MM, Qfd-R, MMv, re bis MM, MMv; ab * noch 1-mal wdh, Medaillon-Muster arb, MMv, re bis MM, MMv. 188 (192, 192, 212) (220, 240, 252) (260, 276, 284) M.

Rd 3: Re bis zum vierten MM, MMv, Medaillon-Muster arb, MMv, re bis MM, MMv.

Nächste Rdn: Rdn 2–3 noch 18 (18, 16, 16) (16, 16, 16) (16, 16, 16)-mal wdh. 260 (264, 256, 276) (284, 304, 316) (324, 340, 348) M.

Strickschrift Medaillon-Muster

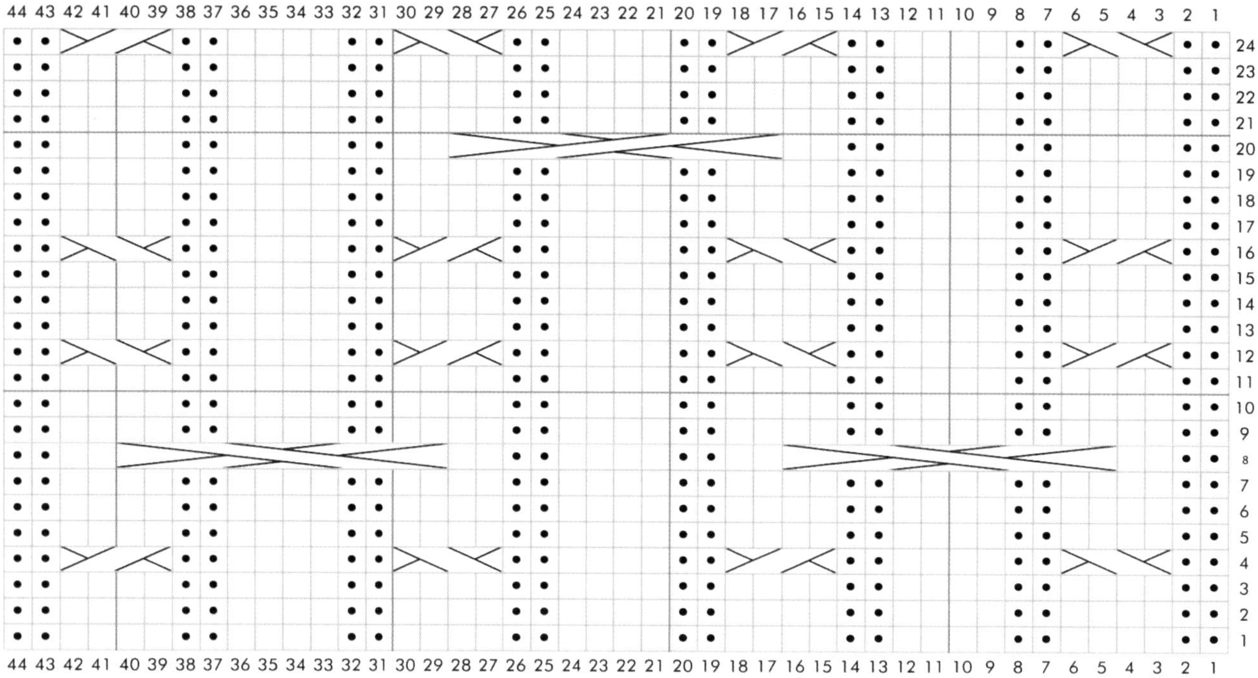

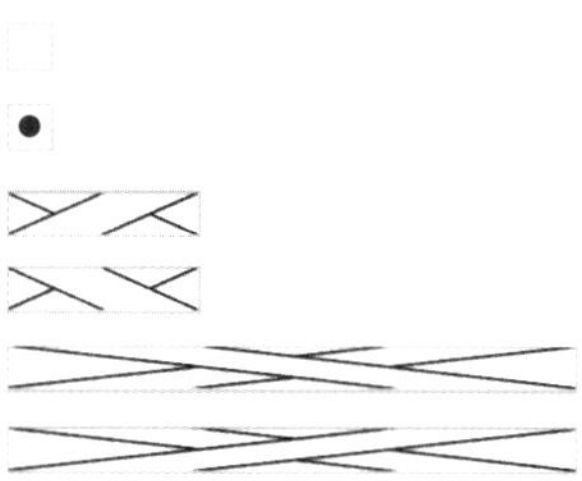

re

li

2/2 RZ: (2/2 rechter Zopf): 2 M auf ZN, hinter die Arbeit legen, 2 re, 2 re von ZN

2/2 LZ: (2/2 linker Zopf): 2 M auf ZN, vor die Arbeit legen, 2 re, 2 re von ZN

6 M auf ZN, hinter die Arbeit legen, 2 re, 2 li, 2 re, (2 re, 2 li, 2 re) von ZN

6 M auf ZN, vor die Arbeit legen, 2 re, 2 li, 2 re, (2 re, 2 li, 2 re) von ZN

Medaillon-Muster (schriftliche Anleitung)

Rdn 1–3: 2 li, (4 re, 2 li) 7-mal wdh. 44 M.

Rd 4: 1 li, 2/2 LZ, 2 li, 4 re, 2 li, 2/2 RZ, 2 li, 4 re, 2 li, 2/2 LZ, 2 li, 4 re, 2 li, 2/2 RZ, 2 li.

Rdn 5–7: Wie Rdn 1–3.

Rd 8: 2 li, 2 re, 6 M auf ZN, hinter die Arbeit legen, 2 re, 2 li, 2 re, (2 re, 2 li, 2 re) von ZN, 2 re, 2 li, 4 re, 2 li, 2 re, 6 M auf ZN, hinter die Arbeit legen, 2 re, 2 li, 2 re, (2 re, 2 li, 2 re) von ZN, 2 re, 2 li.

Rdn 9–11: Wie Rdn 1–3.

Rd 12: 2 li, 2/2 RZ, 2 li, 4 re, 2 li, 2/2 LZ, 2 li, 4 re, 2 li, 2/2 RZ, 2 li, 4 re, 2 li, 2/2 LZ, 2 li.

Rdn 13–15: Wie Rdn 1–3.

Rd 16: Wie Rd 12.

Rd 17–19: Wie Rdn 1–3.

Rd 20: 2 li, (4 re, 2 li) 2-mal wdh, 2 re, 6 M auf ZN, vor die Arbeit legen, 2 re, 2 li, 2 re, (2 re, 2 li, 2 re) von ZN, 2 re, 2 li, (4 re, 2 li) 2-mal wdh.

Rdn 21–31: Wie Rdn 1–3.

Rd 24: Wie Rd 4.

Die Rdn 1–24 wdh.

Nächste Rd (Zun Ärmel): *Qfd-L, re bis MM, Qfd-R, MMv, re bis MM, MMv; ab * noch 1-mal wdh, Medaillon-Muster arb, MMv, re bis MM, MMv. 264 (268, **260,** 280) (288, 308, 320) (328, 344, 352) M.

Nächste Rd (Zun Körperteil): Re bis MM, MMv, 1 re, Qfd-L, re bis 1 M vor MM, Qfd-R, 1 re, MMv, re bis MM, MMv, 1 re, Qfd-L, re bis MM, MMv, Medaillon-Muster arb, MMv, re bis 1 M vor MM, Qfd-R, 1 re, MMv. 268 (272, **264,** 284) (292, 312, 324) (332, 348, 356) M.

Nächste Rdn: Die letzten beiden Rdn noch 2 (2, **4,** 4) (3, 1, 3) (4, 5, 8)-mal wdh. 284 (288, **296,** 316) (316, 320, 348) (364, 388, 420) M.

Nächste Rd (Zun Körperteil und Ärmel): Qfd-L, re bis MM, Qfd-R, MMv, 1 re, Qfd-L, re bis 1 M vor MM, Qfd-R, 1 re, MMv, Qfd-L, re bis MM, Qfd-R, MMv, Qfd-L, re bis MM, MMv, Medaillon-Muster arb, MMv, re bis 1 M vor MM, Qfd-R, 1 re, MMv. 292 (296, **304,** 324) (324, 328, 356) (372, 396, 428) M.

Nächste Rd (Zun Körperteil): Re bis MM, MMv, 1 re, Qfd-L, re bis 1 M vor MM, Qfd-R, 1 re, MMv, re bis MM, MMv, 1 re, Qfd-L, re bis MM, MMv, Medaillon Muster arb, MMv, re bis 1 M vor MM, Qfd-R, 1 re, MMv. 296 (300, **308,** 328) (328, 332, 360) (376, 400, 432) M.

Nächste Rdn: Die letzten beiden Rdn noch 2 (3, **5,** 3) (5, 7, 6) (6, 8, 8)-mal wdh. 320 (336, **368,** 364) (388, 416, 432) (448, 496, 528) M.

Nur Größen 1 und 6–9

Nächste Rd (Zun Körperteil und Ärmel): Qfd-L, re bis MM, Qfd-R, MMv, 1 re, Qfd-L, re bis 1 M vor MM, Qfd-R, 1 re, MMv, Qfd-L, re bis MM, Qfd-R, MMv, 1 re, Qfd-L, re bis MM, MMv, Medaillon-Muster arb, MMv, re bis 1 M vor MM, Qfd-R, 1 re, MMv. 328 (-, **-,** -) (-, -, 440) (456, 504, 536) M.

Nächste Rd(n): Die letzte Rd noch 1 (-, -, -) (-, **-,** 1) (3, 1, 1)-mal wdh. 336 (-, -, -) (-, **-,** 448) (480, 512, 544) M.

Nur Größe 1

Weiter mit »Körperteil und Ärmel trennen«.

Nur Größen 2–9

Nächste Rd (Zun Körperteil 2-mal wdh und Ärmel): Qfd-L, re bis MM, Qfd-R, MMv, 1 re, Qfd-L, 1 re, Qfd-L, re bis 2 M vor MM, Qfd-R, 1 re, Qfd-R, 1 re, MMv, Qfd-L, re bis MM, Qfd-R, MMv, 1 re, Qfd-L, 1 re, Qfd-L, re bis MM, MMv, Medaillon-Muster arb, MMv, re bis 2 M vor MM, Qfd-R, 1 re, Qfd-R, 1 re, MMv. - (348, -, 376) (400, 428, 460) (492, 524, 556) M.

Nächste Rd: Die letzte Rd noch 1-mal wdh. - (360, **-,** 388) (412, 440, 472) (504, 536, 568) M.
Weiter mit »Körperteil und Ärmel trennen«.

Nur Größe Ani

Nächste Rd (Zun Körperteil): Re bis MM, MMv, 1 re, Qfd-L, re bis 1 M vor MM, Qfd-R, 1 re, MMv, re bis MM, MMv, 1 re, Qfd-L, re bis MM, MMv, Medaillon-Muster arb, MMv, re bis 1 M vor MM, Qfd-R, 1 re, MMv. 372 M.

Nächste Rdn: Die letzte Rd noch 2-mal wdh. 380 M.
Weiter mit »Körperteil und Ärmel trennen«.

Körperteil und Ärmel trennen

Vorbereitungs-Rd: Die nächsten 68 (70, **70,** 74) (76, 80, 86) (92, 98, 104) M für den linken Ärmel stilllegen, MMe, 2 (3, **3,** 4) (5, 6, 7) (8, 9, 10) Unterarm-M aufschlingen, MMs, weitere 2 (3, **3,** 4) (5, 6, 7) (8, 9, 10) Unterarm-M aufschlingen, über die 96 (106, **116,** 116) (126, 136, 146) (156, 166, 176) Rückenteil-M stricken, MMe, die nächsten 68 (70, **70,** 74) (76, 80, 86) (92, 98, 104) M für den rechten Ärmel stilllegen, 2 (3, **3,** 4) (5, 6, 7) (8, 9, 10) Unterarm-M aufschlingen, MMs, weitere 2 (3, **3,** 4) (5, 6, 7) (8, 9, 10) Unterarm-M aufschlingen, 30 (35, **40,** 40) (45, 50, 55) (60, 65, 70) re, MMv, 44 M Medaillon-Muster arb, MMv, 30 (35, **40,** 40) (45, 50, 55) (60, 65, 70) re, MMv, re bis MM (= Rd-Beginn). 208 (232, **252,** 256) (280, 304, 328) (352, 376, 400) M.

Körperteil

Rd 1: 1 re, 2 li, re bis 3 M vor MM, 2 li, 1 re, MMv, 1 re, 2 li, re bis MM, MMv, Medaillon-Muster arb, MMv, re bis 3 M vor MM, 2 li, 1 re, MMv.

Nächste Rdn: Rd 1 noch weitere 100 (98, **98,** 102) (100, 100, 96) (112, 112, 106) Rdn oder bis 6 cm vor der gewünschten Vorderteillänge arb und mit einer R 11 oder R 15 des Medaillon-Musters enden.

100 (112, **122,** 124) (136, 148, 160) (172, 184, 196) Rückenteil-M und 108 (120, **130,** 132) (144, 156, 168) (180, 192, 204) Vorderteil-M.

Saum

Für den Saum werden Vorder- und Rückenteil getrennt beendet. Der Saum wird deshalb in Hin- und Rückreihen gestrickt. Du beginnst mit dem Vorderteilsaum. Wende deine Arbeit.
Hinweis: Die Vorbereitungsreihe ist eine Rückreihe.

Nur Größen 1, 3, 5, 7 und 9

Vorbereitungs-R (RR): 1 li, Qfd-R(li), 2 re, Qfd-R(li), 1 li, (2 re, 2 li) bis MM, MMe, 2 re, 2 M auf ZN, vor die Arbeit legen, (stricke 1 M von der ZN mit 1 M von der Arbeitsnadel li zus) 2-mal wdh (= 2 M abgen), 2 re, 4 li, 2 re, 2 M auf ZN, hinter die Arbeit legen, (stricke 1 M von der Arbeitsnadel mit 1 M von der ZN li zus) 2-mal wdh (= 2 M abgen), 2 re, 4 li, 2 re, 2 M auf ZN, vor die Arbeit legen, (stricke 1 M von der ZN mit 1 M von der Arbeitsnadel li zus) 2-mal wdh (= 2 M abgen), 2 re, 4 li, 2 re, 2 M auf ZN, hinter die Arbeit legen, (stricke 1 M von der Arbeitsnadel mit 1 M von der ZN li zus) 2-mal wdh (= 2 M abgen), 2 re, MMe, (2 li, 2 re) bis 4 M vor MM, 1 li, Qfd-L(li), 2 re, Qfd-L(li), 1 li, MMe, lege die verbleibenden 100 (-, -, 124) (-, 148, -) (172, -, 196) Rückenteil-M still und wende deine Arbeit. 104 (-, -, 128) (-, 152, -) (176, -, 200) Vorderteil-M.

Nur Größe Ani

Vorbereitungs-R (RR): 1 li, Qfd-R(li), 2 re, 2 li-zus, 1 li, 2 re, (2 li, 2 re) bis 3 M vor MM, 1 li, 2 li-verschr-zus, MMe, 2 re, 2 M auf ZN, vor die Arbeit legen, (stricke 1 M von der ZN mit 1 M von der Arbeitsnadel li zus) 2-mal wdh (= 2 M abgen), 2 re, 4 li, 2 re, 2 M auf ZN, hinter die Arbeit legen, (stricke 1 M von der Arbeitsnadel mit 1 M von der ZN li zus) 2-mal wdh (= 2 M abgen), 2 re, 4 li, 2 re, 2 M auf ZN, vor die Arbeit legen, (stricke 1 M von der ZN mit 1 M von der Arbeitsnadel li zus) 2-mal wdh (= 2 M abgen), 2 re, 4 li, 2 re, 2 M auf ZN, hinter die Arbeit legen, (stricke 1 M von der Arbeitsnadel mit 1 M von der ZN li zus) 2-mal wdh (= 2 M abgen), 2 re, MMe, 2 li-zus, 1 li, 2 re, (2 li, 2 re) bis 6 M vor MM, 1 li, 2 li-verschr-zus, 2 re, Qfd-L(li), 1 li, MMe, lege die verbleibenden 122 Rückenteil-M still und wende deine Arbeit. 120 Vorderteil-M.

Nur Größen 2, 4, 6 und 8

Vorbereitungs-R (RR): 1 li, Qfd-R(li), 2 re, 2 re-zus, 1 li, (2 re, 2 li) bis MM, MMe, 2 re, 2 M auf ZN, vor die Arbeit legen, (stricke 1 M von der ZN mit 1 M von der Arbeitsnadel li zus) 2-mal wdh (= 2 M abgen), 2 re, 4 li, 2 re, 2 M auf ZN, hinter die Arbeit legen, (stricke 1 M von der Arbeitsnadel mit 1 M von der ZN li zus) 2-mal wdh (= 2 M abgen), 2 re, 4 li, 2 re, 2 M auf ZN, vor die Arbeit legen, (stricke 1 M von der ZN mit 1 M von der Arbeitsnadel li zus) 2-mal wdh (= 2 M abgen), 2 re, 4 li, 2 re, 2 M auf ZN, hinter die Arbeit legen, (stricke 1 M von der Arbeitsnadel mit 1 M von der ZN li zus) 2-mal wdh (= 2 M abgen), 2 re, MMe, (2 li, 2 re) bis 6 M vor MM, 1 li, 2 li-verschr-zus, 2 re, Qfd-L(li), 1 li, MMe, lege die verbleibenden - (112, -, -) (136, -, 160) (-, 184, -) Rückenteil-M still und wende deine Arbeit - (112, -, -) (136, -, 160) (-, 184, -) Vorderteil-M.

Saum am Vorderteil alle Größen

R 1–19: Alle M arb, wie sie erscheinen.

In der nächsten R alle M abketten, wie sie erscheinen. Faden abschneiden.

Saum am Rückenteil nur Größen 1–2 und 3–9

Die stillgelegten Rückenteil-M auf die Nadel nehmen und den Faden auf der Vorderseite des Rückenteils an der rechten Ecke ansetzen.

Vorbereitungs-R (HR): 1 re, Qfd-L, 2 li, (2 re, 2 li) bis zur letzten M, Qfd-R, 1 re. 102 (114, -, 126) (138, 150, 162) (174, 186, 198) M.

R 1–25: Alle M arb, wie sie erscheinen.

In der nächsten R alle M abketten, wie sie erscheinen. Faden abschneiden.

Saum am Rückenteil nur Größe Ani

Die stillgelegten Rückenteil-M auf die Nadel nehmen und den Faden auf der Vorderseite des Rückenteils an der rechten Ecke ansetzen.

Vorbereitungs-R (HR): 1 re, Qfd-L, 2 li-zus, 1 li, 2 re, (2 li, 2 re) bis zu den letzten 4 M, 1 li, 2 li-verschr, Qfd-R, 1 re. 122 M.

R 1–25: Alle M arb, wie sie erscheinen.

In der nächsten R alle M abketten, wie sie erscheinen. Faden abschneiden.

Ärmel (beide gleich)

Nimm die stillgelegten 68 (70, 70, 74) (76, 80, 86) (92, 98, 104) Ärmel-M auf die von dir für das Arbeiten von kurzen Umfängen bevorzugte 3,25-mm-Nadel. Setze den Faden am Körperteil in der Mitte der Unterarm-M an und nehme daraus 2 (3, 3, 4) (5, 6, 7) (8, 9, 10) M auf und stricke sie ab. Nimm dann mit der rechten Nadelspitze 1 M aus der Lücke zwischen Körperteil und Ärmel auf, hebe diese M auf die linke Nadel und stricke sie mit der ersten Ärmel-M rechts zusammen.

Stricke dann die Ärmel-M bis auf die letzte, hebe diese von der rechten auf die linke Nadel. Nimm dann mit der rechten Nadelspitze 1 M aus der Lücke zwischen Ärmel und Körperteil auf und stricke diese beiden Maschen in die hinteren Maschenbeine zusammen. Fahre fort und nimm weitere 2 (3, 3, 4) (5, 6,

7) (8, 9, 10) M aus den Unterarm-M des Körperteils auf und stricke sie ab, MMs. 72 (76, 76, 82) (86, 92, 100) (108, 116, 124) M.
Stricke 30 (31, 31, 25) (25, 19, 26) (37, 29, 21) Rdn glatt rechts.
Nächste Rd (Abn): 1 re, 2 re-verschr-zus, re bis 3 M vor MM, 2 re-zus, 1 re, MMv. 70 (74, 74, 80) (84, 90, 98) (106, 114, 122) M.
Stricke 6 (5, 5, 5) (5, 5, 4) (3, 3, 3) Rdn glatt rechts.
Nächste Rdn: Die letzten 7 (6, 6, 6) (6, 6, 5) (4, 4, 4) Rdn noch 12 (14, 14, 15) (15, 16, 18) (20, 22, 24)-mal wdh. 46 (46, 46, 50) (54, 58, 62) (66, 70, 74) M.
Nächste Rd (Abn): 1 re, 2 re-verschr-zus, re bis 3 M vor MM, 2 re-zus, 1 re, MMv. 44 (44, 44, 48) (52, 56, 60) (64, 68, 72) M.
Rdn 123–148: (2 re, 2 li) bis MM, MMv.
Alle M abketten, wie sie erscheinen. Faden abschneiden

Ausschnittblende

Setze den Faden an der rechten Kante des Rückenteilausschnittes an und nimm 52 (54, 54, 56) (60, 62, 62) (62, 62, 62) M entlang des Rückenteilausschnittes auf und stricke sie rechts ab. Nimm weitere M aus der Vorderteilausschnittkante wie folgt auf und stricke sie rechts ab: 7 (7, 7, 9) (9, 11, 12) (12, 12, 12) M aus 11 (11, 11, 13) (13, 15, 17) (17, 17, 17) R des senkrechten Teils, je 1 M aus den 8 (8, 8, 10) (10, 12, 12) (12, 14, 14) Zun-M des Vorderteils, MMs vor und nach dem Medaillon-Muster, je 1 M aus den 43 (45, 45, 43) (47, 45, 47) (51, 51, 55) aufgeschlungenen M (immer die Nadelspitze in der Mitte der M einstechen, um sie fortzuführen), je 1 M aus den 7 (7, 7, 9) (9, 11, 11) (11, 13, 13) Zun-M und weitere 7 (7, 7, 9) (9, 11, 12) (12, 12, 12) M aus 11 (11, 11, 13) (13, 15, 17) (17, 17, 17) R aufnehmen und rechts abstricken. 124 (128, 128, 136) (144, 152, 156) (160, 164, 168) M.
Rd 1: Die Arbeit zur Runde schließen, MMs am Rundenbeginn. 2 re, (2 li, 2 re) bis zum Medaillon-Muster, 2 li, 2 M auf ZN, hinter die Arbeit legen, (stricke 1 M von der Arbeitsnadel mit 1 M von der ZN re-zus) 2-mal wdh (= 2 M abgen), 2 li, 4 re, 2 li, 2 M auf ZN, vor die Arbeit legen, stricke 1 M von der ZN mit 1 M von der Arbeitsnadel re-zus) 2-mal wdh (= 2 M abgen), 2 li, 4 re, 2li, 2 M auf ZN, hinter die Arbeit legen, (stricke 1 M von der Arbeitsnadel mit 1 M von der ZN re-zus) 2-mal wdh (= 2 M abgen), 2 li, 4 re, 2 li; 2 M auf ZN, vor die Arbeit legen, (stricke 1 M von der ZN mit 1 M von der Arbeitsnadel re-zus) 2-mal wdh (= 2 M abgen), 2 li, (2 re, 2 li) bis MM. 116 (120, 120, 128) (136, 144, 148) (152, 156, 160) M.
Rdn 2–7: Alle M arb, wie sie erscheinen.

Kontrolliere die Fadenspannung und kette in der nächsten Runde alle M ab, wie sie erscheinen. Prüfe, ob die Ausschnittblende über deinen Kopf passt. Wenn ja, schneide den Faden ab. Wenn nicht, kette lockerer ab und prüfe erneut.

Fertigstellung

Alle Fäden vernähen.
Den Pullover ins Waschbecken oder eine Schüssel mit lauwarmem Wasser legen und entspannen lassen. Vorsichtig durchwaschen und überschüssiges Wasser abstreifen.
Dann auf ein großes Badehandtuch legen, das Handtuch mit dem Pullover einrollen und vorsichtig ausdrücken. Den Pullover sanft in Form ziehen, alle Kanten glattstreichen und liegend trocknen lassen.

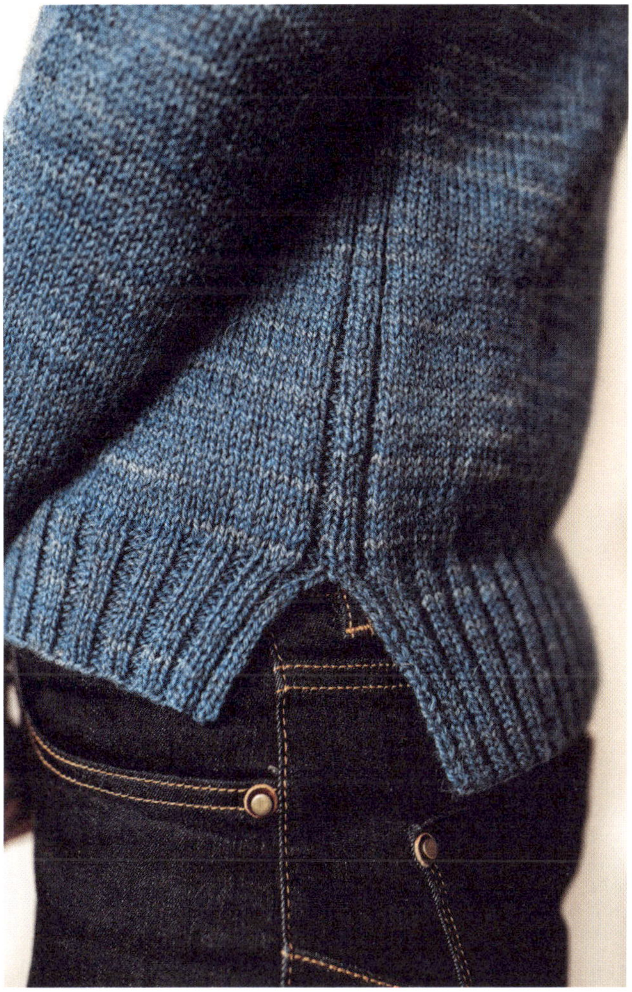

Ani und ihr Contiguous-Pullover

Was hast du gedacht, als ich dir mein Buchkonzept vorgestellt und dich gefragt habe, ob du dabei mitmachen möchtest?

Ani: Auf dem Wollfest im Sommer angesprochen, habe ich mich riesig gefreut bei diesem interessanten Projekt mit den tollen Frauen zusammen mitwirken zu dürfen.

Welche Erfahrungen hast du mit Oberteilen gemacht, die du zuvor für dich gestrickt hast?

Ani: Früher habe ich gemäß Anleitung gestrickt und war oft unzufrieden, entweder rutschten mir Cardigans von den Schultern, oder manche Modelle warfen seltsame Falten an Stellen, wo diese nichts zu suchen hatten (»Pullis brauchen keine Regenrinne!«), oder von unten gestrickte Pullis waren meist zu kurz. Seit ich von oben gestrickte Kleidung für mich entdeckt habe, habe ich die Möglichkeit, zwischendrin das Projekt anzuprobieren und dann, wenn nötig, anzupassen.

Was bedeutet eine gute Passform für dich?

Ani: Ich würde zwischen – »auf den Leib geschnitten« und »zu mir passend« unterscheiden. Eine gute Passform ist die, in der ich mich wohlfühle, ich nicht beim Tragen dauernd etwas korrigieren muss. Ideal ist es, wenn das Kleidungsstück das, was ich an mir besonders mag, hervorhebt.

Inwiefern hat sich deine Einstellung zum Thema Passform geändert, nachdem du deinen Pullover nach der für dich entworfenen Anleitung gestrickt hast?

Ani: Ich habe mich uneingeschränkt auf die Anleitung eingelassen. Ohne die übliche wiederholte Anprobe gemäß Claudias Anleitung einfach gestrickt, und als ich dann doch mal reingeschlüpft bin, um ein Zwischenstandfoto zu machen, dachte ich: Wow, es passt wie gewünscht!

Wie fühlst du dich in deinem neuen Pullover?

Ani: Ich mag meinen Pulli sehr. Er passt ;) und ist vielfältig einsetzbar. Man wird mich mit diesem Pullover in Kombination zu Jeans im privaten, aber auch zur Stoffhose und Blazer im beruflichen Umfeld antreffen.

Welche Reaktionen aus deinem Umfeld hast du zu deinem neuen Pullover bekommen?

Ani: Der Kritischste, mein Mann, hat gleich gesagt: »Hui der passt!« Meine Strickfreundinnen sind infiziert und warten auf das Buch, muss man mehr sagen?

Welchen guten Rat kannst du den Leserinnen des Buches geben?

Ani: Ich wünsche allen Leserinnen des Buches ganz viel Spaß und Inspiration. Finde heraus, was zu dir passt und stricke nicht nur, weil es gerade hip ist ein Modell, das du später gar nicht tragen magst. Lass dich auf das Buch ein und positiv überraschen.

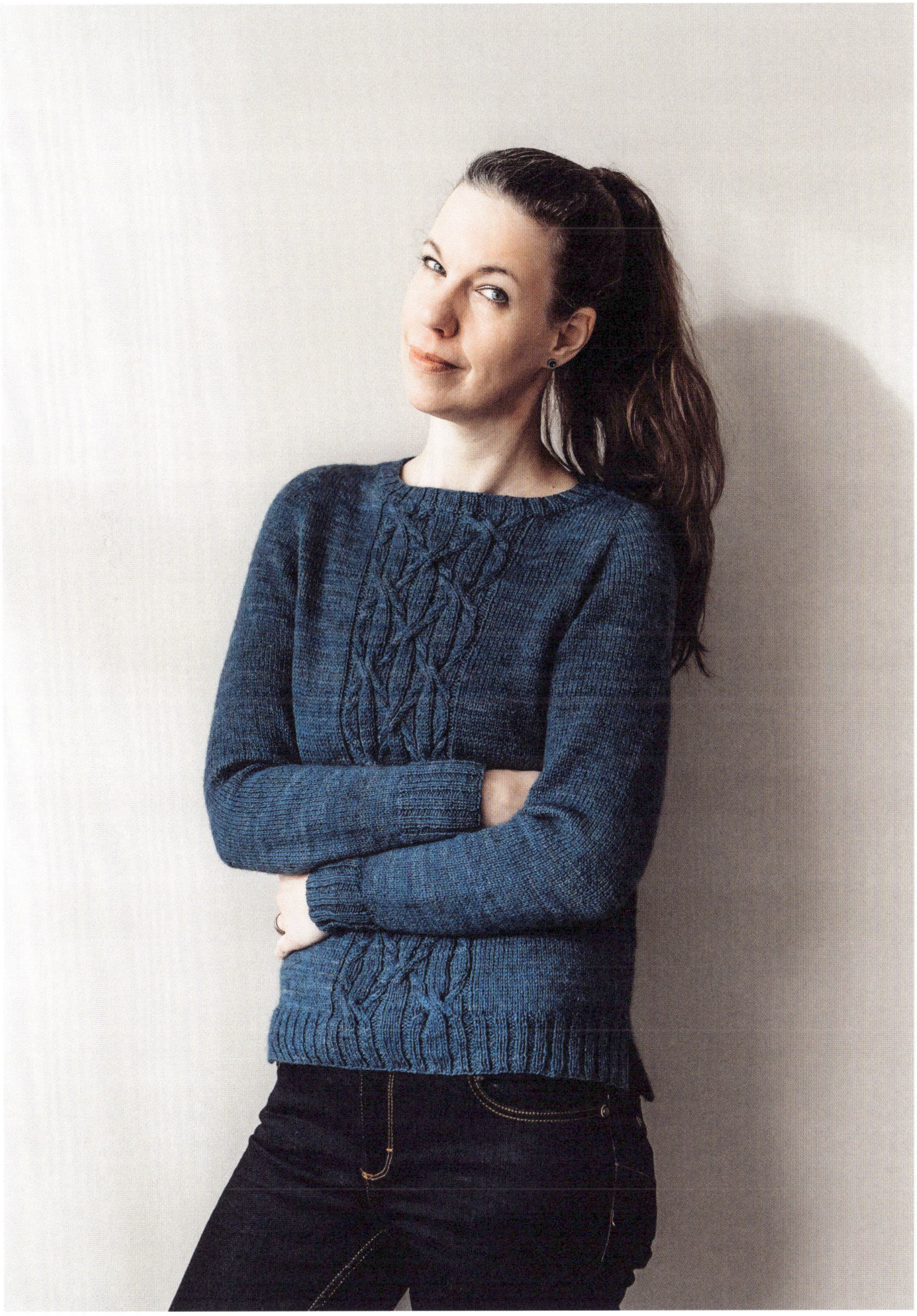

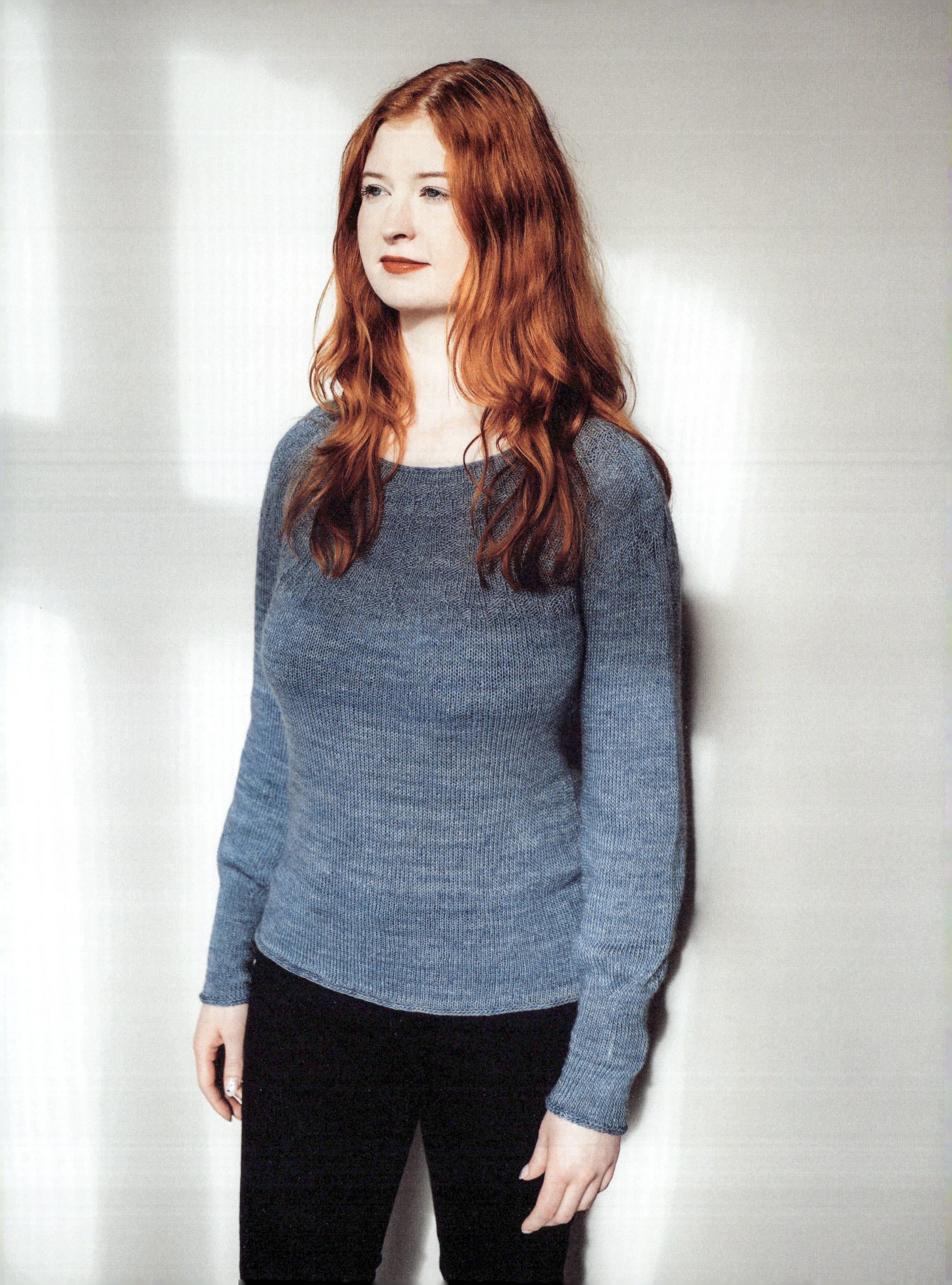

Modell Akelei

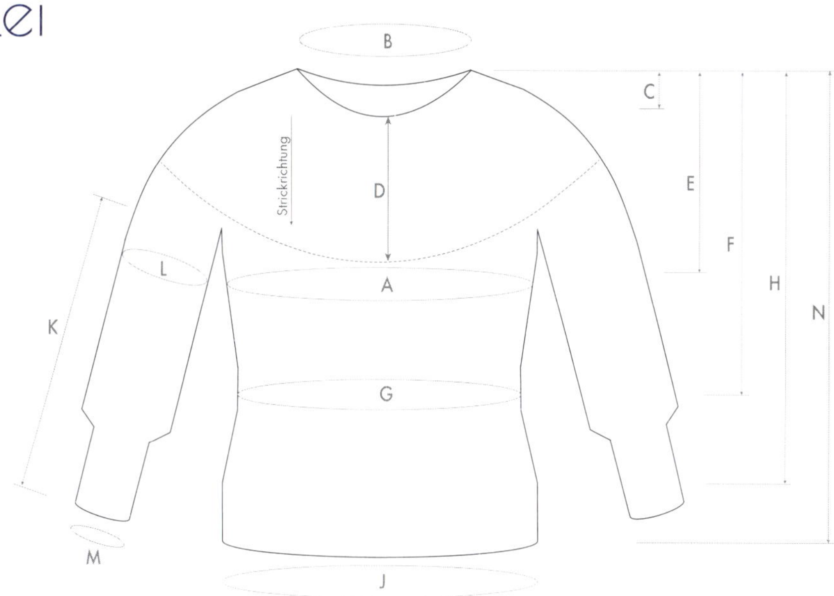

Größe Fertigmaße	1	2	Ruth	3	4	5	6	7	8	9
A – Brustumfang	83,5 cm	93,5 cm	96,5 cm	103,5 cm	113,5 cm	123,5 cm	133,5 cm	143,5 cm	153,5 cm	163,5 cm
B – Ausschnittumfang (lässt sich dehnen)	50 cm	50 cm	50 cm	52 cm	54 cm	56 cm	56 cm	58,5 cm	60,5 cm	62,5 cm
C – Tiefe Vorderteilausschnitt	5 cm	5 cm	5 cm	5 cm	5 cm	5 cm	5 cm	5 cm	5cm	5 cm
D – Tiefe der Rundpasse am Vorderteil	19 cm	19,5 cm	19,5 cm	20,5 cm	21 cm	21,5 cm	22 cm	23 cm	23,5 cm	24 cm
E – Länge Schulter bis Brust	Bitte miss deine individuelle Länge		27 cm	Bitte miss deine individuelle Länge						
F – Länge Schulter bis Taille	Bitte miss deine individuelle Länge		39,5 cm	Bitte miss deine individuelle Länge						
G – Taillenumfang	Bitte miss deinen individuellen Taillen-umfang*		85 cm	Bitte miss deinen individuellen Taillenumfang und füge deine gewünschte Mehrweite hinzu						
H – Länge Schulter bis hohe Hüfte	Bitte miss deine individuelle Länge		50 cm	Bitte miss deine individuelle Länge						
J – Umfang hohe Hüfte	Bitte miss deinen individuellen Hüft-umfang*		92,5 cm	Bitte miss deinen individuellen Hüftumfang und füge deine gewünschte Mehrweite hinzu						
K – Ärmellänge	46 cm	46 cm	46 cm	46 cm	46 cm	46 cm	46 cm	46 cm	46 cm	46 cm
L – Oberarmumfang	30 cm	32 cm	33.5 cm	34 cm	36 cm	38 cm	41,5 cm	45 cm	48 cm	51,5 cm
M – Umfang Ärmelbündchen	18,5 cm	18,5 cm	18,5 cm	19 cm	21 cm	23,5 cm	25 cm	26,5 cm	28,5 cm	30 cm
N – Gesamtlänge	Ich empfehle, eine Länge zu wählen,**		58,5 cm	Ich empfehle, eine Länge zu wählen, die mind. 5 cm vor der breitesten Stelle deiner Hüfte endet						

* füge deine gewünschte Mehrweite hinzu ** die mind. 5 cm vor der breitesten Stelle deiner Hüfte endet

Anleitung Akelei

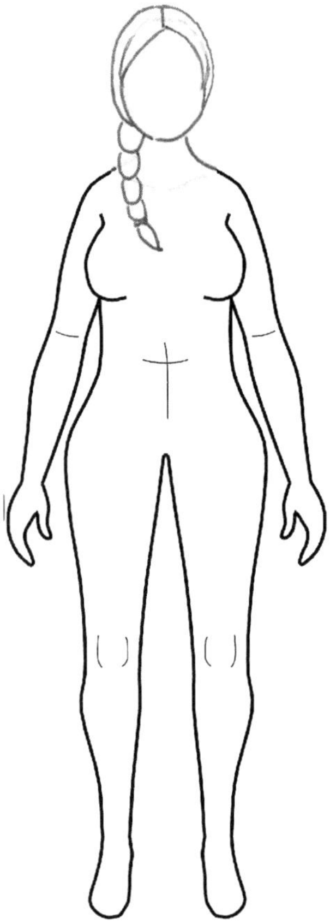

Ich habe *Akelei* für meine Strickfreundin Ruth entworfen. Sie hat zumeist die Herausforderung, dass Kleidungsstücke, die um ihre Oberweite herum passen, in der Taille viel zu weit sind. Indem wir mit einem dehnbaren Maschenanschlag für den Ausschnitt beginnen, stellen wir sicher, dass *Akelei* über den Kopf passt, aber nicht über die Schultern rutscht. Akelei wird nahtlos in der Runde gestrickt, von oben nach unten, und hat ein strukturiertes Muster im Passenbereich. Verkürzte Reihen unterhalb der Passe heben den Halsausschnitt am Rückenteil an. Dieser Pullover ist für runde Schultern entworfen. Wenn du eine gerade Schulterlinie hast, empfehle ich dir, die Zunahmerunden in der Passe näher am Ausschnitt zu stricken, da du die Weite schon früher brauchst. Akelei wird entlang der Seitennähte tailliert. Die Ärmel sind gerade und verjüngen sich dann bis zu einem glatt rechts gestrickten Bündchen. Alle Kanten schließen mit einem angestrickten I-Cord ab.
Die Anleitung *Akelei* enthält den Pullover von Ruth als gestricktes Beispiel für ein individuelles Muster. Es gibt Erklärungen, die dir zeigen, wie die Anpassung an deine Maße vorgenommen werden kann. Du kannst auch eine A-Linie oder einfach gerade bis zum Saum stricken.

Größen

1 (2, Ruth, 3) (4, 5, 6) (7, 8, 9) mit einem Fertigmaß von 83,5 (93,5, 96,5, 103,5) (113,5, 123,5, 133,5) (143,5, 153,5, 163,5) cm um die Brust

Ich habe Akelei für 2,5–10 cm Mehrweite um den Körper entworfen.

Ruths Pullover hat einen Brustumfang zwischen Größe 2 und 3 (mit 5 cm Mehrweite), einen Taillenumfang von 85 cm (mit 12,5 cm Mehrweite) und einen Oberarmumfang zwischen Größe 2 und 3.

Garn

Nature's Luxury On Stage – Long Métrage, 50 % Merinowolle, 30 % Seide, 20 % Babykamel, 400 m/100 g

Ruths Pullover ist in der Farbe »Blue Steel« gestrickt.

Garnverbrauch

3 (3, 3, 3) (4, 4, 4) (5, 5, 5) Stränge oder ca. 960 (1060, 1100, 1200) (1320, 1430, 1520) (1630, 1750, 1880) m eines Wolle-Seiden-Garnes, mit dem die angegebene Maschenprobe erreicht wird.

Jeder strickt unterschiedlich, deshalb ist die angegebene Lauflänge als Schätzung anzusehen.

Maschenprobe

24 M x 32 R = 10 cm glatt rechts mit Nadelstärke 3,25 mm gestrickt, gewaschen und gespannt gemessen.

Es empfiehlt sich, die Maschenprobe zu überprüfen und gegebenenfalls die Nadelgröße anzupassen, um die angegebene Maschenprobe zu erhalten.

Stricknadeln

3,25-mm-Rundstricknadeln, 40 und 80 cm lang

3-mm-Rundstricknadel, 40 cm lang für die Ausschnittblende

3,25-mm-Nadelspiel für die Ärmel, wenn du nicht mit der Magic-Loop-Methode strickst

Zubehör

5 Maschenmarkierer (einer in einer anderen Farbe, wird als MM3 benutzt), Wollnadel, Restgarn zum Maschenstilllegen

Verwendete Techniken

Kreuzanschlag, Maschen aufschlingen, rechte und linke Maschen

Zunahmen: Qfd-L, Qfd-R

Abnahmen: 2 re-zus, 2 re-verschr-zus

Verkürzte Reihen mit Doppelmaschen (German Short Rows), Ausschnitt- und Unterarmmaschen aufnehmen, angestrickter I-Cord

Strickmuster

Glatt rechts (in Reihen)

R 1 (HR): Alle M re.

R 2 (RR): Alle M li.

Glatt rechts (in Runden)

Rd 1 und alle weiteren Rdn: Alle M re.

Anmerkungen

Bitte nimm deine Körpermaße, bevor du eine Größe auswählst.
Ich empfehle dir, mit einer Größe bis zu beginnen, die deiner Schulterweite entspricht (bitte hier keine Mehrweite einrechnen), und dann die Strickanleitung auf der Grundlage deiner Armlochtiefe, deines Brustumfanges und deines Oberarmumfangs anzupassen. Du kannst auch einen aktuellen Pullover, der dir gut passt und die gleiche Konstruktion hat, als Vorlage verwenden, um deine Größe zu wählen. Du kannst die Mehrweite für deinen Pullover selbst bestimmen. Für die Armausschnitte ergeben 1,5–2,5 cm Mehrweite in der Regel eine gute Passform. Für die Ärmel sind 2,5–5 cm eine gute Faustregel, und für den Körper sind 5–15 cm Mehrweite sehr beliebt. Wenn ein Oberteil körpernäher entworfen wurde, ist das im Abschnitt Größen erwähnt.
Um die Passform anzupassen, miss bitte von der Schulter bis zur Oberweite sowie bis zur Taille und Hüfte. So erhältst du die Längen, die du benötigst, um individuelle Änderungen an der Strickanleitung vorzunehmen.

Anleitung

Mit der 3-mm-Rundstricknadel und einer elastischen Anschlagsmethode 120 (120, 120, 125) (130, 135, 135) (140, 145, 150) M anschlagen. Ich habe den Kreuzanschlag verwendet.
Stricke eine Rückreihe mit linken Maschen – das wird dir helfen, die Arbeit zur Runde zu schließen, ohne die Maschen zu verdrehen. Die Arbeit zur Runde schließen, einen MM für den Rd-Beginn setzen.
Der Beginn der Runde ist in der Mitte des Rückenteils.
Rdn 1–5: Alle M re.
Zur kurzen 3,25-mm-Rundstricknadel wechseln.

Rundpasse

(siehe auch Strickschrift auf Seite 152)

Nur Größen 1 und 2
Hinweis: Die Größen 1 und 2 unterscheiden sich in den ersten drei Runden von der Darstellung in der Strickschrift.

Rdn 1–2: 2 re, 1 li, (5 re, 1 li) bis zu den letzten 3 M, 3 re.
Rdn 3–4: 1 re, 3 li, (3 re, 3 li) bis zu den letzten 2 M, 2 re.
Rdn 5–6: (5 li, 1 re) bis zum Ende.
Rdn 7–8: Wie Rd 3.
Weiter ab »Alle Größen«.

Nur Größen Ruth und 3-9
Rdn 1–2: 2 re, 1 li, (4 re, 1 li) bis zu den letzten 2 M, 2 re.
Rd 3 (Zun-Rd): (1 re, 3 li, 1 re, Qfd-L) bis zum Ende. - (-, 144, 150) (156, 162, 162) (168, 174, 180) M.
Rd 4: 1 re, 3 li, (3 re, 3 li) bis zu den letzten 2 M, 2 re.
Rdn 5–6: (5 li, 1 re) bis zum Ende.
Rdn 7–8: Wie Rd 4.
Weiter ab »Alle Größen«.

Alle Größen
Rd 9 (Zun-Rd): (Qfd-R, 2 re, 1 li, 3 re) bis zum Ende. 140 (140, 168, 175) (182, 189, 189) (196, 203, 210) M.
Rd 10: 3 re, 1 li, (6 re, 1 li) bis zu den letzten 3 M, 3 re.
Rdn 11–12: 2 re, 1 li, 1 re, 1 li, (4 re, 1 li, 1 re, 1 li) bis zu den letzten 2 M, 2 re.
Rdn 13–14: 1 re, 2 li, 1 re, 2 li, (2 re, 2 li, 1 re, 2 li) bis zu den letzten M, 1 re.
Rd 15 (Zun-Rd): (3 li, 1 re, 3 li, Qfd-L) bis zum Ende. 160 (160, 192, 200) (208, 216, 216) (224, 232, 240) M.
Wechsle zur längeren Rundstricknadel, wenn es dir leichter fällt.
Rd 16: (3 li, 1 re) bis zum Ende.
Rdn 17–18: 3 re, 1 li, (7 re, 1 li) bis zu den letzten 4 M, 4 re.
Rdn 19–20: Wie Rd 16.
Rd 21 (Zun-Rd): [Qfd-R, (1 re, 2 li) 2-mal wdh, 2 re] bis zum Ende. 180 (180, 216, 225) (234, 243, 243) (252, 261, 270) M.
Rd 22: 2 re, 2 li, 1 re, 2 li, (4 re, 2 li, 1 re, 2 li) bis zu den letzten 2 M, 2 re.

Rdn 23–24: 3 re, 1 li, 1 re, 1 li, (6 re, 1 li, 1 re, 1 li) bis zu den letzten 3 M, 3 re.

Rdn 25–26: 4 re, 1 li, (8 re, 1 li) bis zu den letzten 4 M, 4 re.

Rd 27 (Zun-Rd): (3 re, 3 li, 3 re, Qfd-L) bis zum Ende. 200 (200, 240, 250) (260, 270, 270) (280, 290, 300) M.

Rd 28: 3 re, 3 li, (7 re, 3 li) bis zu den letzten 4 M, 4 re.

Rdn 29–30: 2 re, 5 li, (5 re, 5 li) bis zu den letzten 3 M, 3 re.

Rdn 31–32: (1 re, 3 li) 2-mal wdh, (3 re, 3 li, 1 re, 3 li) bis zu den letzten 2 M, 2 re.

Rd 33 (Zun-Rd): (Qfd-R, 3 li, 3 re, 3 li, 1 re) bis zum Ende. 220 (220, 264, 275) (286, 297, 297) (308, 319, 330) M.

Rd 34: 1 re, 3 li, 3 re, 3 li, (2 re, 3 li, 3 re, 3 li) bis zu den letzten M, 1 re.

Rdn 35–36: 2 re, 3 li, 1 re, 3 li, (4 re, 3 li, 1 re, 3 li) bis zu den letzten 2 M, 2 re.

Rdn 37–38: 3 re, 5 li, (6 re, 5 li) bis zu den letzten 3 M, 3 re.

Rd 39 (Zun-Rd): (4 re, 3 li, 4 re, Qfd-L) bis zum Ende. 240 (240, 288, 300) (312, 324, 324) (336, 348, 360) M.

Rd 40: 4 re, 3 li, (9 re, 3 li) bis zu den letzten 5 M, 5 re.

Rdn 41–42: 5 re, 1 li, (11 re, 1 li) bis zu den letzten 6 M, 6 re.

Rd 43: 4 re, 1 li, 1 re, 1 li, (9 re, 1 li, 1 re, 1 li) bis zu den letzten 5 M, 5 re.

Rd 44 (Zun-Rd): (Qfd-R, 4 re, 1 li, 1 re, 1 li, 5 re) bis zum Ende. 260 (260, 312, 325) (338, 351, 351) (364, 377, 390) M.

Rdn 45–46: 4 re, 2 li, 1 re, 2 li, (8 re, 2 li, 1 re, 2 li) bis zu den letzten 4 M, 4 re.

Rdn 47–48: 3 re, 3 li, 1 re, 3 li, (6 re, 3 li, 1 re, 3 li) bis zu den letzten 3 M, 3 re.

Rd 49 (Zun-Rd): (2 re, 3 li, 3 re, 3 li, 2 re, Qfd-L) bis zum Ende. 280 (280, 336, 350) (364, 378, 378) (392, 406, 420) M.

Rd 50: 2 re, 3 li, 3 re, 3 li, (5 re, 3 li, 3 re, 3 li) bis zu den letzten 3 M, 3 re.

Rdn 51–52: 1 re, 3 li, 2 re, 1 li, 2 re, 3 li, (3 re, 3 li, 2 re, 1 li, 2 re, 3 li) bis zu den letzten 2 M, 2 re.

Rd 53: 1 re, 2 li, 2 re, 3 li, 2 re, 2 li, (3 re, 2 li, 2 re, 3 li, 2 re, 2 li) bis zu den letzten 2 M, 2 re.

Rd 54 (Zun-Rd): (Qfd-R, 1 re, 2 li, 2 re, 3 li, 2 re, 2 li, 2 re) bis zum Ende. 300 (300, 360, 375) (390, 405, 405) (420, 435, 450) M.

Hinweis: Die Strickschrift endet mit Rd 54, weil die letzten beiden Muster-Rdn unterschiedlich durch individuelle Zun-Rdn für die 9 Größen sind.

Nur Größen 1, 2, 5–9

Rd 55 (Zun-Rd): [2 re, 1 li, (4 re, 1 li) 2-mal wdh, 2 re, Qfd-L] bis zum Ende. 320 (320, -, -) (-, 432, 432) (448, 464, 480) M.

Nur Größe 1

Rd 56 (Zun-Rd): {Qfd-R, [2 re, 1 li, (4 re, 1 li) 2-mal wdh, 3 re] 3-mal wdh, Qfd-R, [2 re, 1 li, (4 re, 1 li) 2-mal wdh, 3 re] 2-mal wdh} bis zum Ende. 328 M.

Weiter ab »Verkürzte Reihen«.

Nur Größen 2, 6–9

Rd 56 (Zun-Rd): [Qfd-R, 2 re, 1 li, (4 re, 1 li) 2-mal wdh, 3 re] bis zum Ende. - (340, -, -) (-, -, 459) (476, 493, 510) M.

Nur Größe 2

Rd 57: Alle M re.

Rd 58 (Zun-Rd): (Qfd-R, 28 re, Qfd-R, 29 re, Qfd-R, 28 re) bis zum Ende. 352 M.

Weiter ab »Verkürzte Reihen«.

Nur Größe Ruth

Rdn 55–56: 2 re, 1 li, (4 re, 1 li) bis zu den letzten 2 M, 2 re.

Rd 57: Alle M re.

Weiter ab »Verkürzte Reihen«.

Nur Größe 3

Rdn 55–56: 2 re, 1 li, (4 re, 1 li) bis zu den letzten 2 M, 2 re.

Rdn 57–59: Alle M re.

Rd 60 (Zun-Rd): (Qfd-R, 75 re) bis zum Ende. 380 M.

Weiter ab »Verkürzte Reihen«.

Nur Größe 4

Rdn 55–56: 2 re, 1 li, (4 re, 1 li) bis zu den letzten 2 M, 2 re.

Rdn 57–59: Alle M re.

Rd 60 (Zun-Rd): 5 re, (Qfd-R, 28 re, Qfd-R, 27 re) 7-mal wdh. 404 M.

Weiter ab »Verkürzte Reihen«.

Nur Größe 5

Rd 56: 2 re, 1 li, (4 re, 1 li) bis zu den letzten 2 M, 2 re.

Rdn 57–60: Alle M re.

Weiter ab »Verkürzte Reihen«.

Nur Größe 6

Rdn 57–60: Alle M re.

Rd 61 (Zun-Rd): Qfd-R, 91 re, (Qfd-R, 92 re) 4-mal wdh. 464 M.

Weiter ab »Verkürzte Reihen«.

Nur Größe 7

Rd 57–60: Alle M re.

Rd 61 (Zun-Rd): [Qfd-R, 23 re, (Qfd-R, 24 re) 4-mal wdh] bis zum Ende. 496 M.

Weiter ab »Verkürzte Reihen«.

Nur Größe 8

Rd 57–60: Alle M re.

Rd 61 (Zun-Rd): (Qfd-R, 17 re) bis zum Ende. 522 M.

Rd 62–65: Alle M re.

Rd 66 (Zun-Rd): (87 re, Qfd-L) bis zum Ende. 528 M.

Weiter ab »Verkürzte Reihen«.

Nur Größe 9

Rd 57–60: Alle M re.

Rd 61 (Zun-Rd): (Qfd-R, 17 re) bis zum Ende. 540 M.

Rd 62–65: Alle M re.

Rd 66 (Zun-Rd): (27 re, Qfd-L) bis zum Ende. 560 M.

Weiter ab »Verkürzte Reihen«.

Strickschrift Rundpasse (Reihen 1–54)

Für R 55 bis zum Beginn der »Verkürzte Reihen«, siehe bitte den Text auf den Seiten 151–152.

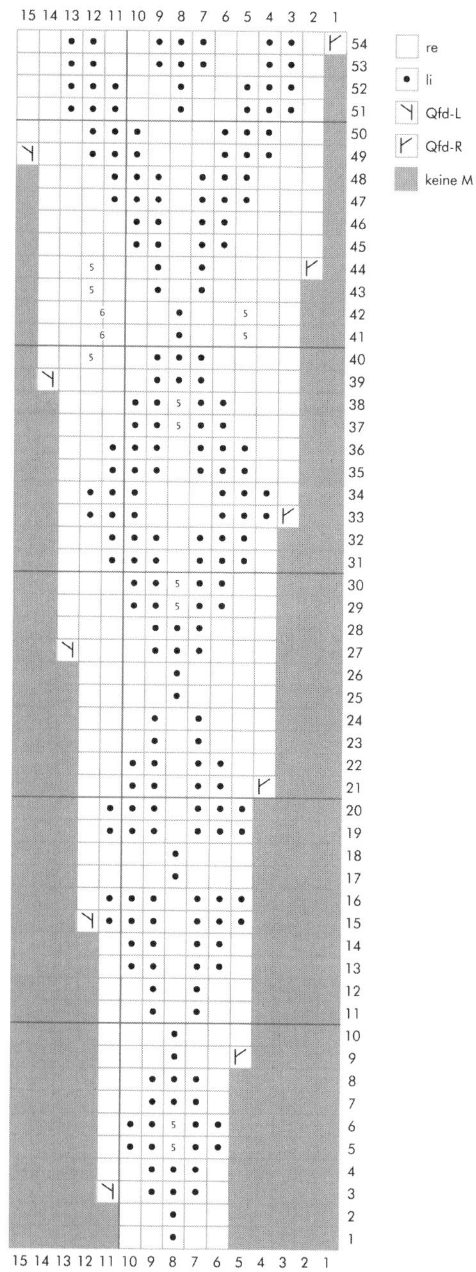

Hinweis für die Größen 1 und 2: Die Rd 1–3 haben bereits 6 M pro Rapport. Siehe bitte ausgeschriebenen Text auf Seite 150. Insgesamt 20 (20, 24, 25) (26, 27, 27) (28, 29, 30)-mal in der Runde arb.

Die kleinen Zahlen geben die Maschenzahlen für Bereiche an, in denen 5 oder mehr Maschen der gleichen Art gearbeitet werden.

Verkürzte Reihen

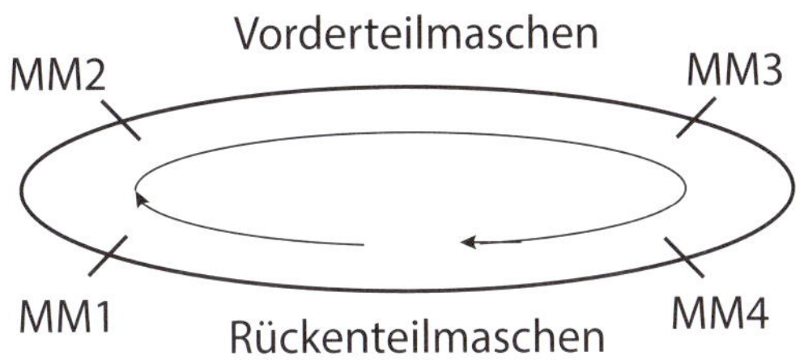

Hinweis: Jede DM als eine M stricken.

Vorbereitungs-Rd: 48 (53, 54, 58) (63, 68, 73) (78, 83, 88) re, MM1s, 68 (70, 72, 74) (76, 80, 86) (92, 98, 104) re, MM2s, 96 (106, 108, 116) (126, 136, 146) (156, 166, 176) re, MM3s (eindeutige Farbe oder Form), 68 (70, 72, 74) (76, 80, 86) (92, 98, 104) re, MM4s, re bis MM am Rd-Beginn, MMe am Rd-Beginn.

R 1 (HR): Re bis 8 (8, 8, 9) (9, 10, 11) (11, 12, 13) M nach MM1, wenden.
R 2 (RR): Abh+anz, li bis 8 (8, 8, 9) (9, 10, 11) (11, 12, 13) M nach MM4, wenden.
R 3: Abh+anz, re bis 8 (8, 8, 9) (9, 10, 11) (11, 12, 13) M nach DM, wenden.
R 4: Abh+anz, li bis 8 (8, 8, 9) (9, 10, 11) (11, 12, 13) M nach DM, wenden.
R 5–14: R 3–4 noch 5-mal wdh.
R 15: Abh+anz, re bis MM3, MM3v (neuer Rd-Beginn).
Nächste Rd: Alle M re.

Rundpasse fortsetzen

Noch 1 (1, 1, 1) (2, 4, 6) (8, 5, 7) Runde(n) glatt rechts stricken.
Hinweis: Jede DM als eine M stricken.

Körperteil und Ärmel trennen

Vorbereitungs-Rd: Die nächsten 68 (70, 72, 74) (76, 80, 86) (92, 98, 104) M für den linken Ärmel stilllegen, MMe, 2 (3, 3, 3) (5, 6, 7) (8, 9, 10) Unterarm-M aufschlingen, MMs, weitere 2 (3, 3, 3) (5, 6, 7) (8, 9, 10) Unterarm-M aufschlingen, über die 96 (106, 108, 116) (126, 136, 146) (156, 166, 176) Vorderteil-M stricken, MMe, die nächsten 68 (70, 72, 74) (76, 80, 86) (92, 98, 104) M für den rechten Ärmel stilllegen, 2 (3, 3, 3) (5, 6, 7) (8, 9, 10) Unterarm-M aufschlingen, MMs, weitere 2 (3, 3, 3) (5, 6, 7) (8, 9, 10) Unterarm-M aufschlingen, über die 96 (106, 108, 116) (126, 136, 146) (156, 166, 176) Rückenteil-M stricken, re bis MM, MMv (= neuer Rd-Beginn). 200 (224, 232, 248) (272, 296, 320) (344, 368, 392) M.

Körperteil

Der Pullover verfügt über Taillenabnahmen und Hüftzunahmen. Natürlich kannst du jedes Körperteil stricken, das du magst, z.B. gerade oder A-Linie.

Option gerader Körperteil

Wenn du einen geraden Körperteil bevorzugst, stricke einfach in der Runde weiter, bis du deine gewünschte Länge erreicht hast. Einen angestrickten I-Cord über alle M stricken.
Faden abschneiden.

Option A-Linie

Die Formgebung für eine A-Linie beginnt mit Zunahmen im Unterbrustbereich, die entweder ein paar Maschen von jeder Seitennaht entfernt oder entlang der Prinzessnähte gearbeitet werden. Sind viele Zunahmen geplant, empfehle ich, die Zunahmen auf mehrere Stellen zu verteilen, damit der Pullover nicht seitlich absteht und wie ein Kinderkleidchen aussieht. Dazu können zusätzlich zu den Zunahmen entlang der Seitennähte diese auch noch an den Prinzessnähten gearbeitet werden. Mit acht Zunahmen in der Runde wird die zusätzliche Weite besser um den Körper herum verteilt.
Einen angestrickten I-Cord über alle M stricken.
Faden abschneiden.

Taillierung entlang der Seitennähte

Das Anpassen der Taillierung erfordert Planung. Ein Kleidungsstück mit einer Taillierung wird von der Brust bis zur Taille schmaler und dann von der Taille bis zu den Hüften wieder weiter. Du brauchst drei Breiten- oder Umfangsmaße und zwei Längenmaße. Daraus kannst du dir dann die Maschenzahlen an der Brust, an der Taille und an den Hüften und die Reihenzahlen zwischen Brust und Taillenabnäher sowie zwischen Taille und Hüfte ausrechnen.
Beginne 2,5 cm unterhalb des höchsten Punktes deiner Brust und nimm 2 (bis 4) M vor und nach den beiden Seitennähten ab, bis du 2,5 cm vor der Taille bist.

Stricke 5 cm gerade und fange dann an, im gleichen Abstand von den Seitennähten wie die Abnahmen zuzunehmen. Dann stricke einige Runden ohne Formgebung, bevor du den Saum strickst. Die Anzahl der Abnahmen und Zunahmen hängt von deinen Maßen ab. Arbeite sie in regelmäßigen Abständen.

Damit die Erklärungen der Berechnungen für deine Maße einfacher sind, gebe ich den berechneten Zahlen Großbuchstaben als Referenz.

Das folgende Beispiel ist mit den Maßen von Ruth berechnet: Nach der Teilung von Körperteil und Ärmeln hat Ruths Pullover 232 M (= A, Brustumfang).
Die Länge zwischen Schulter und Brust wird von der Schulter herunter bis zum größten Brustumfang gemessen.
Ruths Maß bis zu dieser Stelle sind 27 cm (= E). Davon werden die ersten 2,5 cm ohne Formgebung gestrickt.
Ausgehend von einer Maschenprobe 24 M x 32 R = 10 cm multipliziere die Länge mit der Reihenzahl auf 10 cm, um die benötigten Reihen zu bekommen: 2,5 cm x 32 R ÷ 10 cm = 8 R (= O). Diese R strickst du ohne Formgebung und beginnst danach mit den Taillenabnahmen.
Die Länge von Ruths Schulter bis zu ihrer Taille beträgt 39,5 cm (= F). Wenn du von dieser Länge die Länge von Schulter bis Brust abziehst, erhältst du den Abstand zwischen Brust und Taille.
Jetzt musst du zusätzlich 2,5 cm (die du ohne Formgebung an der Taille strickst) abziehen: 39,5 (= F) - 27 (= E) - 2,5 = 10 cm, das entspricht 32 Rdn (= P). Das ist die Anzahl Reihen, innerhalb derer du die Abnahmen strickst.
Ruths Taillenumfang (inklusive 12,5 cm Mehrweite) ist 85 cm (= G). Wenn du diesen Wert von ihrem Brustumfang (= A) abziehst, gibt das 96,5 (= A) - 85 (= G) = 11,5 cm. Das ergibt in Maschen 11,5 cm x 24 M ÷ 10 cm = 27,6 M. Wenn du keine ganze Zahl erhältst, musst du auf die nächste ganze Zahl runden. Somit erhältst du 28 M (= Q).

Abnahmeteil für den Pullover von Ruth

Du hast bereits die Anzahl der M berechnet, die du abnehmen willst: 28 M, jetzt musst du die Anzahl der Abnahmerunden ermitteln. 28 M (= Q) ÷ 4 M (4 Abnahmen pro Rd) = 7 (= R), weil du jeweils vor und nach der Seitennaht abnimmst. Innerhalb der 32 Rdn (= P) nimmst du im regelmäßigen Intervall ab. 32 Rd ÷ 7 = 4,6 Rd.
Diese Zahl rundest du auf 5 auf: 5 Rdn x 7 Abnahmen = 35 Rdn. Du kannst aber einige Rdn nach der letzten Abnahme abziehen: 35 - 32 = 3, du kannst also 3 Rdn weglassen und hast immer noch 7 Abnahme-Rdn.
Wenn du mit einer Abnahme-Rd startest und gefolgt von 4 Rdn (= S) (= ingesamt 5 Rdn) und diese 5 Rdn 5-mal wiederholst, hast du 6 x 5 Rdn = 30 Rdn. Dann musst du in der nächsten Rd (= 31. Rd) noch eine weitere Abn-Rd stricken und eine Rd ohne Abn (statt 4 Rd). Du hast jetzt 7 (= R) Abn-Rdn in ingesamt 32 Rdn (= P) gestrickt.
Jetzt kommen 5 cm = 16 Rdn ohne Formgebung an der Taille.

Zunahmeteil für den Pullover von Ruth

Die Länge von Ruths Schulter bis zu ihrer hohen Hüfte (wo der Beckenknochen zu tasten ist) beträgt 50 cm (= H).
50 cm (= H) - 2,5 cm (Länge Taille bis Beginn der Hüftzunahmen) - 39,5 cm (= F, Länge von Schulter bis zur Taille) = 8 cm, daraus ergibt sich 8 cm x 32 Rdn ÷ 10 cm = 25,6 abgerundet auf 25 Rdn (= T), damit lässt sich einfacher rechnen.
Für die Ermittlung der Anzahl Zunahmemaschen rechnest du: 92,5 cm (= J, Hüftumfang) - 85 cm (= G, Taillenumfang) = 7,5 cm.
7,5 cm x 24 M ÷ 10 cm = 18 M (= U).
Du muss also 18 M durch 4 (4 Zunahmen pro Runde) teilen = 4,5 M. Jetzt kannst du auf- oder abrunden.

Für Ruths Pullover möchte ich aber die genaue Maschenzahl an der Hüfte haben und entscheide mich deshalb für 4 Zun-Rd mit 4 Zunahmen und eine Zun-Rd mit nur 2 Zunahmen in der Rd, die ich am Vorderteil platziere.
25 Rdn (= T) ÷ 4 Zun-Rdn = 6,25. Dies ergibt 4 Zun-Rdn in jeder 6. Rd. Die erste Rd ist eine Zun-Rd gefolgt von 5 Rdn (= V) ohne Zunahme, diese 6 Rdn noch 3-mal wdh, und dann folgt die 5. Zun-Rd mit nur 2 Zun am Vorderteil = 4 x 6 + 1 = 25 Rdn.
Die Länge von Ruths Schulter bis zu ihrer weitesten Stelle an der Hüfte beträgt 63,5 cm (= W) und dient uns dazu, die Länge bis zum Saum, die wir noch stricken mütssen zu bestimmen. Es sieht vorteilhafter aus, wenn der Saum des Pullovers 5 cm über dieser Stelle endet.
Somit rechnen wir 63,5 cm (= W) - 5 cm (um vorteilhafter auszusehen) - 50 cm (= H) = 8,5 cm, das sind 8,5 cm x 32 Rdn ÷ 10 cm = 27,2 Rdn, abgerundet auf 27 Rdn (= X).

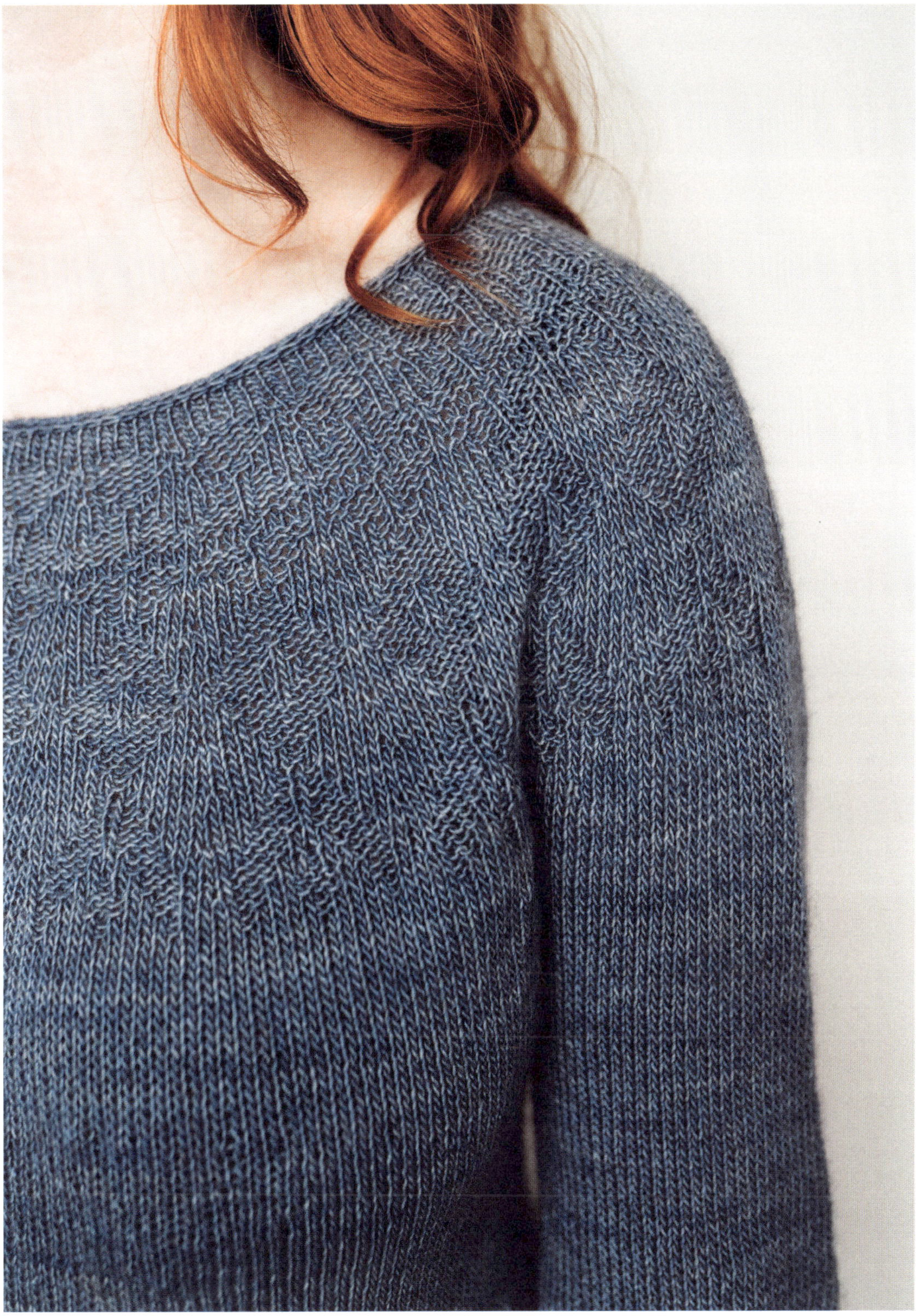

Abkürzungen für Berechnungen
A = Anzahl Maschen am Brustumfang
E = Länge Schulter bis Brust in cm
F = Länge Schulter bis Taille in cm
G = Taillenumfang in cm
H = Länge Schulter bis hohe Hüfte im cm
J = Umfang hohe Hüfte in cm
O = Anzahl Reihen/Runden ohne Formgebung bis Beginn Taillierung
P = Anzahl Runden zwischen Brust- und Taillenlinie
Q = Anzahl Abnahmemaschen
S = Anzahl Runden ohne Formgebung zwischen zwei Abnahmerunden
T = Anzahl Runden zwischen Taillen- und Hüftlinie
U = Anzahl Zunahmemaschen
V = Anzahl Runden ohne Formgebung zwischen zwei Zunahmerunden
W = Länge Schulter bis weiteste Stelle an der Hüfte
X = Anzahl Runden ohne Formgebung bis zum Saum

Hier findest du ein Rezept, dem du folgen kannst, setze einfach deine Zahlen für die Buchstaben ein:

Rdn 1–O: Alle M re.
Nächste Rd (Abn): *2 re, 2 re-zus, re bis zu den letzten 4 M vor MM, 2 re-verschr-zus, 2 re, MMv; ab * noch 1-mal wdh. (A – 4) M.
Nächste S-Rdn: Alle M re.
Nächste Rdn: Die letzte (S + 1) Rdn noch (R – 2)-mal wdh. 208 M.
Nächste Rd (Abn): *2 re, 2 re-zus, re bis zu den letzten 4 M vor MM, 2 re-verschr-zus, 2 re, MMv; ab * noch 1-mal wdh. (A – 28) M.

5 cm = 16 Rdn glatt rechts stricken.

Nächste Rd (Zun): *2 re, Qfd-L, re bis 2 M vor MM, Qfd-R, 2 re, MMv; ab * noch 1-mal wdh.
(A – 28 + 4) = (A – 24) M.
Nächste V-Rdn : Alle M re.
Nächste Rdn: Die letzten (U+1) Rdn noch 3-mal wdh.
(A – 24 + 12) = (A – 12) M.
Nächste Rd (Zun, nur am Vorderteil): 2 re, Qfd-L, re bis 2 M vor MM, Qfd-R, 2 re, MMv; re bis zum Ende, MMv. (A – 10) M.
X-Rdn glatt rechts stricken oder bis zur bevorzugten Länge.
Einen angestrickten I-Cord über alle M stricken.
Faden abschneiden.

Nur Ruths Pullover

Rdn 1–8: Alle M re.

Rd 9 (Abn): *2 re, 2 re-zus, re bis zu den letzten 4 M vor MM, 2 re-verschr-zus, 2 re, MMv; ab * noch 1-mal wdh. 228 M.

Rdn 11–13: Alle M re.

Rdn 14–37: Die letzten 5 Rdn noch 5-mal wdh. 208 M.

Rd 38 (Abn): Wie Rd 8. 204 M.

Rdn 39–54: Alle M re.

Rd 55 (Zun): *2 re, Qfd-L, re bis 2 M vor MM, Qfd-R, 2 re, MMv; von * noch 1-mal wdh. 208 M.

Rdn 56–60: Alle M re.

Rdn 61–78: Die letzten 6 Rdn noch 3-mal wdh. 220 M.

Rd 79: 2 re, Qfd-L, re bis 2 M vor MM, Qfd-R, 2 re, MMv; re bis zum Ende, MMv. 222 M.

27 Rdn glatt rechts stricken oder bis zur bevorzugten Länge.

Einen angestrickten I-Cord über alle M stricken.

Faden abschneiden.

Ärmel (beide gleich)

Nimm die stillgelegten 68 (70, **72,** 74) (76, 80, 86) (92, 98, 104) Ärmel-M auf die von dir für das Arbeiten von kurzen Umfängen bevorzugte, 3,25-mm-Nadel. Setze den Faden am Körperteil in der Mitte der Unterarm-M an und nehme daraus 2 (3, **4,** 4) (5, 6, 7) (8, 9, 10) M auf und stricke sie ab, nimm dann mit der rechten Nadelspitze 1 M aus der Lücke zwischen Körperteil und Ärmel auf, hebe diese M auf die linke Nadel und stricke sie mit der ersten Ärmel-M rechts zusammen.

Stricke dann die Ärmel-M bis auf die letzte, hebe diese von der rechten auf die linke Nadel, nimm dann mit der rechten Nadelspitze 1 M aus der Lücke zwischen Ärmel und Körperteil auf und stricke diese beiden Maschen in die hinteren Maschenbeine zusammen. Fahre fort und nimm weitere 2 (3, **4,** 4) (5, 6, 7) (8, 9, 10) M aus den Unterarm-M des Körperteils auf und stricke sie ab. 72 (76, **80,** 82) (86, 92, 100) (108, 116, 124) M.

Setze einen MM für den Rd-Beginn.

Stricke 106 (105, **104,** 104) (104, 104, 103) (102, 101, 100) Rdn glatt rechts.

Nächste Rd (Abn): 5 (5, **6,** 6) (6, 7, 8) (9, 10, 11) re, MMs, 2 re-zus, 22 (24, **24,** 25) (27, 28, 30) (32, 34, 36) re, 2 re-verschr-zus, MMs, 10 (10, **12,** 12) (12, 14, 16) (18, 20, 22) re, MMs, 2 re-zus, 22 (24, **24,** 25) (27, 28, 30) (32, 34, 36) re, 2 re-verschr-zus, MMs, 5 (5, **6,** 6) (6, 7, 8) (9, 10, 11) re.

Nächste Rd (Abn): Re bis MM, MMv, 2 re-zus, re bis 2 M vor MM, 2 re-verschr-zus, MMv, re bis MM, MMv, 2 re-zus, re bis 2 M vor MM, 2 re-verschr-zus, MMv, re bis zum Ende.

Nächste Rdn (Abn): Die letzte Rd noch 5 (6, **7,** 7) (7, 7, 8) (9, 10, 11)-mal wdh. 44 (44, **44,** 46) (50, 56, 60) (64, 68, 72) M.

Weiter glatt rechts in der Rd stricken, bis der Ärmel insgesamt 46 cm misst oder die gewünschte Länge erreicht ist.

Einen angestrickten I-Cord über alle M stricken.

Faden abschneiden.

Ausschnittblende

Mit der 3-mm-Rundstricknadel in der Mitte des Rückenteilausschnittes aus der Kante 120 (120, **120,** 125) (130, 135, 135) (140, 145, 150) M aufnehmen.

Kontrolliere die Fadenspannung und stricke einen I-Cord über alle M an. Prüfe, ob die Ausschnittblende über deinen Kopf passt. Wenn ja, schneide den Faden ab. Wenn nicht, stricke den I-Cord noch einmal lockerer und prüfe erneut.

Faden abschneiden.

Fertigstellung

Alle Fäden vernähen.

Den Pullover ins Waschbecken oder eine Schüssel mit lauwarmem Wasser legen und entspannen lassen. Vorsichtig durchwaschen und überschüssiges Wasser abstreifen.

Dann auf ein großes Badehandtuch legen, das Handtuch mit dem Pullover einrollen und vorsichtig ausdrücken. Den Pullover sanft in Form ziehen, alle Kanten glattstreichen und liegend trocknen lassen.

Ruth und ihr Rundpassenpullover

Was hast du gedacht, als ich dir mein Buchkonzept vorgestellt und dich gefragt habe, ob du dabei mitmachen möchtest?

Ruth: Über deine Frage habe ich mich sehr gefreut, das Konzept von deinem Buch fand ich sehr passend zu mir. Ich bin überzeugt, »geht nicht, gibt's nicht!«, und da passt dein Buchkonzept genau rein, ich habe mich da direkt wiedererkannt.

Welche Erfahrungen hast du mit Oberteilen gemacht, die du zuvor für dich gestrickt hast?

Ruth: Ich habe bisher erst zwei Pullover, vier Strickjacken und zwei Sommertops gestrickt, wovon ich eines wieder aufgeribbelt habe, da es an mir überhaupt nicht saß. Mich hindert immer die Maßtabelle daran, ein neues Stück anzufangen, da ich mich dort meistens nicht wiederfinde. Bei den wenigen Teilen, die ich gestrickt habe, sind die Erfahrungen so lala, die größte Herausforderung ist immer, meine Oberweite anständig einzupacken, ohne dass der Rest aussieht, als wäre mir das Strickstück viel zu groß, da die Ärmel/der Körper viel zu weit sind oder der Armausschnitt viel zu groß.

Was bedeutet eine gute Passform für dich?

Ruth: Eine gute Passform bedeutet für mich, dass das Kleidungsstück meine Figur widerspiegelt, ohne zu weit oder zu eng zu sein. Im Endeffekt soll es wie eine zweite Haut sitzen.

Inwiefern hat sich deine Einstellung zum Thema Passform geändert, nachdem du deinen Pullover nach der für dich entworfenen Anleitung gestrickt hast?

Ruth: Gar nicht, denn die Anleitung ist genau das, was ich immer gesucht habe.

Wie fühlst du dich in deinem neuen Pullover?

Ruth: Ich fühle mich in dem Pullover sehr wohl, er sitzt perfekt, ich habe nicht das Bedürfnis zu zuppeln, weil er rutscht oder irgendwo zu eng ist.

Welche Reaktionen aus deinem Umfeld hast du zu deinem neuen Pullover bekommen?

Ruth: Ich habe viele Komplimente bekommen, dass der Pulli mir gut steht und dass meine Figur darin gut aussieht.

Was nimmst du für dich für das Stricken deiner nächsten Pullover mit?

Ruth: Ich werde die Größe nach den richtigen Angaben für mich auswählen, da ich jetzt weiß, wie ich sie auswählen muss, und alles, was nicht passt, passe ich auf mich an.

Welchen guten Rat kannst du den Leserinnen des Buches geben?

Ruth: Dein Strickstück – deine Regeln und vor allem: deine Maße!
Habt keine Angst davor, etwas anders zu machen, und löst euch von dem Gedanken, euch an die Anleitung halten zu müssen. Seht die Anleitung eher wie eine Art Rezept, das euch den Weg weist und Anhaltspunkte liefert, nicht wie eine festgeschriebene Regel, der ihr Folge leisten müsst. Die Freude über das Ergebnis ist dann auch eine ganz andere, wenn du mit allem zu zu hundert Prozent zufrieden bist.

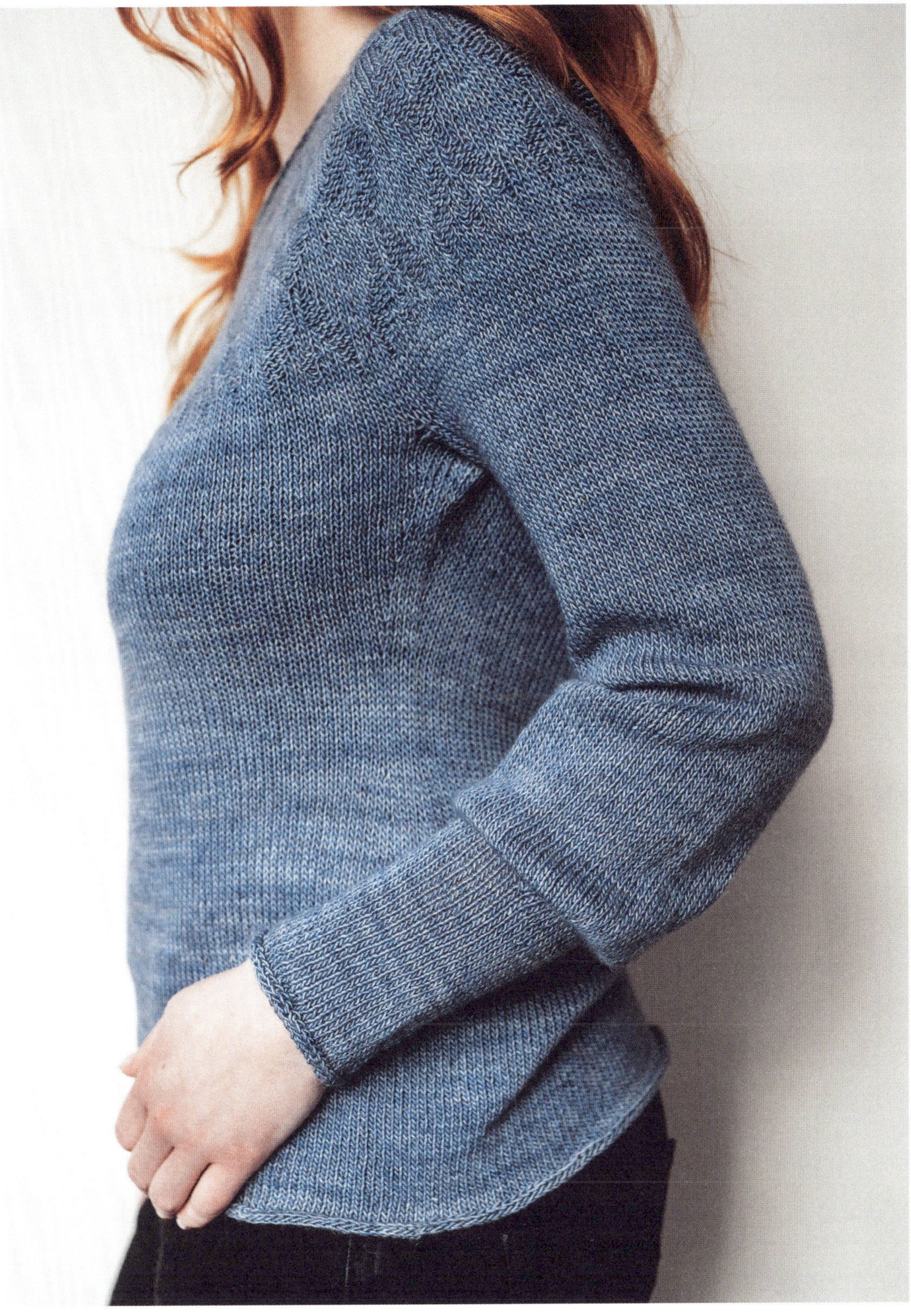

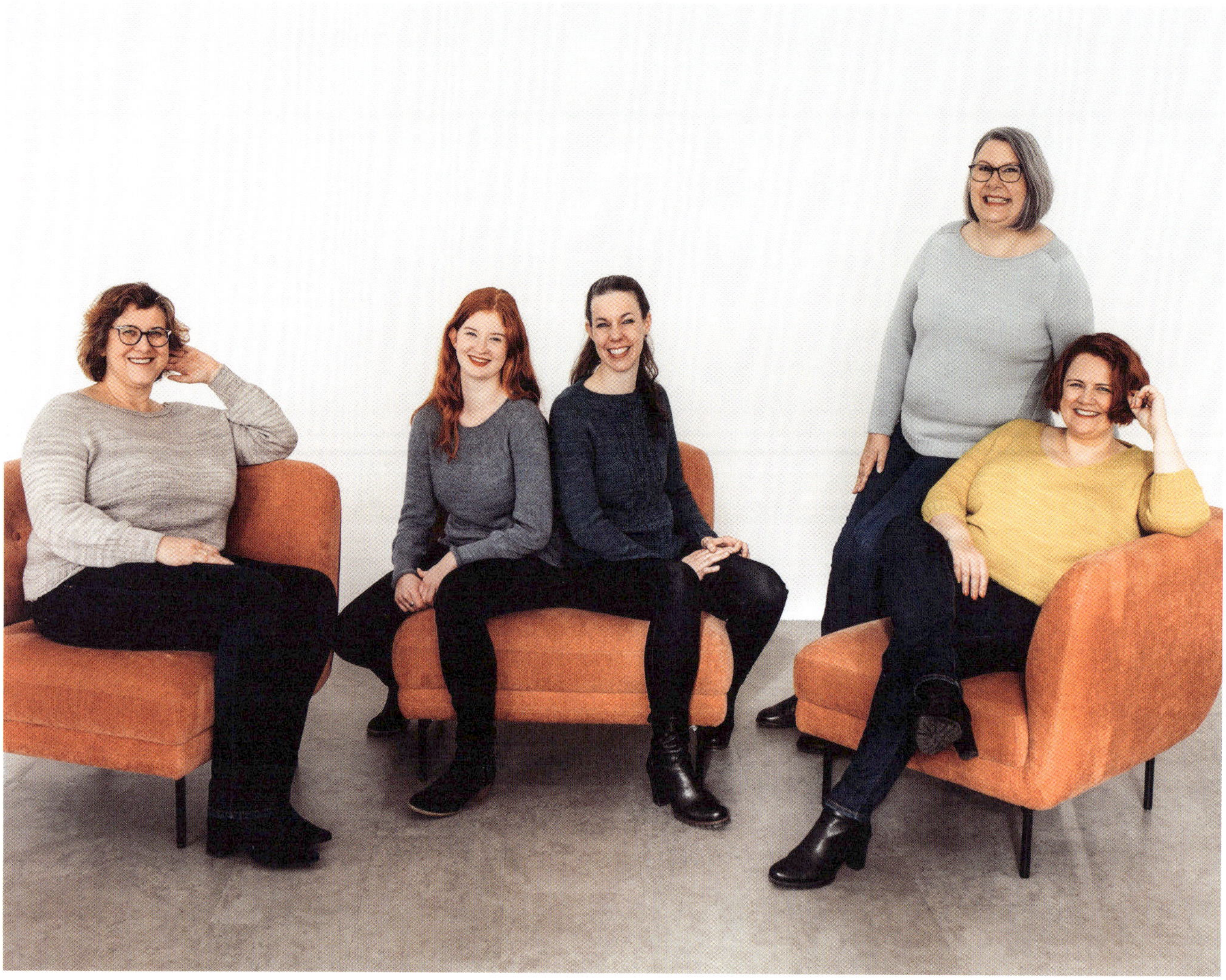

Wie geht es weiter?

Der Untertitel meines Buches lautet ja »Der Weg zur perfekten Passform«. Was perfekt ist, bestimmst du. Und es ist in der Tat ein Weg. Also sei nicht enttäuscht, wenn dein erster Pullover, den du nach dem Lesen und Durcharbeiten des Buches gestrickt hast, nicht ganz so werden sollte, wie du dir das vielleicht gewünscht hast.
Mein Weg hat mehr als 15 Jahre gedauert, und ich stricke auch nach dieser langen Zeit und den ganzen Erfahrungen noch Oberteile, die unperfekt sind – und kann damit gut leben.
Es gibt viele Gründe, warum es manchmal einfach nicht hinhaut. Ich lerne auch weiterhin noch dazu. Das ganze Strickuniversum da draußen ist einfach so spannend, und es wird immer Neues zu entdecken geben.
Deshalb sei neugierig und nimm das für dich mit, was dich glücklich macht.
Mein Motto lautet ja: »Stricke, was dir passt!«, und ich freue mich, wenn du in den sozialen Netzen deine Werke und Erfahrungen teilst und das Hashtag #strickewasdirpasst nutzt.
So sehen die anderen Leserinnen und ich deinen Post und können uns vernetzen und gegenseitig unterstützen.
Wenn du weiter mit mir zusammenarbeiten willst, schau doch einfach auf massgestrickt.com nach, was ich außer diesem Buch mache, oder melde dich einfach dort für meinen Newsletter an, um auf dem Laufenden zu bleiben und Tipps und Anregungen mitzunehmen.

ABKÜRZUNGSVERZEICHNIS

1 abh-Fdh	1 M abheben, mit dem Faden hinter der Arbeit
1 li-verschr	1 M links durch das hintere Maschenglied abstricken
1 re-verschr	1 M rechts durch das hintere Maschenglied abstricken
2/2 LZ	2/2 linker Zopf: 2 M auf ZN, vor die Arbeit legen, 2 re, 2 re von ZN
2/2 RZ	2/2 rechter Zopf: 2 M auf ZN, hinter die Arbeit legen, 2 re, 2 re von ZN
2 abh-Fdv	2 M abheben, mit dem Faden vor der Arbeit
2 li-verschr-zus	2 M einzeln nacheinander wie zum Rechtsstricken abheben und dann zurück auf die linke Nadel heben. Diese beiden M durch die hinteren Maschenglieder links zusammenstricken, 1 M abgenommen. Englisch = ssp
2 li-zus	2 M links zusammenstricken, 1 M abgenommen
2 re-verschr-zus	2 M einzeln nacheinander wie zum Rechtsstricken abheben und dann zurück auf die linke Nadel heben. Diese beiden M durch die hinteren Maschenglieder rechts zusammenstricken, 1 M abgenommen. Englisch = ssk
2 re-zus	2 M rechts zusammenstricken, 1 M abgenommen
3 re-zentr-zus	3 M mit aufliegender Mittelmasche zusammenstricken: 2 M zusammen wie zum Rechtsstricken abheben, 1 re, die 2 abgehobenen M darüberziehen, 2 M abgenommen
abh+anz	abheben und anziehen: 1 M abheben, mit dem Faden vor der Arbeit, den Faden über die Nadel fest nach hinten anziehen
abgen	abgenommen
Abn	Abnahme
arb	arbeiten
DM	Doppelmasche; siehe unter abh+anz, wie sie gearbeitet wird
HR	Hinreihe
kfb	knit front back: die nächste M re, diese M auf der Nadel lassen, dieselbe M noch einmal durch das hintere Maschenglied abstricken, dabei aufpassen, die M nicht fallen zu lassen, die M von der Nadel schieben, 1 M zugenommen
li	linke Masche
M	Masche(n)
MM	Maschenmarkierer
MMe	Maschenmarkierer entfernen
MMs	Maschenmarkierer setzen
MMv	Maschenmarkierer versetzen: Maschenmarkierer von der linken auf die rechte Nadel heben

pbfb purl back front back: die nächste M durch das hintere Maschenglied links verschränkt abstricken, diese M auf der Nadel lassen, die rechte Nadel jetzt ins vordere Maschenglied derselben M einstechen und links abstricken, die M noch auf der Nadel lassen und noch einmal durch das hintere Maschenglied links abstricken, dabei aufpassen, die M nicht fallen zu lassen, die M von der Nadel schieben, 2 M zugenommen

Qfd-L 1 M links geneigt aus dem Querfaden herausstricken: mit der linken Nadel von vorn nach hinten unter dem Querfaden zwischen der nächsten M auf der linken Nadel und der zuletzt gestrickten M auf der rechten Nadel einstechen; diese Schlaufe anheben und durch das hintere Maschenglied rechts abstricken, 1 M zugenommen. Englisch = M1L

Qfd-L(li) wie Qfd-L, aber die Schlaufe links abstricken, 1 M zugenommen. Englisch = M1Lp

Qfd-R 1 M rechts geneigt aus dem Querfaden herausstricken: mit der linken Nadel von hinten nach vorn unter dem Querfaden zwischen der nächsten M auf der linken Nadel und der zuletzt gestrickten M auf der rechten Nadel einstechen, die Schlaufe anheben und durch das vordere Maschenglied rechts abstricken, 1 M zugenommen. Englisch = M1R

Qfd-R(li) wie Qfd-R, aber die Schlaufe links abstricken, 1 M zugenommen. Englisch = M1Rp

R Reihe(n)

Rd(n) Runde(n)

re rechte Masche

RR Rückreihe

wdh wiederholen

ZN Zopfnadel

Zun Zunahme

zus zusammen

TUTORIALS DER VERWENDETEN TECHNIKEN

Kreuzanschlag

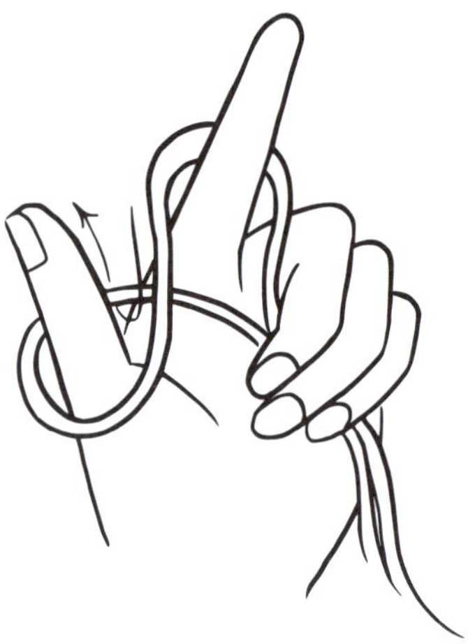

Einen Faden, der drei- bis viermal so lang wie die Breite der Anschlagskante ist, hängen lassen.

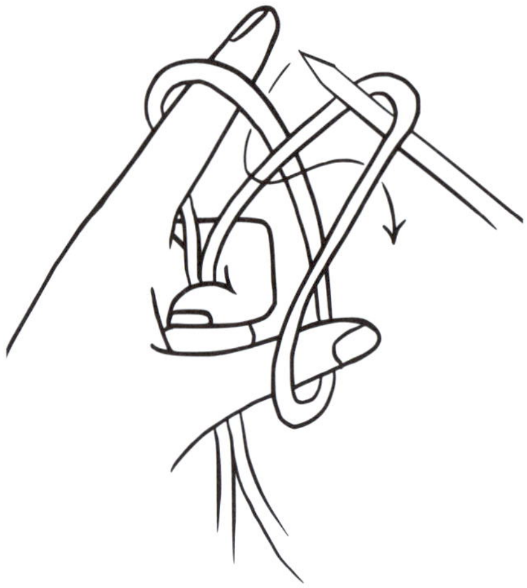

Eine Schlaufe bilden und auf die Nadel nehmen. Die Nadel in der rechten Hand halten. Den herunterhängenden Faden über den linken Daumen nach unten führen und mit dem Mittelfinger festhalten. Das andere Fadenende von oben über den rechten Zeigefinger legen und festhalten. Mit der Nadel von unten in die Schlaufe am linken Daumen einstechen.
Dann die Nadel über den Faden am rechten Zeigefinger und durch die Daumenschlaufe führen.

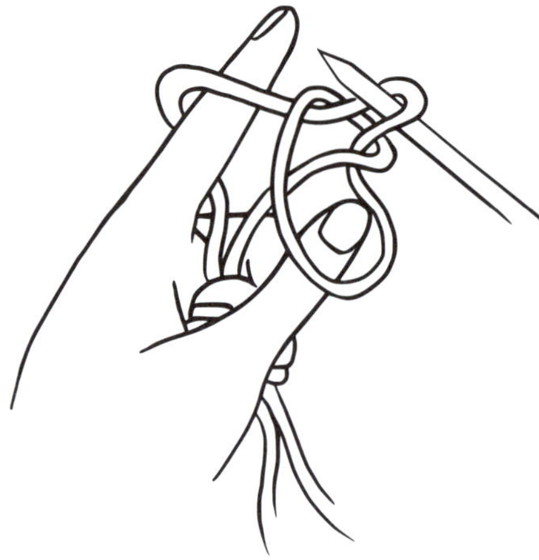

Das Garn vom linken Daumen gleiten lassen und ...

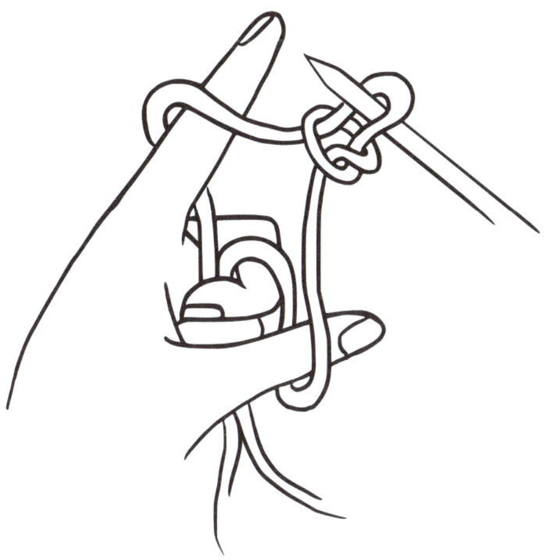

... vorsichtig an der Schlaufe auf der Nadel festziehen (nicht zu fest!).

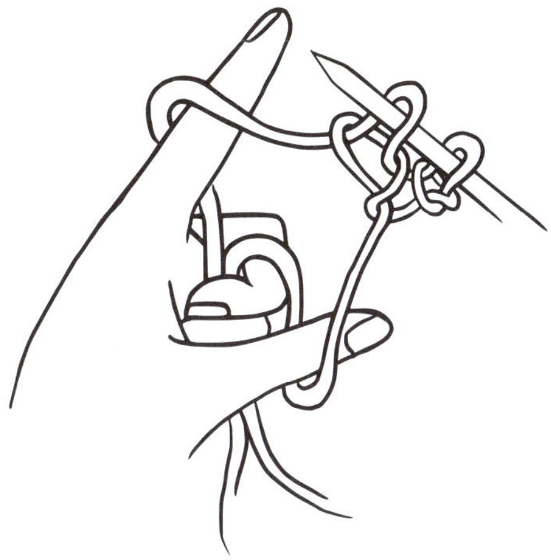

Diesen Schritt so lange wiederholen, bis die gewünschte Anzahl an Maschen auf der Nadel ist.

Maschen aufschlingen

Lege den Arbeitsfaden von unten nach oben um den Daumen – dort liegt nun eine Schlinge. Stich mit der rechten Nadel von unten nach oben in diese Schlinge und lasse sie auf die Nadel gleiten. Ziehe die Schlinge fest. Wiederhole diese Schritte, bis du die benötigte Anzahl Maschen auf der Nadel liegen hast.

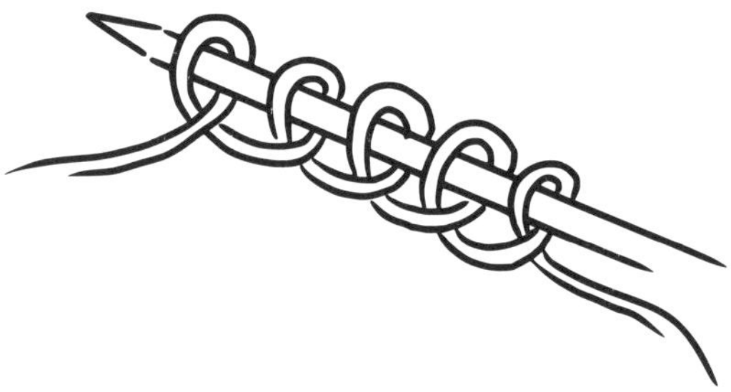

Standardabkettmethode

1. Die ersten beiden Maschen arbeiten. *Die linke Nadelspitze von vorn in die erste Masche auf der rechten Nadel einstechen...
2. ... und über die zweite Masche und von der Nadel ziehen.
3. Die nächste Masche arbeiten.

Ab * wiederholen, bis nur noch 1 Masche übrig ist, Faden abschneiden und durch die Schlaufe festziehen.

1

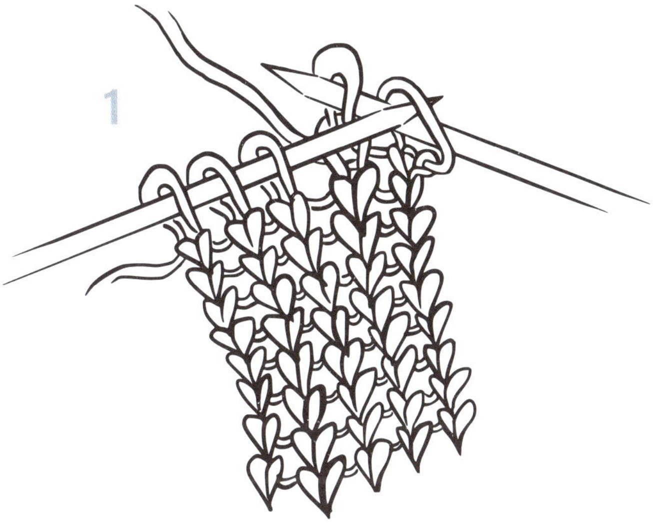

2

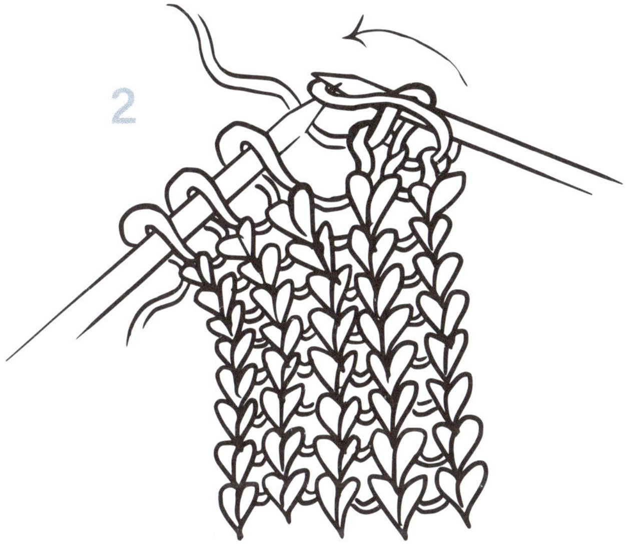

3

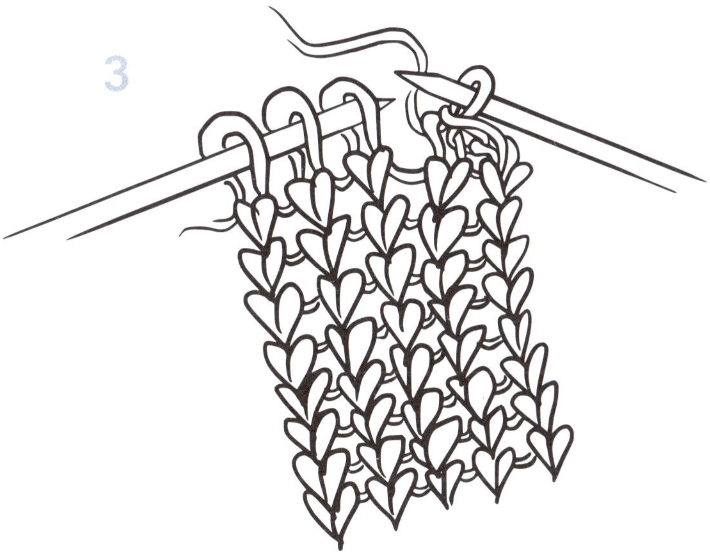

Angestrickter I-Cord

1

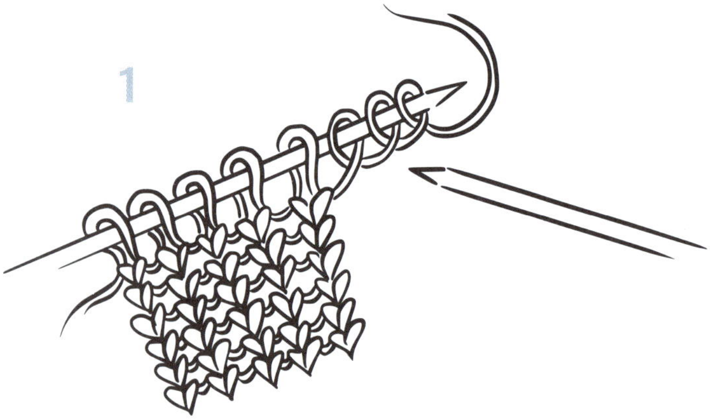

Mit dem Arbeitsfaden 3 Maschen auf die rechte Nadel aufschlingen. Diese 3 Maschen wie zum Linksstricken auf die linke Nadel heben.

2

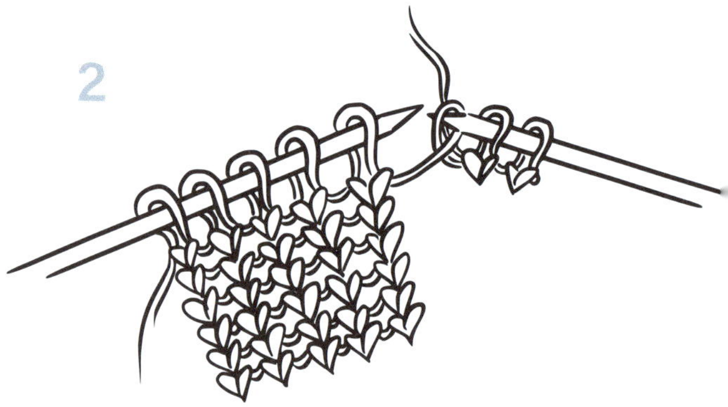

Die ersten beiden Maschen auf der linken Nadel rechts stricken, die nächste Masche wie zum Linksstricken auf die rechte Nadel heben.

3

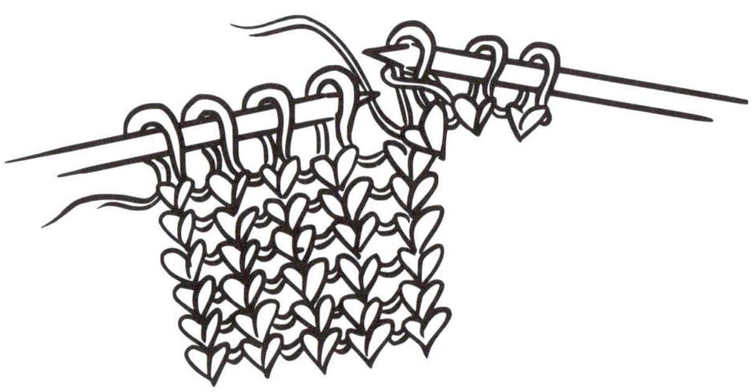

Die nächste Masche auf der linken Nadel rechts stricken und die zuvor abgehobene Masche über die gerade gestrickte Masche ziehen.

4

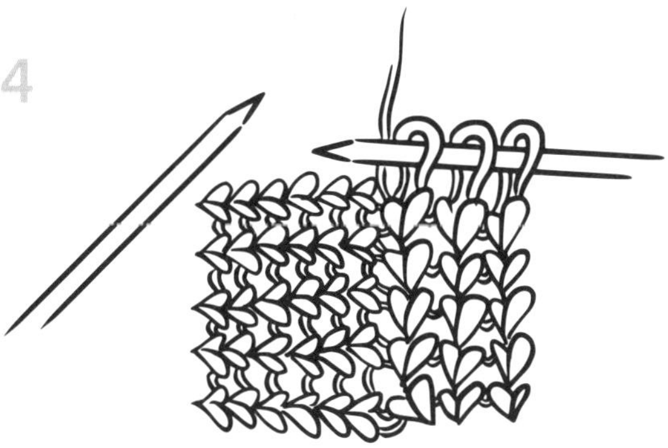

Wie folgt fortfahren: *3 Maschen wie zum Linksstricken auf die linke Nadel heben, 2 Maschen rechts stricken. Die nächste Masche wie zum Linksstricken auf die rechte Nadel heben, 1 Masche auf der linken Nadel rechts stricken und über die letzte Masche ziehen, ab * wdh, bis keine Maschen mehr auf der linken Nadel sind und nur noch 2 Maschen auf der rechten Nadel bleiben.

5

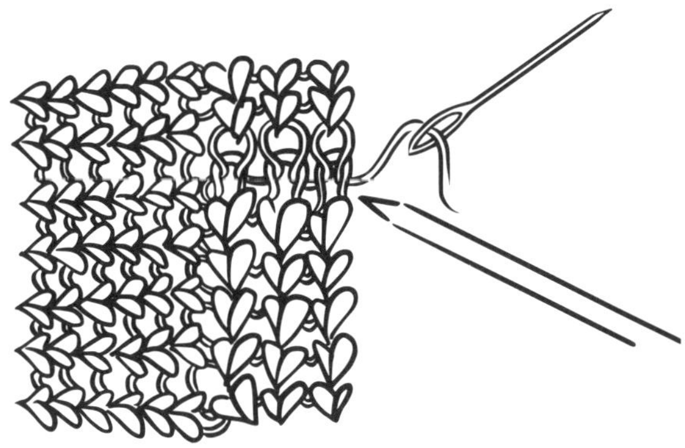

Um die Lücke bis zum Maschenanschlag der 3 I-Cord-Maschen zu schließen, die 3 Maschen auf der rechten Nadel lassen. Mit einer Stopfnadel in das jeweils rechte »Bein« der 3 I-Cord-Maschen stechen, 1 Reihe links des Anschlags, und die Maschen auf jeder Nadel mit der jeweils gegenüberliegenden Masche auf der anderen Nadel mit dem Maschenstich verbinden.

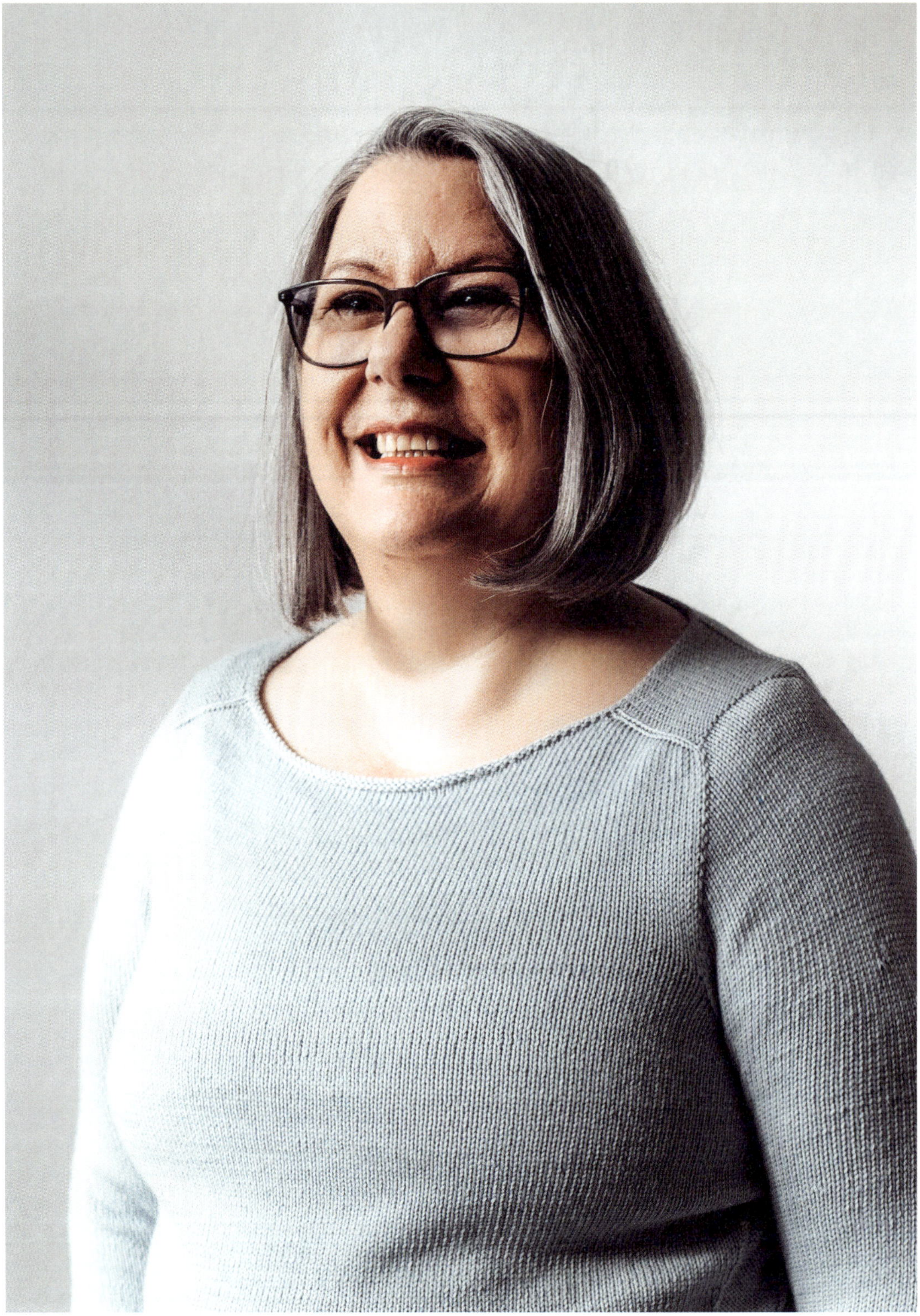

DANKE (und Bitte)

Vielen Dank, dass du mir dein Vertrauen geschenkt und dieses Buch gekauft hast. Ich freue mich sehr, dass du dich auf diesen Weg einlässt und mich durch mein Buch ein Stück an deiner Seite gehen lässt.
Danke dir.

Ich danke meinem Mann, dass er mich, während ich dieses Buch geschrieben habe, unterstützt und den Rücken freigehalten hat.
Danke, Erik.

Ich danke meinen Strickfreundinnen Andrea, Ani, Dani und Ruth für ihr Vertrauen in meine Idee und mich, und dass sie so toll an der Entstehung dieses Buches mitgeholfen haben.
Danke euch.

Ich danke meinem Buchcoach und meiner Business-Mentorin Yvonne Kraus, dass sie mich ermutigt hat, dieses Buch zu schreiben, und immer überzeugt war, dass ich das schaffe – ihre Unterstützung und ihre Expertise waren eine wichtige Hilfe für mich.

Ich danke den fünf großartigen Handfärberinnen, Julia, Steffi, Sabrina, Elke und Danica, die uns die Garne kostenlos zur Verfügung gestellt haben. Vielen Dank dafür. Du findest ihre Kontaktdaten auf Seite 172 unter Bezugsquellen.
Danke euch.

Ich danke meinen technischen Editoren James Barley und Jo Torr, die noch kurzfristig für James eingesprungen ist, für ihre wertvollen Anmerkungen und Gedankenanstöße für die Anleitungserstellung.
Danke euch.

Und ich danke dem Stiebner Verlag in persona Melanie Stiebner, die mich zu diesem Buch animiert hat und Steffi Klapetek, die mich die komplette Zeit während des Schreibens unterstützt hat und das Fotoshooting organisiert hat.
Danke euch.

Wenn dir dieses Buch geholfen hat, freue ich über eine positive Rezension bei Amazon. Vielen Dank schon mal dafür.

BEZUGSQUELLEN

Mme Benoir
Julia Galties
Karl-Julius-Weber-Str. 3
74523 Schwäbisch Hall
Deutschland
https://www.MMe-benoir.de/

Frida Fuchs GmbH
Lise Meitner Str. 39-41
10589 Berlin
Deutschland
https://www.fridafuchs.com/

Mondschaf GmbH
Zimmersmühlenweg 68
61440 Oberursel
Deutschland
https://das-mondschaf.de/

Bohei Yarn
Elke Richter
Heidelberger Straße 75c
40229 Düsseldorf
Deutschland
https://www.boheiyarn.de/

Nature's Luxury / Planet-Horse GmbH
Sinningen 34A
48369 Saerbeck
Deutschland
https://www.naturesluxury.com

STICHWORTVERZEICHNIS

A-Linie 82, 23, 24, 153
Armkugel 12, 14, 23, 35, 36, 46, 50
Armloch 9, 14, 16, 18, 20, 24, 36
Armlochtiefe 36, 43
Armumfang 43, 63, 64
Ärmel 12, 20, 28, 36, 87
Ärmelbündchen 87
Ärmellänge 39, 44, 48
Ärmelformen 87
Ausschnittblende 90
Ausschnittform 48
Ausschnitttiefe 56

Brust 49, 88
Brustabnäher 80, 83–86
Brusttiefe 40, 80
Brustumfang 34, 37, 43
Brustweite 50

Contiguous 19

Halsloch 12, 60
Halsausschnitt 19, 63
Hüfte 49, 81
Hüftweite, obere 39
Hüftweite, untere 39

I-Cord, angestrickt 168

Körperform 32, 46
Körpermaße 31
Kreuzanschlag 164

Maschen aufschlingen 166
Maschenprobe 51
Maße 34
Maßnehmen 36
Maßtabelle 42
Mehrweite 41, 60

Körperteil 63

Länge 48
Längenmaße 32, 49

Oberarmumfang 43

Passe 15, 21, 46
Prinzessnähte 82
Raglan, klassisch 12, 16
Raglan, zusammengesetzt 15, 16
Reihen, verkürzte 20, 63, 80, 83
Rundpasse 20, 61, 77

Sattelschulter 18, 61
Schulterform 21, 36
Standardabkettmethode 167
Strickmuster 24, 51
Strickrichtung 22

Taille 34, 39, 49
Taillierung 49

Unterbrust 39

Liebe Leser:innen,

wir freuen uns, dass wir euch mit diesem Buch inspirieren und Teil eurer kreativen Reise sein dürfen. Noch mehr Inspiration, originelle Ideen und besondere Themen findet ihr auf unserer Verlagsseite www.stiebner.com.

Lasst uns zusammen kreativ werden!
Wir sind immer offen für eure Anregungen, Wünsche und Kritik – schreibt uns gerne unter verlag@stiebner.com.
Da geteilte Freude bekanntlich doppelte Freude ist: Zeigt uns eure kreativen Ideen und fertigen Projekte auf Social Media! Markiert uns mit @stiebnerverlag und die Autorin mit @claudia.eisenkolb oder nutzt die folgenden Hashtags:
#StiebnerVerlag #StiebnerKreativ #Maßgestrickt

2., durchgesehene Auflage 2024

Text und Anleitungen: Claudia Eisenkolb
Fotografie: Monika Tambour
Modells: Ruth Brucke, Claudia Eisenkolb, Daniela Gispert, Andrea Kächelein, Ani Kopatz
Körper-Illustrationen der Models wurden mithilfe von MyBodyModel erstellt:
MyBodyModel, Erica Schmitz
Cover, Layout und Satz: Danai Afrati, Stiebner Verlag
Projektleitung und Lektorat: Stefanie Klapetek, Stiebner Verlag
Gedruckt bei Graspo printing house, Tschechien

ISBN 978-3-8307-2138-3

Bibliografische Information der Deutschen Nationalbibliothek:
Die Deutsche Nationalbibliothek verzeichnet diese Publikation in der Deutschen Nationalbibliografie; detaillierte bibliografische Daten sind im Internet über http://dnb.dnb.de abrufbar.

Wir produzieren unsere Bücher mit großer Sorgfalt und Genauigkeit. Trotzdem lässt es sich nicht ausschließen, dass uns in Einzelfällen Fehler passieren. Auf unserer Webseite finden sich bei dem jeweiligen Titel eventuelle Korrekturen (Errata). Solltest du in diesem Buch einen Fehler finden, so bitten wir um einen Hinweis an verlag@stiebner.com. Für solche Hinweise sind wir sehr dankbar, denn sie helfen uns, besser zu werden.

Noch mehr schöne Bücher:

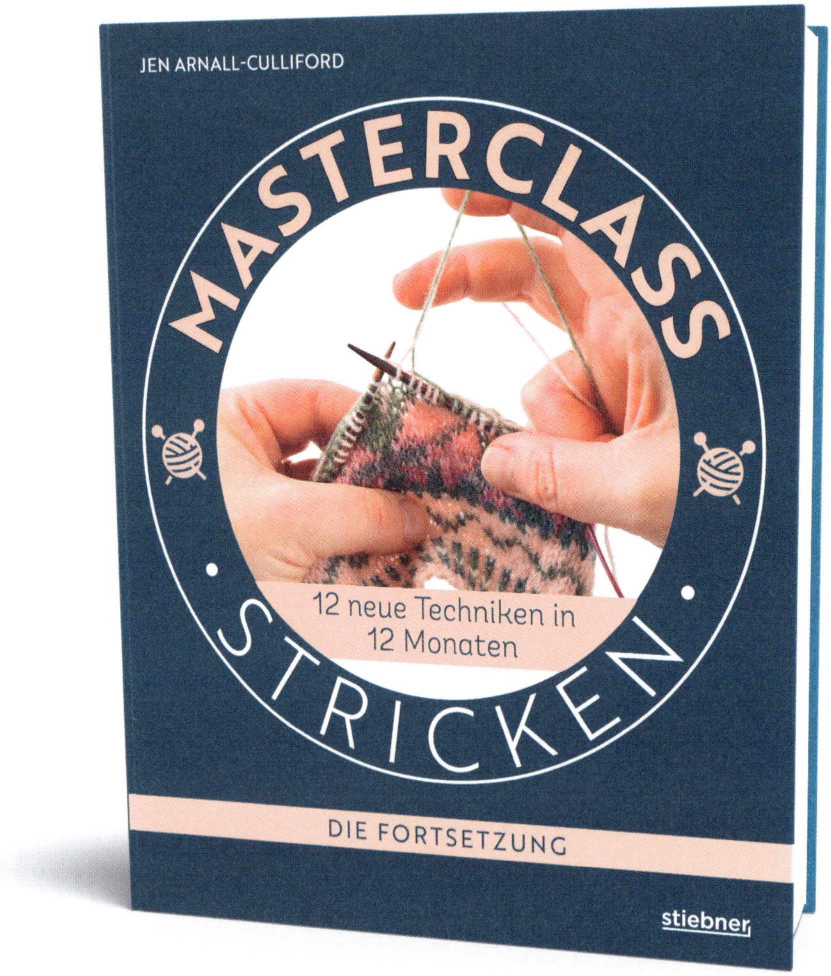

Jen Arnall-Culliford
Masterclass Stricken – Die Fortsetzung
ISBN 978-3-8307-2133-8